KB043314

# 저항® 주식회사

# 저항 주식회사

진보는 어떻게 자본을 배불리는가

**초판 1쇄 펴낸날** 2015년 3월 10일

**지은이** 피터 도베르뉴·제네비브 르바론
**옮긴이** 황성원
**펴낸이** 이건복
**펴낸곳** 도서출판 동녘

**전무** 정락윤
**주간** 곽종구
**책임편집** 이환희
**편집** 구형민 이정신 최미혜 박은영 사공영
**미술** 조하늘 고영선
**영업** 김진규 조현수
**관리** 서숙희 장하나

**인쇄·제본** 영신사 **라미네이팅** 북웨어 **종이** 한서지업사

**등록** 제311-1980-01호 1980년 3월 25일
**주소** (413-120) 경기도 파주시 회동길 77-26
**전화** 영업 031-955-3000 편집 031-955-3005 **전송** 031-955-3009
**블로그** www.dongnyok.com **전자우편** editor@dongnyok.com

ISBN 978-89-7297-730-8 03300

• 잘못 만들어진 책은 바꿔 드립니다.
• 책값은 뒤표지에 쓰여 있습니다.
• 이 도서의 국립중앙도서관 출판시도서목록(CIP)은 서지정보유통지원시스템 홈페이지 (http://seoji.nl.go.kr)와
  국가자료공동목록시스템(http://www.nl.go.kr/kolisnet)에서 이용하실 수 있습니다.(CIP제어번호: CIP2015005903)

Protest Inc.

# 저항®
# 주식회사

## 진보는 어떻게 자본을 배불리는가

피터 도베르뉴

제네비브 르바론 지음

황성원 옮김

동녘

**일러두기**

1. 맞춤법과 띄어쓰기는 '한글 맞춤법'에 따랐다.
2. 본문의 굵은 서체는 원서에서 저자들이 이탤릭체로 강조한 부분이다.
3. 독자의 이해를 돕기 위해 옮긴이가 주를 단 경우 대괄호(())를 사용했으며, 그 내용이 긴 것은 각주로 처리했다. 모든 각주는 옮긴이 주이다.
4. 인명, 지명, 단체명 등의 표기는 국립국어원의 '외래어 표기법'을 따랐으나, 경우에 따라 기존에 주로 통용되는 표기를 사용했다.
5. 본문에 등장하는 단행본이 국내에서 번역 출간된 경우, 국역본의 제목으로 표기하였다.
6. 본문에 사용한 기호의 쓰임새는 다음과 같다.

《》: 단행본
〈〉: 논문, 신문, 영화

《저항 주식회사*Prostest Inc.: The Corporatization of Activism*》와 관련된 연구를 하기 위해 우리가 국제관계학 너머의 바다를 헤쳐 가는 동안 많은 친구와 동료들이 우리와 함께했다. 이들의 안내가 없었다면 우리는 학제간 연구의 여울에서 난파하고 말았을 것이다. 먼저 자신의 연구를 공유하고 수차례 대화를 통해 영감을 준 앨런 시어스Alan Sears에게 감사를 표한다. 또한 스파이크 피터슨V. Spike Peterson, 데이비드 맥낼리 David McNally, 수잔 소더버그Susanne Soederberg, 마커스 테일러Marcus Taylor, 개빈 프리델Gavin Fridell, 스티븐 길Stephen Gill, 이저벨라 배커Isabella Bakker, 레오 패니치Leo Panitch, 그레그 앨보Greg Albo, 앨런 내서Alan Nasser는 통찰력 있는 조언과 격려, 중요한 자료에 대한 정보를 아끼지 않았다.

　　브리티시컬럼비아대학교University of British Columbia의 많은 동료들과 나눈 대화 역시 아주 큰 도움이 되었다. 그중에서도 특히 아샤 커샬 Asha Kaushal(3장에 필요한 법안을 찾아 주었다), 사라 코프만Sara Koopman(특히 3장에 도움을 주었다), 린다 코디Linda Coady, 조너선 가무Jonathan Gamu, 저스틴 앨저Justin Alger, 데버러 바로스 릴 파리아스Déborah Barros Leal Farias, 제니퍼 앨런Jennifer Allan, 찰스 로저Charles Roger의 대화가 큰 도움이 되었다. 원고에 대한 신중한 논평과 지원을 아끼지 않은 캐서린 도베르뉴Catherine Dauvergne, 세바스티안 리우Sébastien Rioux, 제인 리스터 Jane Lister, 케이트 네빌Kate Neville, 세라 엘더Sara Elder, 에이드리엔 로버츠 Adrienne Roberts에게도 각별한 감사의 말을 전하고 싶다. 폴리티 출판사 Polity Press의 익명의 다섯 검토자 역시 지혜로운 조언으로 귀중한 도움 을 주었다.

브리티시컬럼비아대학교 법대의 참고도서 사서인 엘림 웡Elim Wong, 영국 리버티Liberty社의 자문정보관 조이 비터Zoë Veater와 조너선 벨Jonathon Bell, 전미변호사협회의 네이선 템피Nathan Tempey는 각자의 전 문 분야에서 연구를 지원해 주었다. 샤로즈 하페즈Shahrouz Hafez는 능 숙하게 사실 확인을 도와주었다. 우리는 브리티시컬럼비아대학교의 산하 기구인 리우세계문제연구소에서 근무하는 세계적 수준의 직원 들인 줄리 웨이지메이커스Julie Wagemakers, 샐리 레이Sally Reay, 패티 걸 리번Patty Gallivan, 티모시 슈Timothy Shew, 안드레아 레이놀즈Andrea Reynolds 에게도 큰 빚을 졌다.

마지막으로 우리를 훌륭하게 이끌어 준 폴리티 출판사의 루이 즈 나이트Louise Knight, 데이비드 윈터스David Winters, 파스칼 포처런Pascal Porcheron에게도 감사의 말을 전하고 싶다.

**6**

# '비영리산업복합체'가 되어 버린 운동,
# 씁쓸한 자화상

**하승우** 풀뿌리자치연구소 이음 운영위원

한국에서 시민사회운동의 위기는 오래된 주제이지만 근본적인 성찰 없이 말만 떠도는 주제이기도 하다. 1990년대 초반 중앙 일간지 대부분에 비정부기구NGO면이 만들어질 정도로 각광을 받았고, 시민단체는 한국에서 가장 신뢰하는 집단 1위로 꼽혔다. 하지만 이제 시민사회단체의 기자회견장은 썰렁하고 조직운동을 바라보는 시민의 시선은 냉랭하다. 이런 중에 2015년 1월 20일, 〈경향신문〉은 "NGO 회원 모집에 마케팅업체 동원"이라는 단독 보도를 했다. 유엔난민기구, 그린피스, 옥스팜 등 국내에서 활동 중인 국제비정부기구들이 후원 회원 모집에 마케팅업체를 동원하고 모집 실적에 따라 수수료를 지급했다는 기사이다. 그렇지만 이미 2006년부터 앰네스티 한국 지부나 다른 단체들이 마케팅업체와 손을 잡았다는 얘기가 솔솔 나왔다. 요즘은 다른 경제를 추구한다는 사회적 경제 영역에서도 마케팅은 기본이 되고 있다.

대체 무슨 일들이 벌어지고 있는 걸까? 《저항 주식회사》는 이런 일들이 한국만의 특수성은 아니라고 주장한다. 전 세계의 많은 운동가들이 기업의 언어를 구사하고 기업이나 국가의 신경을 긁을 수 있는 부분을 자기 검열하면서 "한때의 저항이 저항 주식회사로 화려하게 변신했다". 저자들은 그 증거로 운동이 기업의 원리와 방식을 받아들이고 기업형 모금 활동에 집중하며 운동을 브랜드화하는 현상을 지적한다. 운동 조직들은 이런 방식이 더 효과적이고 '착한 소비'로 세상을 구할 수 있다 속삭이며 타인의 고통을 판매한다. 보라, 지금 우리 사회의 모습과 똑같다. "사회 서비스에 대한 정부의 지원이 줄어들고 있는 상황에서 월급과 임대료, 프로젝트 비용이 필요한 비영리조직의 지도자들은 당연하다는 듯 기업을 파트너로 여긴다." 저자들은 돈에 파묻힌 운동을 기업, 정부, 로비단체, 자선단체, 비정부기구로 구성된 "비영리산업복합체"라고 부른다.

이런 흐름은 대중 캠페인의 성공과 운동의 실패라는 기이한 현상을 가져온다. 시민들은 암 연구 기금 마련 등을 위해 자전거를 타고 '착한' 상품에 기꺼이 지갑을 열지만 정부나 기업의 구조적인 문제와 대면하고 싸우려고 하지 않는다. "생산과 소비에서 비롯된 생태적·사회적 손실의 책임"은 개인의 몫이 되고, 사회의 구조적인 문제들은 은폐되거나 손댈 수 없는 영역이 된다. 시민사회운동은 사회의 보수화나 양극화에 정말 아무런 책임이 없을까?

저자들이 모든 책임을 활동가들에게 돌리는 것은 아니다. 저자들은 안보와 안전을 내세워 운동을 탄압하는 국가와, 삶을 사유화하고 개인화하는 자본주의의 문제를 지적하는 데 상당한 지면을 할애한다. 활동가와 시위를 관리하기 위한 감시 시스템과 일반 경찰의 군대식 훈련과 장비, 반체제 인사에 대한 폭력의 문화, 시위 가능 구역 설정이나 비싼 시위 허가료도 운동의 급진화를 방해한다(특히 미국에서 동물권운동가들이 테러리스트로 내몰리는 현상은 흥미롭다). 또 공동체가 붕괴하고 여가가 개인화되면서 사람들은 즐길 수 있는 장소만을 찾고, 그런 생활이 확대될수록 사회적 시민성은 위축된다. 다른 한편으론 당신이 할 수 있는 몇 가지 일, 이런 식으로 개인의 선택과 소비로 세상을 즐겁게 바꿀 수 있다는 환상이 유포된다.

저자들이 모든 사회운동의 가능성을 부정하는 것도 아니다. "운동의 기업화 경향에 경종을 울려 운동가들 내에서 논의를 촉발시키고, 풀뿌리운동을 옭아매는 공공 정책들을 재평가할 기회를 마련"하는 것이 책의 목적이다. 법률계 저명인사들의 엘리트주의 전략을 비판한 이브 드잘레이Yves Dezalay와 브라이언트 가스Bryant Garth의 《궁정전투의 국제화》(그린비, 2007)나 급진운동 입장에서 국제비정부기구들을 비판한 아네트 아우렐리 데스마레이즈Annette Aurélie Desmarais의

《비아캄페시나》(한티재, 2011)를 곁들이면 이런 기회를 더 잘 마련할 수 있다.

　한마디 보태자면, 이 책에서는 "유명 인사와 친구되기"나 그들을 앞세운 "대의의 상업화"로 짧게 소개되었지만 한국에서는 명망가('셀럽')운동이 또 다른 위기를 초래하고 있다. 대중적으로 알려진 지식인이나 활동가, 연예인 없이는 운동의 대중화가 어렵다는 얘기가 적잖이 들린다. 문제는 그러면서 운동의 성과가 개인의 몫으로 돌아가고, 많은 사람들이 함께 헌신했음에도 대표 선수에게만 성과가 집중된다는 점이다. 그와 더불어 조직 내 민주주의는 계속 실종된다. 이 역시 한국의 시민사회운동에 큰 위기를 불러올 것인데, 거의 대비가 되어 있지 않다.

　저자들도 운동을 급진화시킬 방법에 대해서는 분명한 답이 없는 듯하다. 사실 국가와 자본주의는 자기 이념을 잘 물질화시키고 이를 위해 많은 자원을 동원한다. 위기를 반복하면서도 견뎌온 건 국가와 기업은 서로가 뭘 주고받을지를 잘 알고 있기 때문이다. 반면에 한국의 시민사회운동에서 물질적인 기반이 있는 쪽은 이념을 멀리하고, 이념을 가진 쪽은 물질적인 기반을 폄하한다. 단체나 활동가의 수가 늘어나고 정부나 기업과 손을 잡는 걸 시민사회의 성장이라 여기는 착각, 먼저 뛰어가 전문가들과 제도를 선점하는 것이 성과라 내세웠던 활동의 중간 결론이 지금 한국사회의 모습이다. 국가와 기업이 짜 놓은 틀 속에선 운동이 제한될 수밖에 없다. 일단 나가자.

# 1장

# 그 많던 급진주의자는 어디로 갔나?

지난 20년간 운동 조직들은 갈수록 기업처럼 보고, 생각하고, 행동하게 되었다. 이런 주장에 심기가 불편해지는 사람도 분명 있을 것이다. 하지만 우리는 이보다 훨씬 파격적인 주장도 서슴지 않을 것이다. 조직과 문화권을 막론하고 운동의 기업화가 빠르게 심화되고 있다는 것이 바로 우리의 주장이다. 이제 '직업' 운동가 중에서 새로운 국제경제 질서나 세계 정부, 아니면 다국적 기업의 철폐를 부르짖는 사람은 거의 없다. 그린피스 공동 설립자인 밥 헌터Bob Hunter의 표현을 빌리면 오직 비주류의 엄선된 소수만이 아직도 이 세상에 '의식 혁명mindbomb'을 일으켜 새로운 '세계 의식'을 만들기 위해 투쟁하고 있다.

갈수록 많은 운동가들이, 특히 거대한 캠페인 조직에서 활동하는 운동가들의 경우 친시장적인 언어를 사용한다. 이들은 좀 더 신사적인 자본주의, 가령 공정무역, [친환경·공정무역]인증서, 친환경 상품 시장 같은 것들을 요구한다. 록 스타의 후원과 백만장자의 선행에 대한 뒷이야기가 넘쳐 난다. 전 지구적인 문제에 대한 해법은 윤리적 구매를 위한 캠페인으로 귀결된다. 즉, 사회적 대의를 상품화하여 '카푸치노〔를 홀짝이는 중산〕 계급'에게 '선행'을 하고 있다는 기분을 판매하는 것이다.

대부분의 운동가들이 아직도 권력자들에게 진실을 전하고 싶어 한다는 사실에는 의심의 여지가 없다. 하지만 오늘날 운동가들은 이 권력에 얽매여 꼼짝 못하고 있다. 대기업(월마트, 맥도날드, 나이키)과의 동반자 관계는 불과 몇십 년 전만 해도 상상조차 할 수 없는 일이 었지만 이제는 흔할 뿐만 아니라 심지어 은근히 바라는 일이 되었 다. 단적으로 세계자연기금 글로벌 네트워크 운동가들은 코카콜라 에서 재정을 지원 받고 이 회사와 긴밀하게 공조한다. 세계자연기금 지도자들은 자신들이 코카콜라와 공조하는 이유를 굳이 감추지 않 는다. 한때 세계자연기금 캐나다 지부의 의장이자 최고경영자였던 제랄드 버츠Gerald Butts는 이렇게 설명한다. "지속가능성 문제에서 코 카콜라는 국제연합United Nations, UN(이하 유엔)보다 더 중요하다."[1]

# 코카콜라가
# 지배하는 세상

어째서 이런 일이 벌어지게 된 걸까? 어째서 어떤 캠페인 조직은 다른 조직보다 기업화의 영향을 더 많이 받고 있는 걸까? 운동의 기업화는 운동의 본질과 힘에 어떤 영향을 미칠까? 뒤에서 보여 주 겠지만 이에 대한 대답은 결코 간단치 않다. 지금 이 순간에도 수많은 운동가들이 운동의 기업화에 맞서기 위한 반격을 조직하고 있기 때문이다. 그럼에도 전 세계 운동의 표면을 살펴보면 시장 및 정치와 상호작용하는 세 과정이 운동을 기업화하고 있음을 알 수 있다. 첫 번째 과정은 안보를 빌미로 저항을 탄압하는 것이고(3장), 두 번째 과정은 사회적 삶의 사유화이며(4장), 세 번째 과정은 운동의 제도화다(5장).

서로 맞물려 있는 이 세 과정은 전 지구적인 차원에서 권력과 저항의 배열을 조정한다. 기업은 기업의 사회적 책임이라는 명목으로 사회적 힘을 행사하고, 정부는 사회 서비스를 감축하고 권한을 기업에 이양하며, 소비주의가 확산되고, 국가가 대중들의 저항을 억누른다. 그 결과 전 세계적으로 운동의 본성에 큰 지각변동이 일어나게 되었다. 갈수록 많은 기업들이 운동 집단을 재정적으로 후원하고 동반자 관계를 형성하고 있다. 그뿐만 아니라 운동가들이 갈수록 기업화된 프레임 안에서 의사소통하고 주장을 펼치며 목표를 설정하고 있다. 또한 친기업적인 선택을 목표 달성을 위한 논리적이고 효과적인 전략으로 바라보는 운동가들이 점점 늘고 있다.

그렇다고 해서 운동가들이 기업에 투항해 버린 것은 아니다. 기업의 악행은 지금도 계속 운동가들의 공분을 자아낸다. 모든 운동 영역에서 많은 활동가들은 자본주의의 가치와 제도에 분명하게 도전하고 있다. 기업화를 늦추거나 역전하기 위한 노력이 성공적인 결실을 맺은 사례도 적지 않다. 봉기 역시 전 세계적으로 조직적인 형태로든, 자발적인 형태로든 끊이지 않고 일어난다. 페이스

저항 주식회사

북Facebook과 트위터Twitter 같은 소셜 미디어 덕에 수십만 명이 운집하여 조작된 선거에, 부패한 독재 정권에, 기업의 약탈에 맞서 분노를 표출하기도 한다. 사회적 소요는 무리를 이루고 파문을 일으키는 경향이 있기 때문에 앞으로 우리는 훨씬 더 많은 (그리고 더 큰) 대중 저항을 목격하게 될 것이다. 세계 인구가 100억 명에 육박해 가고, 통신 기술과 경제는 꾸준히 세계화되고 있으며, 시민들은 늘 구조 조정 상태에 있는 세계 경제의 팍팍함에 분노로 대응할 것이기 때문이다.

하지만 우리는 이 책을 통해 전반적으로 운동이 기업화되는 경향을 보인다는 주장을 펼칠 것이다. 물론 이는 엎치락뒤치락하는 경합이며, 결코 피할 수 없는 길도 아니다. 하지만 인권·성평등·사회정의·동물권·환경운동 조직들의 의제와 담론, 그리고 그들이 제기하는 문제와 제시하는 해법들은 전 지구적 자본주의에 도전하기보다는 순응하는 경향을 분명하게 드러내고 있다. 이는 부분적으로 정부 감사와 기업의 보복, 긴축의 압력에서 비롯된 자기 검열 때문이라고 볼 수 있다. 하지만 무엇이 실행 가능하고 효과적인지에 대한 활동가 스스로의 판단 역시 무시하지 못할 역할을 하고 있다.

### 기득권을 위한 노력

운동의 기업화는 단순히 기업이 일방적으로 운동을 매수하는 것이 아니다. 기업은 정당성을 확보하고 마케팅 기회를 확대하는 데 도움이 될 만한 캠페인 조직advocacy organization◆을 등에 업고자 한다. 하지만 운동가들 역시 재정을 마련하고 동반자 관계를 형성하기 위해 기업 못지않은 열정으로 기업에 구애 행위를 하고 있다.

이들의 열성을 이해하지 못할 것도 없다. 기업과 동반자 관계를 맺으면 캠페인 조직들은 지배적인 정치·경제 제도 내에서 영향력을 강화할 수 있다. 운동가들이 기업 이사회나 국제적인 협상 테이블에서 한자리를 차지하고 앉는 것도 이 덕분이다. 또한 기업과 동반자 관계가 형성되면 더 많은 재정을 확보하여 훨씬 더 많은 프로그램을 운영할 수 있다. 물론 권력의 실세에 접근하기는 하늘의 별 따기다. 하지만 기득권 밖보다는 안에 있는 운동가들이 아무래도 기업의 지배 구조를 결정하거나 정책 개혁을 촉구하여 변화를 일으킬 수 있는 가능성이 더 높은 것은 사실이다.

따라서 어째서 그렇게 많은 캠페인 집단들이 기다렸다는 듯이, 심지어는 열렬히 기업화를 받아들이고 있는지는 영향력에 대한 자연스러운 욕망을 가지고 어느 정도 설명할 수 있다. 캠페인 집단들은 이 영향력을 이용하여 좋은 일을 많이 하고 싶을 것이다. 하지만 여기에는 큰 희생이 따른다. 캠페인 집단은 전 지구적 자본주의가 정해 놓은 울타리 안에서 움직여야 하고, 세계 질서를 뒤바꾼다는 생각은 접어 둬야 하기 때문이다.

---

어떤 행위나 제도에 반대하기 위해 활동하는 것이 아니라 무언가를 적극적으로 달성하기 위해 운동하는 조직을 말한다. 일반적으로 하나의 단체에서 무언가에 반대하는 운동과 그에 대한 대안을 실현하기 위한 운동을 동시에 추진하는 경우가 많지만, 구체적인 사안의 수위선 간혹 무언가를 지지하고 달성하기 위한 운동만을 전담하는 단체도 있다. 이 경우 정치색이 약하기 때문에 기업에는 좋은 사업 파트너가 될 수 있다.

이는 세계 정치에 몇 가지 영향을 미친다. 먼저 최소한 시스템상의 광범위한 변화를 요구하는 관점에서 보았을 때, 오늘날의 운동은 40~50년 전에 비해 급진적인 색채가 훨씬 약해졌다. 또한 해가 갈수록 운동가들의 자금 확보, 프로젝트, 목표에 기업의 이해관계가 얽혀 들고 있다. 이에 대해서는 2장에서 자세하게 다룰 것이다. 운동과 코포라티즘corporatism◆◆을 구별하는 것은 갈수록 어려워지고 있다. 그 대신 운동이 기업화되면서 비판적인 사상과 사람들은 주변으로 밀려나고 있다.

운동의 기업화는 북반구에서 더 강하고 빠르게 진행되고 있다. 아시아, 아프리카, 서유럽, 라틴아메리카의 공동체 기반, 상향식 풀뿌리운동보다는 서유럽과 북미에 본부를 두고 있는 대규모 비정부기구Non Governmental Organization, NGO의 기업화가 더 빠르고 그 정도가 심하다. 남반구와 북반구를 아울러 많은 공동체 집단과 풀뿌리운동은 기업화에 저항하고 이를 거부한다. 그럼에도 운동의 기업화는 이런 집단들이 조직을 갖추고 직접행동 같은 전술의 재정적·법적 기틀을 닦는 환경을 바꿔 놓고 있다. 자본주의 제도들을 개혁하는 데 열을 올리는 비정부기구들은 특히 기업화에 취약한 모습을 보인다. 얼핏 보면 이는 직관적인 판단과 상반되는 것처럼 보일 수 있다. 하지만 비판과 저항을 동화하는 자본주의의 힘을 고려했을 때 비정부기구의 기업화는 여러 가지 점에서 논리적으로 완벽

---

◆◆ 이익 집단들이 국가기관과의 밀접한 관계에서 자신들의 요구를 협상하고 교환하는 통치 체제를 말한다.

하다. 다국적 기업들은 거대한 전 지구적 비정부기구들과 동반자 관계를 맺는데 혈안이 되어 있다. 이는 비판과 압력의 성격을 바꿔 놓기 위해서이기도 하지만, 기업의 성장을 정당화하고 효율성과 경쟁 우위를 확보해 이윤을 얻기 위한 것이기도 하다.

다시 한번 밝히자면 우리는 기업이 운동가들을 으르거나 꾄다는 식의 이야기를 하려는 것이 아니다. 높은 연봉이나 제트기를 타고 다니는 일상을 위해 신념을 헌신짝처럼 버리는 운동가는 극소수에 불과하다.[2] 거의 모든 운동가들은 헌신적이다. 자신들이 믿는 대의를 위해 소득과 전문적인 지위를 희생한 이들은 칭찬받아 마땅하다. 대다수는 더 나은 세상을 진정으로 원한다. 남아프리카의 삼림 파괴를 중단하고 에이즈에 걸린 사람들을 도와주고 싶어 한다. 분명히 해 두자면 이 책은 운동가들을 상대로 전쟁을 선포하려고 쓴 것이 아니다. 1960년대나 1970년대의 운동에 대한 향수에서 벗어나지 못해서 쓴 것도 아니다. 우리는 운동의 기업화가 세계 정치의 변혁 가능성에 미치는 영향에 대해 크게 경종을 울리려는 것뿐이다.[3]

## 저항에서 운동으로

대중 봉기의 기나긴 역사는 압제자에 맞선 반란과 혁명에만 국한되지 않는다. 1773년 보스턴만灣에 차를 투척하여 미국독립혁명의 불을 당긴 보스턴 차 사건Boston Tea Party처럼 거대한 상징적 저항에만 국한되지도 않는다. 에드워드 파머 톰슨Edward Palmer Thompson이 〈18세기 잉글랜드 군중의 도덕경제The Moral Economy of the English Crowd in the Eighteenth Century〉라는 논문에서 우리에게 환기시키고 있듯, 사소하게 보이고 잊히기 쉬운 저항들이 결합하면 지속적인 영향력을 발휘한다. 톰슨은 18세기 자본주의 여명기에 잉글랜드의 공유지에 담장이 둘러쳐지고 토지가 없는 농민들의 수가 늘어나면서 보릿고개가 닥칠 때마다 '군중'이 어떻게 빵집을 습격하여 빵 값 인하를 요구했는지 보여 준다. 이런 행동은 치솟는 물가와 굶주림에 대한 반작용이기만 한 것은 아니었다. 군중은 공동체의 관습과 권리를 옹호하고, 이로써 '적법한' 행동과 '불법적인' 행동의 경계를 설정했다. 이런 식으로 개인들은 '빈민의 도덕경제'◆를 활용하여 자본가들의 이윤에 대한 충동을 억제했다.[4]

오늘날에도 군중은 놀라운 힘을 발휘한다. 2010년 말 시작된 아랍의 봄Arab Spring과, 이와는 다른 방식이긴 하지만 2011년 월가 점거운동Occupy Wall Street에 뒤이은 세계 곳곳의 저항이 이를 입증한다. 2011년 영국과 2012~2013년 캐나다 퀘벡 지역에서 일어난 학

---

도덕경제는 에드워드 파머 톰슨이 18세기 영국의 식량폭동의 원인과 과정을 해명하기 위해 발명한 개념이다. 가난한 민중이 최소한의 생존을 유지하기 위해 발달시킨 호혜성과 재분배 같은 전근대적 경제활동을 말한다. 외부의 압력으로 이런 경제활동마저 작동하지 않게 되면 폭동이나 반란이 일어난다는 것이 톰슨의 주장이다.

생들의 저항 역시 상대적으로 부유한 젊은이들조차 얼마나 큰 분노를 품고 있는지 보여 준다. 이런 저항에 대해서는 기업의 통제나 영향력이 그렇게 크지 않은 것처럼 보인다. 가령 대부분의 사람들은 반기업운동 조직인 애드버스터[기업 권력에 저항하는 문화운동을 전개하는 전 세계 네트워크, www.adbusters.org]가 월가 점거운동을 시작했다고 생각한다.

이런 저항이 기업화되었다고 주장하려는 것이 아니다. 정치 실천의 형태로서 대중 저항이 사그라들고 있다고 말하려는 것도 아니다. 1960년대 서구에 대한 향수(1968년 5월의 파리를 생각해 보라)에 젖은 일부 저술가들은 정치적 수단으로서 대중 저항이 가장 활성화되었던 시기는 바로 1960년대라고 주장한다. 하지만 저항은 시기에 따라 강도의 차이가 좀 있을 뿐 세대가 달라져도 꾸준히 반복된다. 저항은 오늘날에도 흔하게 일어난다. 많은 국가에서, 심지어 독일 같은 서구 국가에서도 1960년대 이후로 저항이 더 늘었으면 늘었지 결코 줄지 않았다.[5]

이런 대중적 저항들은 많은 경우 불과 며칠 혹은 몇 주 만에 소멸된다. 경찰이나 군대가 해산시켰을 수도 있고, 조작된 선거를 역전시킨 시위대가 집으로 돌아갔기 때문일 수도 있다. 우리가 관심을 두는 것은 어떤 저항의 처음 며칠 혹은 몇 주가 아니라 운동가들이 장기 전략과 공식 조직을 갖추고 일관된 주장을 되풀이해서 전개하기 시작한 뒤에 일어나는 일들이다. 우리는 운동가들이 특히 지난 10년간 세상을 바꾸기 위한 캠페인을 지속하는 과정에서 기업과 소비주의, 그리고 자본주의의 커져 가는 영향력 속으로

빨려 들어갔다고 생각한다. 많은 정부가 그렇듯 많은 활동가들 역시 경제를 민간 투자자들에게 개방하고, 국가의 서비스를 민간에 떠넘기며, 사유재산과 토지 소유권을 합법화하고, 무역을 '자유롭게' 풀어 주며, 시장과 기업의 '자율 규제'를 허용하는 행위의 가치를 수용했기 때문이다. 운동가들 역시 시장경제의 세계화라는 거대한 흐름에 휩쓸려 대기업과 동반자 관계를 맺고 전략을 순화하며 시장적 해법을 옹호하고 있는 것이다. 바로 이 지점에서 우리는 한때의 **저항**이 **저항 주식회사**로 화려하게 변신했다고 생각한다.

### 운동이란 무엇인가?

대부분의 시위대는 운동가들로 구성된다. 시위에 참여하는 많은 이들이 시민권, 세계 정의, 인권, 지속가능성, 동물권, 성평등, 게이와 레즈비언의 권리를 위한 사회운동에 속해 있거나, 발을 담갔다가 뺐거나, 나중에라도 가입할 가능성이 높은 사람들이다. 물론 친구가 필요해서, 스릴을 만끽하거나 그저 분탕질을 치는 데 관심이 있어서 저항에 가담하는 경우가 없는 것은 아니다. 하지만 대부분의 시위대에 속한 이들은 이미 운동가이거나 곧 운동가가 되어 주장을 펼치고 공적인 목적을 추구한다.

우리는 운동activism이 저항protest을 포괄하는 개념이라고 생각한다. 하지만 대부분의 운동이 저항에서 출현하고 저항과 저항 사이에서 발생하는 것도 사실이다. 운동가는 최소한 어느 정도는 기성의 질서에 도전하는 변화를 추구한다. 동물이나 인간, 자연에 대한 더 나은 처우를 원하는 사람도 있고, 병을 고치거나 빈곤을 경감하거나 발전을 촉구하고자 하는 사람도 있다. 사람들이 요구하는 변화의 정도는 천차만별이다. 변화의 도구 역시 마찬가지다. 시詩를 도구로 활용할 수도 있지만 파업이나 봉쇄, 비영리조직Non Profit Organization, NPO의 운영을 도구로 삼을 수도 있다.[6] 운동의 개념을 월가 점거운동 같은 소요나, 세계사회포럼World Social Forum 같은 풀뿌리 네트워크나, 포경과 아동 노동을 중단시키기 위해 활동하는 운동 조직들의 캠페인으로만 한정하는 분석가들도 있다. 하지만 그럴 경우 이 세상에 크게 드러나지 않은 운동가들의 조용한 노력이 많이 사장되고 만다. 이런 조용한 활동 역시 오늘날의 운동에서 큰 비중을 차지한다고 볼 수 있는데도 말이다.

운동을 이렇게 해석하면 운동이 굳이 시위에서 출발할 필요는 없다. 시위가 굳이 운동의 일부여야 할 필요도 없다. 대신 운동이 성립하려면 원주민들의 영토에서 노천 채굴을 중단시키거나, 인권 유린을 방지하거나, 멸종 위기종 거래를 금지하거나, 대학 등록금 폭등을 저지하는 등과 같은 정치적 목적을 가지고 지속적인 집합행동을 벌여야 한다. 자신의 임금 때문에 꾸준히 저항하는 행위처럼 개인의 조건을 바꾸기 위한 개별 행동은 운동이라고 볼 수 없다. 빌 앤 멀린다 게이츠 재단Bill & Melinda Gates Foundation처럼 사적 영역과 가족 중심의 자선 활동에서 탄생한 조직들의 활동도 마찬가지다. 네오파시스트, 인종주의, 테러리스트 집단 역시 운동에 대한 우리의 정의에서 벗어난다. '인종주의'나 '테러리즘'을 운동과 뒤섞을 경우(그래서 가령 테러리즘이 '급진적인' 운동의 사례가 되어 버릴 경우) 오늘날 전 세계에서 전개되는 운동의 변화하는 본질을 이해하는 데

저항 주식회사

극심한 지장을 초래할 수 있다.

　우리의 정의대로 하면 운동의 전략은 연극적이거나 놀이에 가까울 수도 있고(연대의 노래 부르기, 냄비와 프라이팬 두드리기, 게이 프라이드 퍼레이드), 단식·도심 광장 점거·소송·인터넷 해킹 등을 중심으로 펼쳐질 수도 있다. 아니면 시민 대상 교육이나 연구 기금 모금에 중점을 둘 수도 있다. 또한 우리는 차량 방화, 창문 깨기, 분신 등의 폭력도 운동의 전략이 될 수 있다고 생각한다. 이렇게 천차만별인 것처럼 보이는 다양한 전략들은 기업과 국가의 우선순위(와 종종 권한)에 집단적으로 이의를 제기한다는 공통점이 있다. 따라서 우리가 생각하기에 운동의 전략에는 아무리 작더라도 정치적 의도가 담겨 있다.

　운동을 이렇게 넓은 의미로 이해했을 때, 모든 사회운동 분야에서 일어나는 다양한 시민들의 행동과 반응을 포착할 수 있다는 장점이 있다. 구체적으로 말해서 운동을 이런 식으로 이해하면 세계사회포럼, 그린피스, 국제엠네스티에서부터 유나이티드웨이〔100여 년의 역사를 지닌 미국의 모금 전문 단체〕, 국제자연보호협회〔미국 50개 주와 35개국에서 활동하는 거대한 자연 보호 단체〕, 수잔 코멘 유방암 재단〔유방암 예방·퇴치를 위해 활동하는 단체로 분홍 리본을 상징으로 사용함〕에 이르기까지 폭넓은 캠페인 조직들을 분석의 대상에 넣을 수 있다. 물론 운동을 이렇게 포괄적으로 정의하면 불리한 점도 있다. 운동의 의미가 희석되어, 지배적인 권력 구조를 용인하거나 경우에 따라 그런 지배 권력의 일부로 참여하는 집단마저 운동 조직으로 인정하게 되기 때문이다. 하지만 이보다 더 협소하게 정의할 경우,

운동의 기업화라는 이야기의 많은 부분이 유실될 수 있다.

운동에 대한 학문적 연구는 양적으로 방대할 뿐더러 상당히 깊이 있게 진행되었다. (다른 요인도 많지만 그중에서도) 시간에 따라, 캠페인에 따라, 환경에 따라 조직이나 동맹·풀뿌리운동 사이에서 나타나는 중요한 차이를 확인하는 작업이 지금껏 주를 이루었다면 우리는 이제까지와는 다르게 운동을 단일한 범주로 놓고 기업화의 과정을 큰 틀에서 분석할 것이다. 이를 통해 우리는 이 세상의 질서를 바꾸기 위한 운동 전반의 역량에 어떤 일이 일어나고 있는지를 평가하고자 한다. 놀랍게도 아직 이 문제를 다루는 사람들은 거의 없다. 우리의 작업으로 이 문제를 둘러싼 대화가 더욱 활발해지기를 바란다.

# 기업화의 정치

"자본주의의 종말보다는 이 세상의 종말을 상상하기가 더 쉽다." 사회이론가인 프레드릭 제임스Fredric James와 슬라보예 지젝Slavoj Zizek 이 서로 다른 시기에 농담처럼 한 말이다. 마크 피셔Mark Fisher는 2009년 발간한 자신의 책《자본주의적 리얼리즘Capitalist Realism》에서 이 생각을 더욱 확장하여 자본주의의 힘을 탐구하고 자본주의를 유일하게 성공 가능한 경제 질서로 제시한다.[7]

운동의 기업화는 어느 정도는 자본주의의 징후이다. 다르게 말하면 운동의 기업화는 이탈리아의 마르크스주의자 안토니오 그 람시Antonio Gramsci(1891~1937)가 생각했던, 100년 전의 그 많은 짓밟힌 자들이 반란을 일으키지 않았던 이유와 연결되어 있다. 대중에게 지배 권력의 규칙과 관습이 '정상적'이고 '자연스러운 것', 심지어는 '상식'이 되었기 때문이다. 자본주의는 오늘날에도 사람들이 진실이라고 생각하는 것, 실현 가능하다고 믿는 것들을 꾸준히 왜곡한다. 그람시는 이를 "가능성의 한계"라고 불렀다.[8] 이 때문에 바꿀 수 있는 것은 얼마 없어 보인다. 그람시의 통찰력 덕분에 우리는 기업 중심의 사고와 시장·개인주의가 어떻게, 그리고 왜 갈수록 영향력을 확대하고 있는지 이해할 수 있다.

이렇게 생각했을 때 운동의 기업화 과정을 단지 운동가들이 기업의 조직 방식과 관리 방식(예산, 직원, 감독위원회, 그리고 최고경영자를 위한 고급 사무실)을 차용하는 수준이라고 이해해서는 곤란하다. 단순한 기업의 후원과 자금 지원 역시 넘어서는 일이다. 운동의 기업화는 기업의 책임, 규제 완화, 사유화의 가치에 대한 신념을 사회운동가들이 내면화하는 정치 논리와 연결되어 있다. 그런 정치 논리는 기부를 투자로, 후원자를 주주로 여기는 태도로 이어진다. 또한 현 상황을 정상으로 받아들이고 시장과 기업을 자연스러운 것으로 여기는 시선까지 포괄한다.

분명 많은 곳에서, 특히 풀뿌리 집단들을 중심으로 반기업운동이 지속되고 있는 것은 사실이다.[9] 하지만 운동의 기업화를 알리는 신호들은 반기업운동의 신호를 훨씬 능가한다. 1990년 이후로 비정부기구와 '거대 석유 회사', '거대 상표', '거대 제약 회사' 간의 공식 협력 관계가 급증한 것은 많은 것을 말해 준다. 운동가들 사이에서 소비자 라벨과 인증서가 무역을 '공정하게', '윤리적으로', 혹은 '지속가능하게' 만들어 주리라는 믿음이 늘고 있는 현상 역시 마찬가지다. 대책 없는 소비나 극심한 불평등에 대한 우려는 접어 둔 채 캠페인 후원을 받기 위해 유명 인사나 돈 많은 후원자들을 찾아다니는 운동가들도 많다.[10]

운동의 기업화를 보여 주는 또 다른 신호는 기업형 '모금 활동'이 늘고 있는 것이다. 기업형 모금 활동은 아무리 숭고한 '대의'라 하더라도 브랜드화와 광고의 틀을 벗어나지 못한다. 2006년 사만다 킹Samantha King이 쓴 《핑크 리본 주식회사Pink Ribbons, Inc.》(2012년에는 동명의 다큐멘터리도 만들어졌다)는 수잔 코멘 유방암 재단의 암 연구 기금 모금을 사례로 기업형 모금 활동이 어떻게 굴러가는지를 보여 준다. "암 세상에 오신 것을 환영합니다"라는 글을 쓴 바버라 에런라이크Barbara Ehrenreich는 코멘 재단이 여성 암환자 운동에 미친 영향을 비판하면서 이렇게 지적한다. "예전에 우리는 거리에서 행진을 하곤 했어요. 하지만 이제 여러분들은 암 치료를 위해 뛰거나 걷거나 점프를 하거나, 어쨌든 뭐든 해야 하죠."[11]

이 외에도 많은 비정부기구 역시 '문제'를 브랜드화하여 시장에 내놓고 있다. 이 중에는 특히 서양의 소비자에게 접근하여 착한 소비로 '세상을 구할 수 있다'고 속삭이는 조직들이 있다. 이런 캠페인의 수익금은 수십억 달러에 달한다. 하지만 이 조직들은 깊이 있는 변화를 일으키기보다는 소비를 독려하는 데 더 큰 역할을 하는 경향이 있다. 2011년에 발간된 리사 앤 리치Lisa Ann Richey와 스테파노 폰테Stefano Ponte의 《브랜드 에이드Brand Aid》는 이 점을 아주 잘 보여 준다.[12] 착한 소비를 강조하는 캠페인들은 아무리 너른 마음으로 이해하려 해도 필연적으로 좋은 일을 하기보다는 타인의 고통을 '판매'하고 공감이라는 감정을 시장에 내놓는 데 그칠 수 있다. 그리고 관심의 초점을 '변화'에서 피상적인 문제들로 돌려, 자본주의를 강화하고 더 나은 세상을 만드는 책임을 기업과 국가가 아닌 개인들에게 떠넘길 수 있다.

비정부기구들의 행태를 봤을 때 기업화는 기업과 시장이 점점 더 넓은 세상을 일방적으로 식민화하는 직선적인 과정이 아니다. 하지만 한 가지는 분명하다. 1980년대 이후로 안보를 빌미로 한 저항의 탄압과 사회적 삶의 사유화, 그리고 운동의 제도화를 통해 기업화 과정이 더욱 격화되고 있다는 점이다.

# 안보를
# 빌미로 한 탄압

전 세계 국가들은 갈수록 '시민' 사회와 '비非시민' 사회의 경계를 단속하면서 협조적인 집단에는 자금을 지원하고 비판적인 집단들의 숨통은 옥죄고 있다. 동시에 정치인들과 정부 관료들은 시위대를 공공질서와 국가 안보에 대한 위협으로 묘사한다. 국가의 권위에 도전하는 것을 안보를 위협하는 행위로 인식하는 새로운 프레임이 힘을 얻게 된 것은 2001년 9월 11일 미국에서 일어난 테러리스트 공격 이후였다. 곧이어 테러리즘과 아무런 관계가 없는 사회 정의운동 집단과 환경운동 집단들이 감시와 사찰에 시달리기 시작했다.

9·11 이후 운동가들은 언론이 '광적'이라고 지목할 여지가 있는 모든 활동에서 발을 뺐다. 중동과 아프리카에서 매일 일어나는 것처럼 보이는 자살 폭탄 테러와 꾸준히 이어진 테러리스트 공격 (2002년 발리 폭격, 2004년 마드리드 폭격, 2005년 런던 폭격, 2008년 뭄바이의 총격과 폭격, 2013년 알제리 아메나스의 인질 살해 사건, 2013년 보스턴 마라톤 폭격 등) 때문에 운동가들은 긴장의 끈을 놓지 못했다. 그동안 운동을 둘러싼 정치 환경에는 암운이 드리워졌다. 각국 정부는 법을 제정 및 개정하여 국가의 힘을 더욱 확대했고, 확대된 힘으로 운동 조직들을 감시하거나 시위를 탄압했다. 또한 각국 대통령과 수상들은 오늘날 '생태 테러리스트'나 사회 파괴분자들이라는 용어를 들먹이는데, 그런 표현과 이미지 만들기는 정부나 기업에 맞서는 집단의 메시지와 적법성을 약화시킨다.

안보를 빌미로 운동을 탄압하는 데 앞장선 것은 미국 정부였다. 국토안보부Department of Homeland Security가 자금을 지원하고 국방부Pentagon가 경찰 부서에 탱크와 기관총을 기부하고 있다. 군사 훈련을 받은 경찰들은 이제 전투용 장비와 전술을 사용하여 시위대를 억제하고 진압하고 있다. 다른 한편 연방수사국Federal Bureau of Investigation, FBI의 대테러 부서는 '폭도'와 '기물 파손자', '아나키스트'

저항 주식회사

를 기소하기 위해 가택을 급습하여 증거를 수집하고, 기소권자들은 운동가들을 소환하여 배심원 앞에서 증언하라고 명령한다.

월가 점거운동에 대한 미국 정부의 대응은 많은 것을 말해 준다. 국토안보부와 연방수사국은 시위대의 캠프에 잠입했고, 경찰은 군대식 공습으로 캠프를 궤멸시키고 미국 전역에서 수천 명을 체포했다. 폭동진압복을 갖춰 입은 경찰은 시위대를 향해 최루탄을 발포하고 곤봉 세례를 퍼부었다. 로어맨해튼에서는 경찰이 주코티 공원에 있는 시위대를 상대로 군대식 야간 공습을 감행하기도 했다. "우리가 가장 걱정하는 것은 전통적으로 군대와 민간 경찰을 갈라 놓았던 구분선이 갈수록 흐려지고 있다는 점입니다." 카토 재단의 형사사법 프로젝트 담당자인 티모시 린치Timothy Lynch는 이렇게 설명한다. "우리는 형사사법 영역에서 가장 큰 혼란을 야기하는 흐름은 바로 경찰이 전술을 군사화하고 있는 점이라고 생각합니다."[13]

대중 저항을 탄압하는 것은 미국만이 아니다. 2011~2012년에 있었던 직접민주주의 집회에 대한 스페인의 가혹한 대응을 생각해 보라. 2012년 반긴축 시위에 대한 그리스의 대응은 또 어떤가. 이제는 G20 회의나 올림픽 경기처럼 공적 행사가 있을 때면 삼엄한 보안 조치가 내려진다. 2012년 런던 올림픽 때는 군대, 경찰, 민간 경호 업체로 구성된 5만 명의 대군이 올림픽 경기장 주변에 설치된 전기 울타리와 CCTV 카메라, 심지어는 몇 대의 지대공 미사일까지 동원하여 대중을 '안전하게' 지켰다.[14] 알카에다Al-Qaeda와 자살 공격 테러, '외로운 늑대lone wolf'라는 별칭으로 불리는 [자생적 테러리스트] 광신도들이 활보하는 시대니 어쩌면 이런 식의 철통 보안이 필요할

지도 모르겠다. 하지만 그 여파로 국가가 평화로운 집회와 군중을 감시하고 억제하는 막강한 수단을 쥘 수도 있다.

경찰의 폭행과 군대식 급습은 당연하게도 많은 언론의 관심과 운동가들의 경멸을 불러일으킨다. 하지만 안보를 빌미로 한 탄압은 경찰의 행위에만 국한되지 않는다. 도시들은 시위대의 활동을 억제하기 위해 '자유 발언' 구역과 '시위' 구역을 만들고 있다. 경찰은 시위대 주위에 울타리를 치고 이들을 현장의 정치에서 격리시킨다(가령 세계은행World Bank이나 세계무역기구World Trade Organization, WTO 회의에서 그랬던 것처럼). 도시들은 세칙을 제정하고 조작함으로써(그리고 때로 케케묵은 전시戰時 법률을 부활시킴으로써) 경찰에 저항 가담 '의심자'들을 수색하고 체포하며 구금할 수 있는 터무니없는 권한을 쥐어 주고 있다. 하지만 가장 기가 막힌 것은 이런 법률 중에서 어떤 것들은 법정에 가서 시비를 가리기도 전에 [법률의 적용 시기가] 만료되어 버리곤 한다는 것이다. 경찰은 한술 더 떠서 바주카포, 기관총, 음향대포, 헬리콥터, 소형 탱크 같은 군사 무기를 확보하여 자신들의 강압적인 권력을 더욱 강화하고 있다.

게다가 안보기관, 대테러리즘 부서, 대도시 경찰서들은 사회 정의운동, 동물권운동, 환경운동 집단을 따라다니면서 사찰하고 있다. 이렇게 모인 정보는 데이터베이스에 저장된다. 미국의 경우 경찰이 일상적으로 운전면허증을 확인할 때 이 정보가 튀어나올 수도 있다. 테러리즘과의 전쟁이라는 허울 속에 평화적인 운동가들이 위협 세력으로 분류되기도 한다. 이들이 위협을 가할 수도 있다는 터무니없는 가능성 때문에 운동가들을 매도하고 파산시키는 국

저항 주식회사

가의 능력만 갈수록 증대하고 있는 것이다.[15]

불만 세력들을 감시하는 국가권력이 증대하면서 비판 집단은 고립되고 대립각을 세우는 전략들은 뒷전으로 밀려나고 있다. 동시에 운동의 기업화가 강화되고, 협력적인 집단들은 국가 안보에 '안전한' 세력이라는 지위로 보상을 받는다. 이 같은 탄압의 이면에는 전 세계가 사회적 저항에 대해, 그중에서도 특히 자유 시장과 사유재산, 경제성장에 비판적인 운동을 억압하는 큰 흐름이 있다. 1970년대 이후 국가의 사회복지가 감소하면서 이런 추세가 훨씬 강화되었다. 1979년 마거릿 대처Margaret Thatcher가 영국 수상이 되고 1981년 로널드 레이건Ronald Reagan이 미국 대통령이 된 뒤 보수적인 경제학이 전 세계에서 활개를 치면서 민간 부문에 〔정부의 많은〕 권한을 넘겨주는 한편, 전 세계 정부들이 사회 서비스와 비영리조직에 대한 자금 지원을 삭감했다. 오늘날 국가는 빈곤 같은 문제의 책임을 정치 및 경제 시스템에서 개인의 선택과 소비자 의사 결정의 문제로 돌리고 있다.

이런 시위의 탄압 과정에서 두드러지는 것은 국가 이익이나 기업의 안정성을 보호한다는 명목으로 자유로운 언론과 결사를 금지하는 법률들이다. 가령 독일의 프랑크푸르트시는 교통과 금융지구를 봉쇄하고 통행을 방해하는 것은 일종의 폭력이라고 선언한 뒤, 2012년 5월에 시위를 무산시키기 위해 5,000명의 경찰을 동원하여 도심을 '원천 봉쇄'했다.[16] 같은 해 캐나다 퀘벡 지방은 78호 법안을 통과시킨 뒤 마찬가지의 가혹한 조치로 학생들의 저항에 맞섰다. 이 법안은 행진을 억제하고, 시위를 하려면 반드시 경찰의 승인을 받도록 하는 긴급 조치였다. "이건 내가 본 중 최악의 법이에요. '전시특별조치법War Measures Act'에 맞먹는 수준이죠." 법학과 교수인 루시 르몽드Lucie Lemonde는 1970년에 캐나다 정부가 퀘벡해방전선과의 갈등이 극에 달했을 때 시행했던 특별법을 언급하며 이렇게 말했다.[17] 국가가 [대중이] 저항을 조직할 권리보다 기업의 안보와 경제성장을 우선시하는 경우는 이 외에도 헤아릴 수 없이 많다. 3장에서 보다 자세히 다루겠지만 이런 식의 안보 개념은 민주적 자유의 근간을 옥죄고 있다.

전 세계 정부는 정보기관을 통해 사회정의운동들의 활동을 감시하기도 하는데 이때 소셜 미디어도 활용된다. 캐나다 안보정보청Canadian Security Intelligence Service은 2010년 밴쿠버 동계 올림픽과 2010년 토론토 G20 정상회의를 준비하면서 운동가들을 사찰하고 위장 요원들을 운동 조직에 잠입시켰음을 인정했다. 하지만 이는 전혀 이례적인 사건이 아니다. 3장에서 입증하겠지만 여러 건의 법정 소송과 정보 공개 청구를 통해 미국과 영국을 비롯해 얼마나 많은 [국가의] 정보기관과 경찰력이 이와 유사한 전략을 채택하고 있는지 드러나고 있다. 미국, 중국, 태국, 러시아 같은 국가들은 인터넷상의 운동을 검열하고 국가 권위에 도전하는 운동을 통제하기 위해 사이버 첩보 활동에도 간여하고 있다.[18]

국가는 일자리와 번영, 정치적 안정에 대한 자본주의의 가치에 의문을 제기하는 사람은 누구든지 간에 비이성적이거나 위협적인 존재, 혹은 매국노라는 식으로 매도하기도 한다. 많은 정부는 반대 세력을 더욱 억누르기 위해 반항적이거나 적대적으로 보이는 집단에 대한 지원금을 대폭 삭감하고 있다. 이렇게 불만 세력을 탄압하고 무시하다 보니 온건한 운동을 지향하는 추세가 더욱 심해지고 있다. 누가 경찰 곤봉에 머리통이 깨지고 싶겠는가? 누가 국경 수비대에게 테러리스트 취급을 받으며 알몸 수색을 당하고 싶겠는가? 누가 중앙정보국Central Intelligence Agency, CIA의 트위터 계정 사찰을 반기겠는가?

# 사유화

지난 한 세기 동안 인간의 시간과 관계는 갈수록 시장에 의해 조직되었다. 이 같은 사회적 삶의 사유화는 운동가들이 상호작용하고 조직하는 방식을 바꿔 놓았다. 개인의 취향과 결정이 갈수록 시장 원리에 의해 조정되면서 집합행동을 위한 사회적 역량은 약화되었다. 온라인 세상에는 다양한 활동들이 넘쳐 나지만 비인격적이고 일시적인 활동이 대부분이다. 이제는 더 넓은 공동체보다는 가족이나 소규모 친분 집단에 의지하여 감정적인 필요와 생활상의 필요를 충족시키는 경향도 강해지고 있다.[19] 특히 고소득 국가에서는 아무리 빈곤한 지역이라 하더라도 집합행동이 사회적 삶에서 1순위가 아니라 부차적인 지위를 차지하게 되었다. 4장에서 자세히 살펴보겠지만 이런 변화는 집합행동이든 개별 행동이든 갈수록 시장의 가치를 반영하는 경향을 더욱 가속화하고 있다.

역시 뒤에서 다시 주장하겠지만 기업은 이런 흐름을 이용하여 권력과 통제력을 확대하고 있다. 사람들은 더욱 지속가능하고 정의로운 세상을 만들기 위해 더 많이 소비하라는 소리를 듣고 또 듣는다. 광고와 상표, 라벨들은 친환경 제품과 공정무역 제품을 구매할 수 있으니 착한 시민이 되려면 어서 구매하라는 메시지를 집 안으로 전파한다. 동시에 상품은 갈수록 많은 사람들의 개성을 드러내는 기능을 맡게 되었다. 반면 시장의 외부와 상호작용하기는 더욱 어려워지고 기회는 줄어들기만 한다.

국가와 기업이 운동을 시장경제에 길들임에 따라, 지속적인 집합행동에 대한 다양한 사회적 장애물이 늘어남에 따라, 자본주의 내에서 최대한 바르고 지속가능하게 살기 위해 자신의 신념과 매일의 선택을 일치시키는 방법을 찾는 사람이 갈수록 늘고 있다. 이는 정치학자 마이클 매니에이츠Michael Maniates가 말한 "책임의 개인화"를 부추긴다.[20] 동시에 개인의 결정과 관계를 규정하는 기업의 권한은 강화되는 반면, 체제 전반의 장기적인 변화를 도모하는 캠페인을 지속하면서 운동의 기틀을 다지는 사회 및 정치 공동체들은 약화된다.

미국 사회학자 라이트 밀스C. Wright Mills의 말을 빌리면 운동가들은 언제나 "사적인 문제"를 "공적인 사안"으로 바꿔 놓기 위해 투쟁해 왔다.[21] 하지만 밀스가 이 글을 쓴 지 50년이 지난 지금, 판에 박힌 일상과 사회 구조 내에 존재하는 균열 때문에 그 투쟁은 전보다 훨씬 어려워졌다. 산업화된 북반구의 교외화 때문에 '가정' 생활은 '노동' 생활에서 떨어져 나오게 되었다. 한때 공장 노동 같

저항 주식회사

은 공통의 환경을 중심으로 조직되었던 지역공동체의 경우, 그 안의 공통분모가 크게 줄어들어 사회적 유대와 집합행동이 약화되었다(특히 계급과 노동 정체성의 측면이 그렇다). 동네 한편에 모여 그날의 사안을 놓고 갑론을박하는 사람들은 갈수록 줄고 있다. 선택과 필요에 의해 지불노동에 참여하는 여성들이 늘었고, 동네의 '보호자'들이 줄어들면서 밖에서 뛰어 노는 아이들도 함께 줄었다. 아이나 어른 할 것 없이 이제는 모두 집 안에서 전보다 많은 여가 시간을 보낸다. 텔레비전을 보고, 비디오 게임을 하고, 인터넷 서핑을 하면서 말이다. 이에 따라 마을 잔치나 축제 같은 활동들은 꾸준히 줄고 있다. 우정과 관계의 의미와 상대적인 중요성 역시 달라졌다. 온라인상의 모임이 늘고 있긴 하지만 고독과 외로움 역시 득세하고 있다.[22]

1970년대 이전 서유럽과 북미의 노동계급 정치는 보통 지역공동체나 인종 혹은 종교 집단, 아니면 친구나 친지, 동료 관계 등 이미 유대가 형성된 결사에서 출발했다. 이는 사회학자이자 사회정의 운동가인 앨런 시어스Alan Sears가 말한 "반체제 활동의 하부구조the infrastructure of dissent"의 사회적 토대가 되었다.[23] 변화의 정치는 이런 집단 구성원들 사이의 불만과 수난이 논리적으로 확장된 결과인 경우가 많았다. 오늘날에는 (가령 라틴아메리카의 인권 같은) 공통의 대의를 지지하는 집합행동에 **개인**으로 참여하는 사람들이 전보다 훨씬 늘었다. 강력한 공동체나, 이전부터 누적된 신념과 신의 혹은 연대를 토대로 한 유대가 없는 조직들도 많다. 이는 운동의 변화 능력에 장기적인 영향을 미친다. (재정 기부 같은) 사적 대면이 없는 활동이나, (인터넷 같은) 사적 대면이 없는 관계에 많이 의존하는 운동일수록 문제는 더 심각하다.

과거에는 심도 있는 변화를 이루기 위해서는 우정과 연대를 토대로 한 유대가 아주 중요했다. 영국의 노동운동도, 유럽의 여성운동도, 미국의 민권운동도, 남아프리카공화국의 인종차별철폐운동도 모두 이런 유대 덕분에 가능했다. 역사학자 에드워드 파머 톰슨은 《영국 노동계급의 형성The Making of the English Working Class》에서 노동계급 주거지에서 단단해진 동지애와 단결력이 산업혁명이 진행되는 동안 어떻게 잉글랜드 노동운동의 새로운 정치의식을 지탱했는지 기록하고 있다. 노동자들은 작업이 끝난 뒤 함께 집으로 걸어가면서(중간에 선술집에 들르기도 했으리라) 집합행동의 정치적 힘을 이해하고 그 가치를 깨닫게 되었다.[24]

반면 오늘날에는 어떤 집단이든 형성되기 전에 거의 항상 정치가 먼저 존재한다. 정치는 사실상 사람들이 결집하는 이유가 되곤 한다. 하지만 기존의 사회적 유대가 없는 상태에서 정치만으로는 지속적인, 혹은 강건한 집합성을 만들어 내기 힘들다. 오늘날 많은 운동가들이 토로하듯 강력한 사회적 유대가 없으면 캠페인도 삐걱댈 수밖에 없는 것이다.

레이먼드 윌리엄스Raymond Williams의 표현을 빌자면 전 세계 시장경제는 사회집단 내에서 "감정의 구조"를 바꾸기도 한다.[25] 희망과 분노, 그리고 참혹함의 사유화는 공동체를 갈가리 찢어 놓아 사회 조직을 지탱하기 어렵게 만든다. 이미 1950년대에 밀스Charles Wright Mills가 주장했듯, 엘리트들이 사회문제(가령 실업과 빈곤)를 사적인 영역에 떠넘기면서 자본주의의 불평등한 결과에 대해 개인이 짊어져야 할 책임이 늘어나게 되었다(그도 아니면 그냥 부모를 탓하거나).[26] 개인들이 사회의 실패를 개인의 실패로 내면화해 버리면 연대의 결속을 형성하고 지탱하기는 더욱 어려워진다.

이 외에도 다양한 변화들 때문에 시장 가치가 조금씩 개인의 취향과 결정에 침투하여 집합행동에 나설 시간과 에너지를 좀먹고 있다. 이런 여러 흐름들은 사적인 삶과 사회적 삶을 흔들어 놓고 있다. 안보를 빌미로 한 탄압과 마찬가지로 일상생활의 사유화는 전 세계에서 나타나고 있다. 앞서 지적했듯 국가 간에 큰 편차가 있고, 같은 국가 안에서도 불균등하게 진행되고 있긴 하지만 말이다. 그리고 다시 운동의 탄압과 사회적 삶의 사유화는 운동의 제도화를 강화한다.

# 제도화

전 세계 운동 조직들은 1970년 이후로 먼 길을 왔다. 그린피스를 생각해보자. 그린피스는 1970년 밴쿠버에서 '파문을 일으키지 마라 위원회Don't Make a Wave Committee'로 출발했다. 이 위원회는 1971년 어선을 빌려(이 배를 '그린피스호'라고 불렀다) 미국 핵무기 실험의 '증인이 되기 위해'(그리고 이를 멈추기 위해) 알래스카 서쪽에 있는 암치카섬Amchitka으로 떠난 강경한 평화운동가 집단이었다. 이윽고 세계 각지에서 스스로를 '그린피스'라고 부르는 집단들이 생겨났다. 1979년 그린피스 인터내셔널이 암스테르담에 설립되어 상업적인 고래잡이와 바다표범 사냥을 저지하는 등 수많은 활동을 펼치는 각국의 그린피스 조직들을 서로 연결시켜 주었다.

오늘날의 그린피스는 전 세계에서 알아주는 상표를 지닌 다국적 기업과 다를 바 없어졌다. '그린피스'라는 이름은 이제 네덜란드에서 등록 상표가 되었고, 암스테르담 본부는 그 브랜드 이미지를 총괄한다. 그린피스의 직원은 수천 명에 달하고 재정 '후원자'는 300만 명에 이르며 40여 개국에 28개의 국가 및 광역 지부가 있다. 그린피스 인터내셔널의 보고에 따르면 2011년 그린피스의 소득은 6,000만 유로〔약 750억 원〕를 웃돌았고, 2011년 상임이사의 연봉은 11만 5,000유로가 약간 넘었다〔약 1억 5,000만 원〕. 〈알자지라 Al Jazeera World〉 세계면에 실린 2012년 다큐멘터리의 제목 〈그린피스: 히피에서 로비스트로 Greenpeace: From Hippies to Lobbyists〉는 지난 40년간 진행된 흐름을 압축적으로 짚어 내고 있다.[27]

그린피스는 국제환경단체의 전형적인 역사와 맞닿아 있다. 1969년 설립된 지구의 친구들은 회원과 지지자가 수백만 명에 달하고, 70여 개의 국가 조직과 5,000여 개의 지역 조직이 있다. 1961년에 설립된 세계자연기금 역시 정기적인 지지자들이 수백만 명에 이르고 100여 개국에서 활동한다. 2,000여 개의 보존 프로젝트에 자금을 지원하고 있는 이 세계자연기금 네트워크는 2012년 영업이익이 5억 9,300만 파운드〔약 1조 20억 원〕에 달했다. 2012년에는 모금 활동에만 1억 500만 파운드〔약 1,800억 원〕가 넘는 돈을 썼다.[28]

다른 운동 조직들도 이와 유사한 방식으로 성장했다. 일례로 인권운동 조직인 국제앰네스티를 보자. 1961년 영국 변호사 피터 베넨슨Peter Benenson이 런던 미트레 법원에 있는 자신의 회의실에서 시작한 이 운동 조직은 이제 80여 개국에 사무실을 두고 있을 뿐만 아니라 후원자와 회원이 수백만 명에 달한다. 전 세계에서 거둬들이는 소득은 연간 2억 파운드[약 3,400억 원]가 넘는다. 국제사무국에만 500여 명의 전문 인력이 있다. 이 사무국의 현 사무총장인 살릴 셰티Salil Shetty는 2003년부터 2010년까지 유엔밀레니엄캠페인을 담당하다 국제앰네스티의 사무총장직을 맡았다. 국제앰네스티의 자금은 대부분 개인의 기부나 모금 행사를 통해 마련된다. 정당의 돈은 받지 않지만 영국의 국제개발부Department for International Development 같은 개발 기구의 보조금이나 기업 후원금은 받는다.[29]

요즘에는 경영학 석사 학위를 딴 대표와 최고경영자들이 운동 조직을 운영한다. 별도의 감독위원회도 있다. 보고와 계획에는 법적인 회계 감사와 일정표가 뒤따른다. 직원 채용과 의사 결정은 관료적이고 위계적이다. 일반 구성원들이 말하고 움직이는 데는 한계가 있다. 논의는 고객에게 제공할 상품과 '예산 범위 내에서 일하는 법', 그리고 성과를 측정할 필요를 중심으로 이루어진다. 계획 단계의 전략들은 목표를 달성하기 위한 꾸준하고 꼼꼼한 절차들을 요구한다.

하지만 운동의 제도화는 조직 형태상의 변화를 훨씬 넘어선다. 이는 국가와 상업적인 기관들의 근저에 있는 기준과 가정, 접근법들을 조직 안에 내부화하는 것에 더 가깝다. 기업과 정부 조직들과 협력하는 전략으로 무게중심을 바꾼다거나 시장과 국가정책에 부합하도록(그리고 시장과 국가정책에 더 많은 영향력을 미치도록) 목표를 손질하는 것 등이 이에 해당한다. 또한 운동가들이 변화의 대상이라고 주장하는 바로 그 정치·경제 시스템 안에서 캠페인을 펼치는 것 역시 이에 해당한다. 이런 조직 내부의 운동가들은 무엇이 정치적 차이를 만드는지(와 무엇이 정치적 차이를 만들지 못하는지)를 알고, 시간이 갈수록 여기에 적응한다. 그 결과 이들의 생각과 해법에는 실현 가능한 가치가 무엇인지에 대한 비전보다는 양적으로 환산 가능한 실용성과 성장을 지향하는 조직의 한계가 고스란히 드러난다.

이렇게 보았을 때 그린피스는 다른 전 지구적 운동 조직에 비해 기업화가 덜 되었다. 그린피스는 지속적으로 기업을 비판하고 있다. 가령 최근에는 네슬레, 마텔, KFC를 비판하는 캠페인을 진행했다. 또한 그린피스는 개인 기부와 재단의 보조금에만 의지하고 있다. 즉 정부, 정당, 기업의 돈은 받지 않는다. 하지만 그린피스가 말하는 '승리'의 범위는 제도화가 얼마나 뼛속까지 진행되었는지 보여준다. 가령 2011년 그린피스가 거둔 가장 큰 승리 중 하나는 마텔이 바비 인형 포장 방식을 바꾸도록 한 것이었다. 그린피스는 이것이 열대우림 파괴 문제와 연결되어 있다고 보았다. 게다가 한때 세계 최대의 반기업운동 조직이었던 그린피스는 음식 소매업에서 발생하는 온실가스 배출량을 줄이기 위해 코카콜라, 펩시, 유니레버 같은 대기업들과 협력하여 '천연 냉매'를 개발했다. 그린피스 미국 지부는 "기업은 비상하리만치 역동적이고 강력하며 날랜

협력자가 될 수 있다"라고 인정한다.[30]

그린피스와 비교했을 때 대부분의 거대 운동 조직들은 기업과 훨씬 가까운 공조를 취해 왔다. 가령 세계자연기금의 경우 코카콜라와 전 세계적인 협력 관계를 유지하고 있다(이를 통해 세계자연기금은 2010년 약 2,000만 달러를 확보했다). 2010년에는 피앤지의 환경 효율성을 개선하기 위해 그들과 3년간의 협력을 약속하기도 했다. 그 외에도 많은 환경운동 조직들이 〈포춘Fortune〉이 선정한 세계 500대 기업과 공조 관계를 맺고 있다. 국제자연보호협회는 보잉, 브리티시페트롤리움, 듀퐁, 몬산토, 셸, 월마트 등 수많은 기업들과 동반자 관계를 맺어 왔다. 세계자연보전연맹과 세계습지보전협회 역시 셸과 동반자 관계를 맺었다. 국제보전협회는 월마트와 스타벅스, 환경보전기금은 맥도날드와 페덱스, 어스워치는 다국적 채굴 회사인 리오틴토와 동반자 관계를 맺고 있다.[31]

전직 국제보전협회 직원이자《녹색 주식회사Green, Inc.》를 쓴 크리스틴 맥도널드Christine MacDonald는 바로 이런 거대 환경운동 조직과 대기업 간의 동반자 관계를 개탄한다. "세계 최대의 보존운동 조직들은 환경 범죄에 깊이 연루된 기업들로부터 돈만 받는 것이 아니다. 이들은 자신들을 후원하는 기업을 위해 홍보 대행사 역할을 하고 있다." 런던 〈인디펜던트The Independent〉에 칼럼을 쓰는 조핸 해리 Johann Hari는 이렇게 주장한다. "환경운동 조직들이 환경을 파괴하는 바로 그자들로부터 돈을 받는다는 것은 가당찮은 일이지만, 요즘에는 당연한 듯 받아들인다."[32]

이런 동반자 관계 중에는 상당히 노골적인 사업 거래도 있다. 가령 미국의 시에라클럽은 2008년 클로록스사社가 '천연' 세제인 '그린웍스Green Works'를 홍보하는 데 2년간 도움을 주기로 약속했다. 그린웍스에는 시에라클럽의 로고가 찍혔고, 시에라클럽은 그린웍스 판매액의 1퍼센트를 받았다. 1892년 환경보호를 목적으로 설립된 시에라클럽은 오랜 역사 동안 시민불복종과 기업과의 협력을 자신들의 특징으로 안착시켰다. 하지만 시에라클럽의 후원자인 카린 스트리클러Karyn Strickler는 서슬 퍼렇게 날을 세운다. "타협이라는 정치 놀음의 선수가 되면서 얻게 되는 권력의 휘황찬란함과 염소가스가 뒤섞인, 큰돈이 피우는 안개 속에서 칼 포프Carl Pope(전 시에라클럽 사무총장)와 시에라클럽 전국위원회는 진정한 환경보호에 이르는 길을 완전히 잃어버렸다."[33]

인권·노동·여성운동 조직들 역시 대기업과 동맹을 맺고 동반자가 되기는 마찬가지다. 더휴먼라이츠캠페인은 마이크로소프트·딜로이트·아메리칸에어라인·뱅크오브아메리카와, 옥스팜은 유니레버·막스앤스펜서·엑센추어·노키아와, 세이브더칠드런은 셰브론과 동반자 관계를 맺었다. 여성자영업운동기구와 카자흐스탄여성경제인협회 같은 지역 운동 조직 역시 마찬가지다. 아프리케어, 평화의 씨앗, 바이탈보이스 같은 사회운동 조직들은 엑손모빌과 손을 잡았다. 세이브더칠드런, 케어 인터내셔널 영국 지부 같은 개발 도상국 원조 조직들은 글락소스미스클라인 같은 다국적 제약 회사와 일하고 있다.

다자적인 동맹 관계에 비정부기구와 운동가들이 엮이기도 한다. 가령 수익 투명성 증진을 위해 활동하는 채굴산업투명성운동기구에서는 글로벌위트니스, 옥스팜, 국제투명성기구 같은 비정부기구들이 70여 개에 달하는 세계 최대의 석유, 가스, 채굴 기업과 협력 관계를 맺고 있다. 세계공정성운동기구, 휴먼라이츠퍼스트, 마낄라연대네트워크 같은 집단들이 참여하는 공정노동위원회는 애플, 나이키, 아디다스, 네슬레 같은 여러 초국적 기업들과 함께 일한다.

운동의 제도화는 획일적이거나 정적인 과정이 아니다. 규모가 작은 공동체 기반의 풀뿌리 집단일수록 더욱 다양하고 복잡한 방식으로 제도화된 시스템에 편입된다. 아직도 많은 풀뿌리 집단은 직접민주주의 원칙을 따르고, 중역 회의실 대신 거리에서, 노조 회관에서, 교회에서 얼굴을 맞댄다. 공식적인 보고나 전략적인 계획보다는 언어적 의사소통에 기대는 집단도 일부 존재한다(언어적 소통은 역사적으로 여성의 권리와 원주민 권리를 쟁취하기 위한 사회적 실천의 특징이었다). 하지만 5장에서 확인할 수 있듯 잘사는 나라든 못사는 나라든 지금의 운동은 과거에 비해 기업화에 대해 훨씬 수용적인 태도를 취하고 있다.

### 시장경제에 봉사하기

일부 운동 조직의 경우, 특히 사회 서비스를 제공하는 조직인 경우, 기업의 후원에 갈수록 의지하게 된 근원에는 1970년대 이후로 추진된 경제의 세계화 과정이 있음을 강조해 둘 필요가 있다. 운동가인 릭 마난잘라Rickke Mananzala와 딘 스페이드Dean Spade는 사회 서비스가 공동체로 떠넘겨지는 데 보수적인 경제 정책이 얼마나 핵심적인 역할을 했는지 잘 포착하고 있다. "사회복지는 점점 기업에 의지하게 되었다. 기업의 자선은 기본적으로 사회복지의 자원을 제공할 때 정부의 재원을 대체하게 되었고, 사회 문제에 대한 해답으로 등극하게 되었다." 여기에서는 한때 기업에 대항할 수 있는 가장 강력한 조직이었던 노조가 북미와 유럽 전역에서 힘을 잃었다는 사실도 중요하다. 1980년 이후 북반구의 많은 지역에서 노조 조직률 혹은 노조 내 임금 노동력의 비중이 줄었다는 점은 시사적이다. 미국의 경우 노조 조직률은 〔1980년〕 22.1퍼센트에서 2011년 11.3퍼센트로, 프랑스에서는 18.3퍼센트에서 2008년 7.6퍼센트로, 호주에서는 48.5퍼센트에서 2011년 18퍼센트로 감소했다.[34]

전 세계적으로 기업이 자선 행위에 참여해야 할 필요가 절실해지고 있다. 수십 년간 개발도상국에 대한 미국의 개발 원조는 줄곧 감소했고, 그 공백은 부분적으로 비정부기구와 그들의 파트너 기업이 채우고 있다. 최근에는 비정부기구에 자금 지원 요건으로 기업화에 협력할 것을 요구하는 나라도 많다. 가령 캐나다 국제개발처Canadian International Development Agency는 2011년 비정부기구와 채굴 회사가 공동으로 진행하는 세 가지 프로젝트에 자금을 지원함으로써 새로운 개발 모델을 시험했다. 세 가지 프로젝트란 페루에서 진행되는 캐나다 월드비전과 배릭골드의 프로젝트, 부르키나파소에서 진행되는 플랜 캐나다와 아이앰골드의 프로젝트, 가나에서 진행되는 캐나다 세계대학서비스와 리오틴토알칸의 프로젝트를 말한다.[35]

여성운동의 역사는 운동에 대한 정부 지원의 축소가 어떤 영향을 미치는지 더욱 적나라하게 보여 준다. 가령 캐나다에서는 1972년에 만들어진 여성의 지위에 대한 국가행동위원회National Action Committee on the Status of Women가 1990년대에 국가 지원을 받지 못하게 된 뒤부터 여성운동 집단들은 점점 기업의 후원에 의지하기 시작했다. 학자인 에이드리엔 로버츠Adrienne Roberts와 수잔 소더버그Susanne Soederberg는 국제적으로 "초국적 기업형 여성주의"가 등장하고 있다고 말한다. 이는 기업의 자선 활동과 공동 브랜드 사용, 공·사 파트너십이 성평등 정책의 형태를 바꿔 놓는 과정에서 나타나게 된 것이다. 가령 여성운동 조직들은 나이키, 골드만삭스 같은 기업들과 협력하여 개발도상국 여성들을 위한 사회경제적 기회 마련에 필요한 자금을 확보해 왔다. 로버츠와 소더버그의 주장에 따르면 이런 노력들은 시장과 무역이 여성과 기업 모두에 똑같은 이익을 발생시킬 수 있다는 가정을 발판으로 하는 경우가 많지만, 결국 여성의 권리를 증진시키기보다는 자본주의를 정당화하는 데 더 많은 역할을 하게 된다.[36]

　'좋은 일'(이에 대한 정의는 다양하다)을 하고 싶긴 하지만 장시간 노동에 시달리는 일선 운동가들이 운동에 대한 적절한 금전적 보상을 바라는 것은 당연하다. 사회 서비스에 대한 정부의 지원이 줄어들고 있는 상황에서 월급과 임대료, 프로젝트 비용이 필요한 비영리조직의 지도자들은 당연하다는 듯 기업을 파트너로 여긴다. 게다가 이런 '관리층 운동가' 중에는 기업과 함께 시장이나 무역, 소비를 조정하는 것은 완만한 변화를 일구기 위한 효과적인 방안이 될 수 있다고 여기는 이들이 많다. 하지만 월급을 주고 프로젝트를 운영하기 위해 목표와 방법을 조절하는 것은, 불평등하고 지속 불가능한 세상을 정당화하는 동시에 현실적이고 의미 있는 방식으로 자본주의를 변혁할 수 있는 운동의 힘을 약화시킨다.

# 급진주의의
# 쇠락

정치는 '급진적'이라는 단어에 다양한 의미를 덧씌운다. 국가와 기업은 운동가들을 비하하고 공격할 때 이 단어를 쓰는 경향이 있다. 보존이나 정의, 평화 같은 유토피아적인 목표를 추구하는 '이상주의자들'을 향해 마치 수류탄이라도 던지듯이 말이다. 운동 집단들의 분석 능력에 회의적인 논평가들은 급진주의자들이 비이성적이거나 비실용적이라는 견해를 강화한다. 비외른 롬보르Bjorn Lomborg가 2001년에 출간한 베스트셀러 《회의적 환경주의자The Skeptical Environmentalist》가 가장 대표적인 예다.[37]

운동의 전문성을 폄하하는 일도 비일비재하다. 가령 〔급진주의보다 온건한〕 '환경보존주의'를 지지하는 로저 스크루턴Roger Scruton이 2012년에 발간한 책에 《지구에 대해 진지하게 생각하는 방법How to Think Seriously about the Planet》이라는 제목을 붙인 것은 전형적인 수법이다.[38] 급진주의를 비난하는 이유는 다양하다. 1977년 그린피스 재단의 대표로 선출된 패트릭 무어Patrick Moore는 1986년 조직을 떠난 뒤 그린피스를 공개적으로 비판해 왔다. 그린피스가 기업화되었기 때문이 아니라 기업과 충분히 긴밀하게 공조하지 않는다는 이유에서 말이다. 2010년에 출간된 그린피스에 대한 무어의 책은 초장부터 그린피스를 "반과학적, 반기업적, 순전한 반인간적" 조직으로 낙인찍는다.[39]

보수주의자들의 공격, 비정부기구 안의 내분, 독설의 정치가 난무하면서 누가, 그리고 무엇이 급진적인지 분간하기가 어려워지고 있다. 이런 혼란 때문에 많은 논평가들이 운동을 실제보다 더 급진적이라 여기는 우를 범하고 있다. 게다가 많은 운동가들이 급진적이라는 표현을 영예의 증표로 여기고 너도나도 급진적 운동가를 자임하는 실정이다. 사회운동 내의 분파들이 '더 원칙적' 혹은 '더 과감한' 근거를 앞세우는 전략을 취하면서 급진적이라는 표현의 의미를 둘러싼 투쟁이 더욱 격화될 수도 있다.

급진성을 둘러싼 정치를 원천적으로 차단하는 것은 불가능한 일이다. 하지만 이로써 빚어지는 혼란을 고려했을 때는 '급진적인 운동가'를 최대한 정확히 정의하는 것이 최선이다. 가장 단순하게 정의하자면 우리가 보기에 급진적인 운동가는 정치적 권위체와 기업에 도전하고 시장과 정치의 결과물(가령 불평등, 인종주의, 생태적 붕괴)을 바꿔 놓을 수 있는 구조적 변화를 요구하는 이들이다. 급진적 운동가들은 문제의 해법을 자본주의 체제의 구조 내부에서 찾지 않고, 근본 원인을 바꾸는 데서 찾으려 한다.

운동의 기업화는 이런 종류의 급진성을 주변화하거나 동화해 버리고 있다. 국가 역시 아주 집요하게 이런 급진주의자들을 추적하고 투옥하려 한다. 물론 때로 군중은 부패한 지도자나 독재 정권에 맞서 꾸준히 봉기할 것이다. 풀뿌리 집단은 변함없이 세를 규합하고, 수십만, 심지어는 수백만에 달하는 운동가들이 가두에 결집하여 바다 저편에서 일어나는 전쟁이나 독성 폐기물 유출, 원주민 학대에 저항하는 투쟁을 펼칠 것이다. 우리는 이런 투쟁이 더 이상 일어나지 않으리라고 말하는 것이 아니다. 결론에서 주장하겠지만 우리는 앞으로 대중의 저항과 풀뿌리운동은 지금보다 더 일상화될 수도 있다고 생각한다. 우리가 규명하고자 하는 것은 어째서 유구한 역사를 자랑하는 사회·환경운동 내부의 그렇게 많은 운동가들이 갈수록 전 지구적 자본주의의 틀을 수용하고 그 속에서 활동하게 되었는지, 그리고 기업화의 힘은 정부 정책과 기업 관행을 변화시키는 풀뿌리 저항과 운동의 힘을 어떻게 무력화시키고 있는가이다.

아직 풀뿌리운동은 비정부기구의 운동과는 분명 많이 다르다. 가령 환경정의운동은 더 급진적이고 반기업적인 색채를 띠는 경우가 많다. 따라서 폭력적인 방식을 마다하지 않고 국가에 반대하는 경향을 띠기도 한다. 하지만 이런 차이에도 불구하고 운동의 기업화는, 어째서 전반적으로 지배적인 정치·경제 시스템을 바꾸는 운동의 힘은 갈수록 약화되지만 정치·경제 시스템 내에서 작은 성공을 거두는 힘은 날로 강해지고 있는지를 설명하는 힘을 가진 것으로 보인다. 이는 어째서 암 연구 같은 대의를 지원하기 위해 달리기를 하고 자전거를 타는 데는 수백만 명이 몰려들지만, 불평등이나 부정의, 생태적 붕괴의 원인은 고사하고 질병의 정치·경제적 원인을 성토하는 비정부기구들은 갈수록 줄어들고 있는지를 설명하는 데 도움이 된다.

이제 기업화된 운동은 생산 효율성, 기업 투명성, 기술 진보를 조심스럽게 지향하고 있다. 하지만 이는 사회적 갈등에 휘말려 삶의 조건이 파괴되고 있는, 가장 힘없고 가난한 사람들에게 가해지는 자본주의의 '느린 폭력'에 자기도 모르게 힘을 보태는 일이기도 하다.[40] 재활용에서부터 생태 보존 지구에 이르기까지 겉보기엔 효과가 있어 보이는 많은 해법에는 어지간해서는 눈에 잘 띄지 않는 이런 사회적, 생태적 그늘이 숨어 있다.[41] 또한 운동 조직들은 기업화를 겪으면서 힘없고 취약한 현장과 사람보다 타협과 실용주의, 돈과 권력을 쥐고 있는 사람들을 위한 편익을 더 우선시하게 될 수 있다. 결국 이는 에드워드 사이드Edward Said의 우아한 표현처럼 "보이지 않는 권력에 대한 침묵의 일상화"를 강화한다.[42] 뒤에서 검토하겠지만 이 과정은 급진적인 운동에 대한 전 세계적 탄압 앞에서도 어째서 침묵만 흐르는지 부분적으로 이해하는 데 도움이 된다.

# 2장

# 기업처럼 보기

세계 최대의 캠페인 조직들은 런던, 뉴욕, 암스테르담, 워싱턴디시의 본부에서 투자와 부동산, 꾸준히 발생하는 수입의 형태로 수십만 달러를 관리한다. 이 많은 돈의 지출 목적에 대해서는 그 누구도 토를 달지 못한다. 이 세상 극빈층의 건강과 발전 상태가 개선되기를 바라지 않을 사람이 어디 있겠는가? 지구의 환경이나 인권의 보호를 원치 않는 사람이 어디 있겠는가?

하지만 '세상을 바꾸는' 경제 활동에 참여하려면 돈이 많이 들기 때문에 전 세계적으로 운동 조직의 수입과 자산이 꾸준히 늘고 있다. 이제 억 단위의 예산 운용은 예삿일이다. 이런 운동 조직들의 지출 방식은 기업과 유사하다. 그뿐만 아니라 갈수록 사업을 확대하기 위한 전략적인 투자를 늘리고 있다. 주식과 부동산 매입은 기본이고 높은 수익에 눈이 멀어 고위험 금융 상품에 도박을 하는 경우도 가끔 있다. 1867년 카를 마르크스Karl Marx가 "축적하라, 축적하라! 이것은 신의 계시이자 예언이다!"라며 쉬지 않고 더 많은 것을 좇는 데 강박적으로 매달리는 자본가들을 꾸짖었을 때, 언젠가 운동 조직들이 자본가처럼 축적에 힘을 쏟으리라고는 결코 상상하

지 못했을 것이다.[1]

비영리조직들은 1년 예산의 최대 30퍼센트를 모금 활동에 쓴다. 가령 '국제앰네스티'가 2010년 한 해 동안 모금 활동에 지출한 돈은 5,900만 파운드[약 1,000억 원]였다(지출 총액은 2억 400만 파운드[약 3,500억 원]였다). 수잔 코멘 유방암 재단 같은 일부 비영리조직들은 매년 2억 달러가 넘는 예산을 모금 활동과 대중 교육에 지출한다. 이는 키리바시나 마샬군도 같은 작은 나라의 2011년 국내총생산GDP보다 많은 금액이다.[2]

운동가들은 출처를 가리지 않고 자금원을 확대하고 있다. 정부를 상대로 로비 활동을 하고, 초특급 갑부들과 협력하며, 대기업과 동반자가 되고, 자신의 브랜드를 제조업체에게 돈을 받고 빌려준다. 수잔 코멘 유방암 재단은 소비자들에게 "유방암을 영원히 몰아내기 위해" 분홍 스카프, 분홍 양말, 분홍색 통에 담긴 켄터키 프라이드 치킨을 구매하라고 촉구한다.[3] 공동체 집단과 국제 비정부기구 역시 갈수록 많은 기업 후원을 받고 있다. 캠페인 조직들은 아무리 기업의 돈이라 해도 어쨌든 돈이 있으면 이 세상을 친환경적이고 인도적인 곳으로 만들 수 있다고 지지자들에게 설파한다. 하지만 비정부기구들의 모금 캠페인은 캠페인이라는 산업 영역에서 영구적인 일자리를 얻고 싶다는 희망을 품고 무보수나 저임금을 감내하는 사람들의 노동력에 의지하곤 한다.[4]

이미 1997년에 데이비드 흄David Hulme과 마이클 에드워즈Michael Edwards는 이런 질문을 던졌다. "이제 비정부기구들은 빈민이나 급진적인 사상과 '각별한 관계'를 맺는다고 보기 어렵지 않은가? 과거에 성토하던 돈과 권력을 가진 자들의 교리에 대한 대안에 대해서도 더 이상 특별한 관심을 갖지 않는 듯하다."[5] 이제 그 대답은 정말 '그렇다'가 되었다. 진지하게 기업들과 협력하는 운동가도 있지만, 마지못해 억지로 하는 이들도 있다. 어쨌거나 이들은 화폐정치가 지배하는 세상에서 진정한 영향력을 행사하려면 기업과의 협력을 피할 수 없다고 느끼고 있다. 환경보호기금에서 기업과의 동반자 관계를 담당하는 프로그램의 부대표인 그웬 루타Gwen Ruta는 타협의 정서에 대해 이렇게 설명한다. "우리가 물색하는 것은 우리가 변화의 힘을 가장 크게 행사할 수 있는 장소입니다. 이건 티끌하나 없이 깨끗한 기업과는 함께 일하지 않는다는 말이 될 수도 있어요. 그래서 월마트나 듀퐁과 일하는 거죠. 이런 기업들이 그다지 환경 친화적이지 않다고 생각하는 사람들도 있겠죠. 하지만 이런 기업들은 영향력이 있어요. 우린 그 영향력을 사용하고 싶은 거고요."[6]

물론 이런 생각에 반대하는 운동가도 많다. 많은 운동가들이 대기업과 일하기를 거부한다. 하지만 넓게 보면 운동의 기업화는 분명 운동 조직의 가치와 [사회 변화에 대한] 접근법을 바꿔 놓고 있다. 캐나다의 저술가인 나오미 클라인Naomi Klein은 특정 정책이나 기업 내에서가 아니라 자본주의라는 체제에서 원인과 해법을 찾는 '시스템 비판'을 주장했지만, 요즘에는 이 '시스템 비판'에서 한발 물러나 이 세상의 질서를 수용하는 운동가들이 늘고 있다.[7] 운동 조직의 목표, 성공의 척도, 방법론이 바뀌면서 시스템에 대한 비판에서 멀어지는 흐름이 생겨난 것이다. 이 장에서 우리는 운동의 세

가지 흐름에 특히 주목할 필요가 있다고 주장할 것이다. 첫째는 대기업과의 동반자 관계가 늘어난 것이고, 둘째는 자본가의 자선 활동과 기업형 모금에 의지하는 것이며, 셋째는 시장의 병폐에 대한 '해법'으로서 국제무역과 대중 소비를 포용하는 것이다.

# 대기업과의
# 동반자 관계

운동가들은 오랜 세월 소기업이나 공동체 지도자들과 협력해 왔다. 요즘에도 에른스트 슈마허Ernst Friedrich Schumacher의 1973년 저작 《작은 것이 아름답다Small is Beautiful》를 '인간 중심의 경제학'을 성숙시키는 방법에 대한 경전으로 여기는 이들이 많다.[8] 하지만 1990년 이후로 운동 내에서 나타난 가장 눈에 띄는 변화 중 하나는 다국적 석유 회사, 다국적 제약 회사, 대형 소매점, 유명 브랜드 제조업체 같은 대기업들과 비정부기구 간의 동반자 관계가 늘고 있다는 점이다. 2008년 세계 금융 위기로 기업 범죄의 일각이 드러난 뒤에도 이런 동반자 관계의 성장세가 둔화될 조짐은 결코 보이지 않는다. 오히려 금융 위기 이후 이 추세는 더욱 가속화되었다.

### 거대 석유 회사와 가스 회사

2012년 〈타임Time〉의 보도에 따르면 미국에서 가장 오래된 환경보호 조직인 시에라클럽의 미국 지부는 2007년과 2010년 사이에 미국의 가스 산업계에서 2,500만 달러가 넘는 돈을 받았다. 이 기부금은 대부분 세계 최대의 가스 시추 업체인 체사피크에너지가 준 돈이었다. 체사피크에너지는 석유와 가스 생산량을 늘리기 위해 암석층을 수압으로 균열시키는 '프래킹fracking' 방식을 기획한 업체이기도 하다.[9] 그 이전까지만 해도 많은 후원자들이 어째서 시에라클럽이 '친親가스 입장'을 취하고 있는지 궁금해 했다. 저술가인 샌드라 스타인그래버Sandra Steingraber는 체사피크에너지가 시에라클럽에 돈을 기부했다는 뉴스를 듣고 격분했다. "이건 마치 디데이 전날 처칠이 사실은 주축국과 한통속임을 알게 된 반파시스트가 된 기분이다."[10]

시에라클럽이 별난 것이 아니다. 과거와 달리 많은 비정부기구들이 거대 석유·가스 회사에 손을 내밀고 있다. 전직 유니레버의 최고경영자이자 브리티시페트롤리움의 현 비상임이사인 안토니 버그만스Antony Burgmans는 세계자연기금 국제본부의 이사를 겸하고 있다. 브리티시페트롤리움은 국제자연보호협회에도 수백만 달러를 기부했는데, 많은 비판가들은 이것이 2010년 멕시코만에서 발생한 브리티시페트롤리움의 석유 유출 사고에 대한 시답잖은 대응이라고 생각한다. 기후변화 같은 문제를 해결하기 위한 환경 조직과 기업 간의 동맹 역시 확대되고 있다. 가령 미국의 기후행동파트너십Climate Action Partnership에는 천연자원보존대책회의, 국제자연보호협회, 세계자원연구소, 환경보호기금 같은 조직들과 듀퐁, 다우케미컬, 크라이슬러, 존슨앤존슨, 리오틴토, 펩시, 제너럴일렉

트릭, 와이어하우저, 그리고 셸 같은 석유 회사까지 함께 참여하고 있다.[11]

마찬가지로 1990년대 니제르델타 지역에서 셸이 그랬던 것처럼◆ 과거에 다국적 석유·가스 기업들은 많은 악행을 저질렀고, 에콰도르에서 셰브론을 상대로 벌이는 캠페인처럼 전 세계적으로 석유와 가스 채굴에 반대하는 캠페인이 진행되고 있음에도, 사회정의단체들은 다국적 석유·가스 기업들과 동반자 관계를 맺고 있다. 아마존보존동맹은 셰브론이 '환경 범죄'를 저질렀다며 고소한 상태다.[12] 하지만 셰브론은 많은 비정부기구들이 자기네와 기꺼이 협력할 의지가 있음을 알고 있다. 개중에는 이를 목 빠지게 학수고대하는 단체들도 있다. 국제비정부기구(가령 세이브더칠드런)에서부터 공동체 조직(가령 여성자영업운동기구와 카자흐스탄여성경제인협회)에 이르기까지 개발도상국의 사회경제적 조건을 개선하는 활동에 주력하는 단체들의 경우가 그렇다. 마찬가지로 엑손모빌 역시 아프리케어, 개발과 인구활동 연구소, 셰리블레어 여성 재단, 국제여성연구소, 바이탈보이스 등 광범위한 비정부기구와 동반자 관계를 맺고 있다.[13]

다양한 이해 당사자가 참여하는 동맹은 사회적 비정부기구들과 석유·가스 산업을 더욱 강고하게 연결하고 있다. 석유 채굴 산

---

나이지리아 니제르델타 지역에서 채굴 작업을 하던 셸이 엄청난 규모의 원유 유출 사고를 일으키는가 하면, 1993년에는 환경운동가 네 명의 피살에 직·간접적으로 간여한 사건을 말한다.

업의 수익 투명성을 높이기 위해 활동하는 채굴산업투명성운동기구에는 셰브론과 셸 같은 기업의 이사들과 국제투명성기구, 글로벌위트니스, 옥스팜 같은 비정부기구의 활동가들이 참여하고 있다. 유엔의 글로벌콤팩트◆에서는 세계자연기금과 월드비전을 비롯한 수백 개의 비정부기구들이 석유 회사, 제약 회사, 그리고 이 장 뒷부분에서 설명하겠지만 대형 소매업체 및 유명 브랜드 제조사들과 동반자 관계를 맺고 있다.

많은 사회적 비정부기구들은 지금도 꾸준히 다국적 석유·가스 회사가 직접 주는 돈을 받지 않는다. (영국) 옥스팜의 집행 이사를 역임했던 바버라 스토킹Barbara Stocking은 이렇게 설명한다. "우리는 채굴 산업의 돈은 절대 받지 않습니다. 채굴 산업에서 설립한 재단의 돈이나 비상 상황 같은 경우라면 예외가 될 수도 있지만요."[14] 스토킹의 말처럼 사회운동가들은 기업의 간접적인 돈은 기꺼이 받을 수 있다는 태도인 경우가 많다. 간접적인 돈은 별도의 재단에서 주는 돈일 수도 있지만, 에이즈·결핵·말라리아퇴치국제기금 같은 운동 기구를 통해 들어오는 돈일 수도 있다. 비정부기구들에게 수백만 달러의 보조금을 뿌리는 이 기금의 경우 기업으로부터 상당한 자금을 걷는데, 가령 2008년부터 2010년까지 셰브론이 낸 기부금만 3,000만 달러에 달한다. 다른 예를 들자면 아마 끝도 없겠지만 하나만 더 하자면 셸은 청정조리기구를 위한 국제동

---

유엔-기업 간 파트너십을 통해 세계 경제의 지속 균형발전을 지향하는 운동기구이다.

맹에 매년 수백만 달러를 내고 있다.[15]

2008년 셸은 미래의 성장에 다음과 같은 딜레마가 있음을 인정했다. "어떻게 대기업과 세계화에 대한 대중들의 반감을 인정하고 적절하게 대응하는 한편, 우리의 영향권을 전 세계적으로 확장하고 세계적인 브랜드를 만들 것인가?"[16] 모든 석유·가스 회사의 이 질문에 대한 중요한 답 중 하나는 운동 조직과 협력 관계를 형성하는 것이었다. 그리고 2008년 이후 석유·가스 산업의 수익은 치솟았다. 2012년 〈포춘〉이 수익을 기준으로 선정한 500개의 세계 최대 기업 중 로열더치셸, 엑손모빌, 브리티시페트롤리움이 각각 1위, 2위, 4위를 기록했다(3위는 월마트였다). 대부분의 운동가들은 확대일로에 있는 거대 석유·가스 산업의 권력을 우려한다. 일부 운동가들은 아직도 이들의 관행이 부패하고 부정의하며 지속 불가능하다고 규탄한다. 하지만 석유·가스 회사들은 2010년 브리티시페트롤리움의 석유 유출 사고 같은 재난을 겪으면서도 이런 반감을 이용하여 더 큰 성장을 기획하는 데 아주 능숙하다. 10년 전만해도 누가 거대한 석유·가스 회사가 전 세계 비정부기구들의 중요한 파트너이자 돈줄이 되리라고 생각했겠는가?

### 거대 제약 회사

운동가들은 지난 수년간 제약 산업을 통렬하게 비판해 왔다. 비판의 주된 이유는 제약 회사들이 약값과 특허를 통해 인간의 목숨보다 이윤에 더 집착한다는 것이다. 개발도상국에선 매년 수백만 명의 빈민들이 충분히 예방 가능한 질병(말라리아, 결핵, 당뇨, 탈수)

에 걸려 죽어 간다. 하지만 의사들은 제약 회사의 홍보 책자와 업계의 연구물, 그리고 때로 한두 가지의 선물을 눈앞에 흔들어 대며 마음이 약해진 수십만 명의 환자에게 필요 없는 약을 처방하여 돈을 챙긴다. 이런 행태에 대한 우려는 지금도 여전하다. 하지만 질병을 없애고 의료 서비스에 대한 접근을 개선하고자 하는 운동가들은 날로 제약 산업의 지원에 의지하고 있다.

거대 석유·가스 산업과 마찬가지로 금전적 기부는 비영리조직과 제약 회사 간의 직접적인 연계를 통해 이루어진다. 몇 가지 예만 들자면 알츠하이머국제기구는 세계 최고의 연구 기반 제약 회사인 화이자로부터 돈을 받는다. 2010년 미국에 본부를 둔 전국 정신질환자연맹은 화이자로부터 3만 5,000달러, (프로작Prozac의 제조사인) 일라이릴리로부터 25만 달러를 받았다. 캐나다희귀장애기구는 노바티스, 머크, 화이자로부터 돈을 받았다. 미국심장협회는 매년 셰링플라우와 머크로부터 수백만 달러를 받는다. 제약 산업이 비정부기구의 총 예산에서 소소하나마 비중을 차지하는 경우도 있다. 미국암협회의 경우 2009년 제약 회사에서 들어온 돈이 1,000만 달러로 총 수입의 1.2퍼센트였다. 하지만 이 비중이 상당한 경우도 있다. (환자의 권리를 옹호하는 활동을 하는) 미국정신건강협회의 경우 2009년 수입인 320만 달러 중 4분의 3 이상이 제약 회사에서 들어온 돈이었다.[17]

특정 프로젝트나 행사를 통해 제약 회사와 협력하는 비정부기구도 늘고 있다. 글락소스미스클라인은 2011년 세 곳의 비정부기구와 개발도상국의 의료 서비스 및 하부 시설을 구축하는 사업을 공동으로 진행했다. 서아프리카에서는 세이브더칠드런이, 동남아프리카에서는 아프리카의료연구재단이, 아시아태평양 지역에서는 케어 인터내셔널 영국 본부가 이들의 파트너였다. 제약 회사의 후원을 받아 개최하는 '코멘 유방암 치유 기원 달리기 대회Komens Race for the Cure Rallies'에서는 제약 회사 간부들이 연설을 해 왔다. "만성 질환과 장애를 겪고 있는 사람들을 위해 하나된 목소리"를 낸다고 말하는 전미보건회의 역시 글락소스미스클라인, 머크, 존슨앤존슨, 노바티스, 일라이릴리와 동반자 관계를 맺어 왔다.[18]

제약 회사의 간부들이 비정부기구의 이사가 되는 경우도 늘고 있다. 2009년 미국당뇨병협회의 이사진은 총 서른한 명이었는데, 이 중 최소한 열한 명이 의료 기기 회사나 보험 회사, 제약 회사 관련자였다. 미국의 우울증 양극성 장애 지지연합은 2006년부터 2009년까지 이사진 중 세 명이 일라이릴리, 브리스톨마이어스스큅, 화이자 등에서 자문직을 맡거나 대변인 활동을 했다고 밝혔다. 북미척추외과학회의 경우 2010년 이사직을 맡았던 스무 명 중 열세 명이 의료 기기 회사와 금전적인 관계가 있었다.[19]

사회운동 조직들은 제약 회사와 일대일로 파트너가 되기도 하지만 다양한 이해 당사자가 참여하는 동맹을 통해, 그중에서도 특히 개발도상국을 대상으로 한 프로젝트에서 협력 관계를 맺는다. 가령 유엔의 글로벌콤팩트에서는 앰네스티같은 국제비정부기구와 전 세계의 지방·국가 단위의 비정부기구, 그리고 제약 회사를 비롯한 여러 기업들이 인권과 노동권을 증진하고 환경과 건강관리를 개선하는 활동에 참여하고 있다. 앞서 언급했다시피 석유 회사의 돈을 받고 있는 에이즈·결핵·말라리아퇴치국제기금은 조르지오 아르마니, 애플, 스타벅스, 모토로라, 갭 같은 유명 브랜드 업체와 제약 회사의 지원도 받고 있다.

　제약 회사 임원들은 재단의 기금을 운용하고 비정부 차원의 보건 프로젝트를 관리하는 데도 간여한다. 노바티스의 전임 최고 경영자이자 이사장이었던 다니엘 바셀라Daniel Vasella는 빌 앤 멀린다 게이츠 재단의 세계 보건 프로그램에서 자문을 맡아 왔다. 미국 에이즈연구소의 이사회에는 글락소스미스클라인의 연방 정부 담당 부회장인 윌리엄 스카일러William Schuyler도 끼어 있다.[20]

　세계 규모에서 보건 자문을 하는 비정부기구가 제약 회사들과 어떤 관계를 맺고 있는지 밝히지 않아도 되는 경우도 있다. 가령 세계보건기구World Health Organization, WHO의 공중보건·혁신·지적재산에 대한 정부 간 작업반Intergovernmental Working Group on Public Health, Innovation, and Intellectural Property의 경우는 2007년 비정부기구들이 개발도상국의 의료 개선 방안에 대한 논평과 권고 사항을 제출할 때 기업과의 관계를 명시할 것을 의무 사항으로 요구하지 않았다. 미국의 비영리 조직인 에센셜액션은 제출 자료를 검토하고 난 뒤 "이 정부 간 작업반의 활동 결과에는 금전적인 이해관계가 걸려 있음에도 많은 조직들이 제약 회사와 무관한 듯한 잘못된 인상을 주고 있다"라고 주장했다. 나아가 에센셜액션은 비정부기구인 제약거래협회에서 제출된 자료들을 제외시켜 봐도 제약 회사와 관계가 있는 비정부기구들의 제출 자료가 "독립적인 집단의 제출 자료보다 두 배 정도 많았다"라고 밝혔다.[21]

10년 전에는 절대다수의 운동가들이 제약 산업은 쳐다보지도 않았다. 옥스팜의 바버라 스토킹은 2001년 도하무역협상Doha trade negotiations이 시작되면서 비정부기구와 기업 간의 관계가 전환점을 맞았다고 평가한다. "5~10년 전만 해도 우리는 주로 민간 부문과 그들이 하는 일을 적대하는 활동에 주력했어요. 특히 채굴 산업이나 제약 산업과 많이 대립했죠. 하지만 도하무역협상에 참여하면서 옥스팜 내에 상당히 많은 것들이 변화하기 시작한 것 같아요."[22]

오늘날 스토킹을 비롯한 대부분의 운동가들이 아직도 경계의 끈을 놓지 않고 있다. 일부는 목청을 높여 비판하기도 한다. 많은 운동가들이 보기에 영유아 사망률과 산모 사망률이 북반구와 남반구 간에 큰 차이를 보이는 것은 이 세상에 존재하는 가장 지독한 불평등에 속한다. 또한 전 세계 빈민들이 의약품, 특히 목숨을 구제하는 약품을 더 쉽게 구할 수 있도록 힘써야 한다고 제약 산업을 다그치는 이들도 여전히 많다. 하지만 이제 많은 운동가들은 산업계의 파트너로서 이런 변화를 촉구한다. 제약 회사의 권력과 이윤 구조를 근본적으로 개혁하라고 주장하는 대신 제약 회사에게 구애의 몸짓을 보낸다.

### 유명 브랜드 회사

비정부기구와 유명 브랜드 회사 간의 협력 관계는 에너지 회사나 제약 회사와의 관계보다 훨씬 빠르게 성장하고 있다. 이를 주도하는 집단은 대형 소매업체와 유명 브랜드 제조업체와 협력하고 이들의 재정적 후원을 받는 환경주의자들이다. 환경보호기금은 1990년 맥도날드와 손을 잡고 이들의 스티로폼 포장을 단계적으로 중단시키면서 새로운 길을 개척했다. 요즘에는 이런 파트너십이 아주 흔하다. 이케아는 '마케팅 파트너'로 세계자연기금과 함께 일하는데, "환경적으로 책임감 있는 새로운 임산물 시장을 창출하기 위해" 세계삼림무역네트워크를 통해 자금을 지원하는 방식이다. 국제보전협회는 스타벅스와 함께 원두의 공급자를 찾고, 월마트와 함께 보석류의 원산지를 추적한다. 몬산토와 월트디즈니 역시 국제보전협회의 '특이한' 기업 파트너다(2013년 6월 기준).[23]

이런 회사의 중역들은 환경단체의 이사직을 맡기도 한다. 2013년 6월 기준, 천연자원보존대책회의의 신탁 관리 이사 중에는 갭의 전직 이사장이었던 로버트 피셔Robert J. Fisher와 월트디즈니스튜디오의 현직 회장인 앨런 혼Alan F. Horn이 있었고, 코카콜라의 전직 최고경영자인 네빌 이스델Neville Isdell은 세계자연기금 미국 지부의 이사장을 맡고 있었다. 국제보전협회의 이사로는 유니레버의 폴 폴만Paul Polman(현직 최고경영자), 제이피모건체이스의 헤이디 밀러Heidi Miller(은퇴한 전직 회장), 스타벅스의 오린 스미스Orin Smith(은퇴한 전직 최고경영자) 등이 있고, 이사들로 구성된 경영위원회의 대표는 월마트의 회장인 롭 월튼Rob Walton이 맡고 있다.[24]

[환경단체에 비해] 사회·인권단체들은 일반적으로 유명 브랜드 회사와 협력 관계를 맺는데 그렇게 적극적이지 않았다. 하지만 이 역시 바뀌고 있다. 가령 공정노동위원회에는 세계공정성운동기구, 마낄라연대네트워크, 휴먼라이츠퍼스트 같은 비정부기구들과 네슬레, H&M, 나이키, 아디다스, 애플, 뉴밸런스 같은 회사들이 함

께 참여하고 있다. 유명 브랜드 회사와 일대일 거래를 협상하는 사회단체들도 있다. 더휴먼라이츠캠페인은 마이크로소프트, 아메리칸에어라인, 코카콜라와, 옥스팜은 스타벅스, 유니레버와 직접 쌍무적인 관계를 맺었다. 환경단체와 마찬가지로 사회정의단체의 이사진에서도 유명 브랜드 회사의 존재감이 커지고 있다. 가령 세계 최대의 인도주의단체인 케어 인터내셔널의 미국 지부 이사 중에는 (2013년 6월 기준) 에머리 쾨니히Emery Koenig(카길의 부사장), 에두아르도 카스트로-라이트Eduardo Castro-Wright(월마트 전임 부사장), 알렉스 커밍스 Alex Cummings(코카콜라의 부사장이자 최고 행정관)가 있다.[25]

유명 브랜드 회사들은 젠더와 여성의 권리 문제를 중심으로 비정부기구와 공동의 기구를 꾸리고 재정을 지원하며 이를 관리하기도 한다.[26] 먼저 치고 나간 것은 '걸 이펙트Girl Effect'라는 지원 네트워크를 만들고 돈을 대기 시작한 나이키였다. 이 지원 네트워크는 개발도상국의 가난한 청소년들을 돕는 비영리조직의 활동을 지원한다. 네슬레 등도 유엔의 '모든 여성 모든 어린이Every Woman Every Child' 프로그램을 후원하고 있다. 유엔에 따르면 이 프로그램은 전 세계 여성과 어린이의 건강 상태와 생활 조건을 개선하기 위한 기업, 정부, 시민사회단체의 '유례없는 전 지구적 운동'이다. (150개의 다국적 기업으로 구성된) 국제비즈니스리더포럼에는 나이키, 셸 등의 경영자들과 국제투명성기구, 국제앰네스티, 휴먼라이츠워치 같은 비정부기구의 지도자들이 참여하고 있다. 또한 여성의 경제 활동 기회를 증진하기 위한 세계은행의 '젠더액션플랜Gender Action Plan'은 유니레버와 나이키 같은 기업과 비정부기구들이 함께 참여하고 있다. 그 외에도 다양한 초국적 거버넌스와 개발 기구들이 비정부기구와 기업의 협력을 활성화하고 있다. 유엔의 글로벌콤팩트는 나이키, 바이엘, 듀퐁 같은 회사들을 개발도상국에 있는 다양한 사회·환경 프로젝트에 연결시켜 준다.[27]

유엔 사무총장 반기문은 기업들의 이런 활동을 입이 마르게 칭찬한다. "기업들이 세계 개발에 참여하자 이를 의혹의 시선으로 바라보는 사람들이 많았다. 하지만 이들은 여성과 어린이들의 생활을 개선하는 데 중요한 역할을 하고 있다. 이것은 똑똑한 결정이다. 안목 있는 지도자들은 여성과 어린이들의 건강에 투자하는 것이 얼마나 가치 있는 일인지 알고 있는 것이다."[28] 이 '안목 있는' 경영자들은 부자와 유명 인사들에게도 기회의 문을 열어 줄 수 있다.

# 억대 갑부·유명 인사와 친구되기

유럽의 자선 활동은 최소한 16세기 튜더 왕조 시대 잉글랜드의 상인 집안과 14~17세기의 유럽 르네상스에서 출발했다. 미국의 경우에는 1861~1865년의 남북전쟁 이전부터 존재했는데, 당시에는 조직이 아닌 부유한 지주와 사업가들이 대부분의 자선 활동을 했다. 전 세계적으로 산업화와 함께 좀 더 체계를 갖춘 자선 활동이 확산되기 시작하면서 '운 나쁜' 빈민(가령 남편을 잃은 여성들과 어린이)을 지원하는 조직들이 생겨났다. 1900년대 초 백만장자들이 기부 활동을 지원하는 재단을 세웠고, 이런 기부에 대해서는 소득공제를 해주면서 자선 활동이 늘어났다. 미국에서는 앤드류 카네기Andrew Carnegie가 1905년 카네기 교육진흥 재단을 설립했고, 마거릿 올리비아 세이지Margaret Olivia Sage는 1907년에 러셀 세이지 재단을 창립했으며, 존 록펠러John D. Rockefeller는 1913년에 록펠러 재단을 만들었다.[29]

지난 30여 년간 자선 활동의 중요성은 증대했다. 사회학자 이라 리드Ira Reid는 1944년 미국의 상황에 대해 다음과 같은 글을 남겼다. "사회적 기준이 무너지고 종교에 의한 제재가 허물어진 지금 같은 시대에, 인종에 대한 왜곡된 태도와 이기적이고 내밀한 동기가 판을 치는 지금 같은 시대에, 조직적인 자선 활동은 중요한 역할을 하고 있다."[30] 1955년 미국에서 개인, 재단, 기업이 낸 기부금은 총 67억 달러였다. 1982년에는 이 액수가 600억 달러에 달했고, 2012년에는 3,150억 달러를 넘어섰다.[31]

순 규모만 달라진 것이 아니다. 자선 활동의 중심과 내용 역시 변했다. 전 세계적으로 공공 서비스가 사회적 필요와 보조를 맞추지 못함에 따라 학교와 병원이 자선 활동과 재단 기부금, 기업의 후원에 의지하게 되었다. 가령 빌 앤 멀린다 게이츠 재단은 매년 수억 달러를 미국 전역에 있는 학교와 교육을 위해 지출한다. 개발도상국에서는 민간 재단이 의료 서비스와 깨끗한 물이 필요한 사람들, 그리고 소규모 농민들에게 핵심적인 지원을 하고 있다.[32]

카네기 재단이나 록펠러 재단 같은 경우 항상 장기 투자자들이었다. 20세기에는 이런 경우가 드물었지만 요즘에는 장기적인 투자가 대세다. 많은 재단과 모험적인 독지가들은 훨씬 더 적극적인 태도로, 시장을 확대하고 수입을 늘리는 데 전력투구하는 기업들과 긴밀하게 협력하면서 프로그램을 고안하고 있다. 전통적인 투자자들처럼 이런 독지가들은 기부에 대해서도 '수익성 있는' 보상을 요구하고 있다. 바야흐로 매튜 비숍Matthew Bishop과 마이클 그린Michael Green이 말한 "자본주의적 자선 활동philanthrocapitalism"의 시대가 열린 것이다.

### 자본주의적 자선 활동의 개막

전통적인 방식의 기부는 사회문제를 해결하지 못하고 있다. 따라서 실질적인 도움을 원하는 사람들은 흔히 하는 말처럼 기업의 사고를 흡수하고 시장의 영향력을 이용하지 않을 수가 없다. 이 세상은 가난한 공동체에 투자하는 잘나가는 자본가들을 필요로 한다. 돈을 버는 일과 돈을 기부하는 행위는 병행될 필요가 있다. 1990년대 들어 자선 활동은 이처럼 좀 더 전략적인 성격을 띠게 되었다. 하지만 이때부터 기부자들은 더욱 대담해졌다. 갈수록 자신의 기부에 대한 구체적인 보상을 원하기 시작한 것이다.[33]

전략적인 자선 활동의 목표는 바로 가난한 공동체 내에서 소비재에 대한 수요를 자극하는 것이다. 비영리 벤처 기금의 최고경영자인 재클린 노보그라츠Jacqueline Novogratz는 "기업가도, 정책 입안가도 지구상의 모든 사람을 잠재적인 고객으로 볼 필요가 있다"라고 말한다. 실제로 벤처 자본가들은 세계 경제의 '밑바닥에 있는 보물 창고'에 어떻게든 접근하려고 기를 쓴다. 그리고 비정부기구들은 벤처 자본가와 함께 일하기 위해 줄을 서고 있다. 2011년 휴먼라이츠워치는 억대의 금융가인 조지 소로스George Soros가 대표로 있는 열린사회 재단에서 1억 달러(10년에 걸쳐 분납)의 기부금을 받았다. 빈민들에게 **"자력으로** 기아와 극심한 빈곤에서 벗어날 수 있는" 기회를 제공하기 위해 게이츠 재단에서 기부금을 받으려고 줄을 서 있는 단체들도 많다. 어째서 갑자기 기업들이 빈민에게 큰 관심을 갖는 걸까? 나이키 '걸 이펙트 네트워크'의 대답은 분명하다. 빈민에 대한 투자는 "사회문제 해결을 위한 게 아니라 영리한 경제 행위"이다. 간단히 말해 이런 활동은 기업의 권력을 정당화할 뿐만 아니라 새로운 시장 개척을 가능케 한다.[34]

이런 자선 활동은 빈민들 덕에 돈을 벌고 있는 이들의 죄를 사해 준다. 실제로 수십 년간의 어설픈 자선 활동과 원조로부터 공동체를 구해 내려면 일단 돈을 벌어야 한다는 시각이 지배적이다. 셸 재단의 전직 이사인 커트 호프만Kurt Hoffman은 이렇게 주장한다. "자선 활동은 수십 년간 제대로 기능하지 못했다. 현 상태를 계속 유지할 것인가, 아니면 새로운 해법을 찾을 수 있는 참신하고, 본질적으로 효율성 있고, 잠재적으로 아주 효과적인 사고를 적용할 것인가?"[35] 자선 활동에 기업식의 접근법을 적용할 경우 자본가들은 이윤을 포기하지 않고 사회 발전에 투자할 수 있다. 비숍과 그린의 말을 빌리면 이런 류의 자선 활동은 "시장을 의식"하고 "전략적"이며, 언제나 모든 기부를 "지렛대" 삼아 다른 목적을 채우고자 한다.[36] 2012년 2월 세상에서 가장 부유한 세 사람(카를로스 슬림 엘루 Carlos Slim Helu, 빌 게이츠Bill Gates, 워렌 버핏Warren Buffett 이 세 사람의 순 자산을

합하면 1,740억 달러에 달한다) 모두 전략적인 자선 활동가였다.

미국의 억대 갑부들은 전략적 자선 활동의 선봉에 서 있다. 2010년 워렌 버핏, 빌 게이츠, 그리고 페이스북의 창업자인 마크 주커버그Mark Zuckerberg는 '기부 서약' 캠페인을 발표했다. 이 캠페인은 미국 최대의 갑부들이 재산의 절반 이상을 자선 활동에 기부하는 '도덕적인 약속'(법적 구속력은 없다)을 하게 만드는 것이었다. 이 캠페인은 2006년 버핏이 게이츠 가문에서 꾸준히 해 오던 후원 활동에 맞춰 300억 달러 이상을 게이츠 재단에 기부한다는 결정에서 확산된 것이다. 2013년 6월까지 100여 건의 서약이 이루어졌다. 일례로 영화 〈스타워즈Star Wars〉 등의 블록버스터 덕분에 억대 갑부가 된 조지 루카스George Lucas도 이 서약에 참여했다.[37]

### 유명 인사를 앞세운 운동

유명 인사 운동가는 최소한 1950년대와 1960년대의 민권운동, 반전운동, 환경운동 시절부터 존재했다. 팝 아이돌과 영화 스타 역시 오래 전부터 동물권, 성평등, 게이·레즈비언 권리를 위해 활동하는 사절 역할을 해 왔다. 하지만 으리으리하게 모금 행사를 치르는 비정부기구들이 기부, 기업의 후원, 언론 보도를 두고 각축을 벌이면서 최근 몇 년간 유명 인사를 앞세운 운동이 급증하고 있다. 옥스팜의 '유명인 사절' 중에는 배우인 콜린 퍼스Colin Firth, 미니 드라이버Minnie Driver, 스칼렛 요한슨Scarlett Johansson과 록 아티스트인 애니 레녹스Annie Lennox, 콜드플레이Coldplay가 있다. 레오나르도 디카프리오Leonardo DiCaprio는 세계자연기금 미국 지부, 천연자원보존대책

회의, 국제동물복지기금의 이사를 맡고 있다. 안젤리나 졸리Angelina Jolie는 유엔난민기구 특사이고, 앤 해서웨이Anne Hathaway, 벤 스틸러 Ben Stiller, 숀 펜Sean Penn, 바브라 스트라이샌드Barbra Streisand는 윌리엄 클린턴 재단의 '유명 후원자들'이다. 2009년 자신의 이름으로 재단을 설립한 오프라 윈프리Oprah Winfrey 역시 윌리엄 클린턴 재단의 유명 후원인이다.

이제는 거의 모든 유명 인사들이 자신의 브랜드에 그럴싸한 '대의'를 덧붙인다. 운동 조직들은 '관심 있는' 개인들에게 슈퍼스타들을 본받으라 한다. 전 세계 모든 나라에서 셀 수 없이 많은 유명 인사들이 대의를 추종하는 것처럼 보일 지경이다. 영화 스타들은 동물을 윤리적으로 대우하는 사람들PETA을 지지하는 의미에서 알몸이 되었다. 마틴 쉰Martin Sheen은 국제동물복지기금을 지지하며 캐나다의 물개 사냥에 반대 의사를 표명했다. 국제앰네스티는 가수들을 이용하여 자선 콘서트를 열고 에이브릴 라빈Avril Lavigne, 블랙 아이드 피스The Black Eyed Peas, U2 같은 가수들이 부른 노래가 담긴 CD를 발매하는 등의 활동을 통해 자신들의 메시지를 전달했다.

유명 인사를 앞세운 운동과 자본주의적 자선 활동은 장점이 많다. 하지만 이런 노력들은 비정부기구와 기업의 공조를 합리화하고, 이 세상 '수십 억의 밑바닥 계층'은 빈곤과 고난의 수렁에 빠져 있는데도 자본주의가 양산하는 불평등과 자본주의적 생활양식을 정당화한다.[38] 기부 서약과 모험적인 자선 활동, 그리고 유명 인사 사절이 전달하는 메시지는 분명하다. 그것은 바로 "초특급 부자가 되는 것은 좋은 일이다. 심지어 이를 위해 열정을 불태워도 좋다. 좋은 대의 한두 가지를 후원하기만 한다면 말이다"라는 메시지다. 또한 모험적인 자선 활동과 유명 인사 사절은 1980년대 이후로 심화되고 있는 부의 불평등을 수호하고 탈정치화한다. 미국의 정치경제학자인 로버트 라이시Robert Reich는 2006년 이런 글을 썼다. "나는 정부가 평범한 납세자뿐만 아니라 이런 거물에게서 수십억 달러의 세금을 거둬들이던 시절을, 우리의 민주적 절차를 통해 그 수십억 달러를 어디에 쓸지 결정하던 시절을 기억한다. (…) 배은망덕하거나 너무 감상적인 인간처럼 보이고 싶지는 않지만 난 옛날 방식이 좋았다."[39]

많은 비영리조직의 지도자들은 분명 아직도 불평등의 심화에 대해 개탄한다. 거칠게 혹평할 때도 있다. 2013년 옥스팜은 1988년과 2008년 사이 상위 1퍼센트의 실질 소득이 60퍼센트 이상 늘어났다고 언급하면서 '극도의 불평등'과 '극단적 부富'라는 이중적 위기에 정면으로 맞서야 한다고 전 세계에 촉구했다. 심지어 세계경제포럼World Economic Forum의 2013년 판 〈글로벌 리스크Global Risks〉라는 보고서에서는 "심각한 소득 격차"가 최소한 향후 10년간 가장 현실화될 가능성이 크고 부담스러운 전 세계적 위험 중 하나가 될 것이라고 전망한다.[40] 하지만 많은 비정부기구들이 억대 갑부와 영화 스타들의 후한 인심에 찬사를 보낸다. 그뿐만 아니라 일부 단체의 지도자들은 기업식 광고와 모금 캠페인을 주도함으로써 기업식 봉급을 받고 있다.

### 이윤을 위한 모금

2010년 KFC는 '더블다운 샌드위치(치즈와 베이컨, 소스를 빵 내신 튀긴 닭 가슴살 사이에 끼운 것)'를 출시한 직후 수잔 코멘 유방암 재단과 함께 '유방암 치료를 위한 닭튀김'을 출시했다. 분홍색 통에 든 닭튀김을 팔아 암 연구 기금을 모은다는 그 목적은 칭찬받아 마땅했다. 하지만 패스트푸드를 많이 팔아서 암을 치료한다는 아이러니 때문에 코멘 재단에 대해 잠시나마 의문을 품지 않을 수가 없다. 어쨌든 비만은 유방암의 위험 요인으로 알려져 있다. 하지만 [코멘 재단은] KFC를 통해 얻을 수 있는 돈의 유혹을 뿌리치지 못했다. '대의'와 기업 후원자의 '목표' 간의 이 같은 불일치는 갈수록 흔하게 나타나고 있다. 일부 단체들의 경우 자신의 브랜드를 시장에 내놓거나 돈을 받고 빌려주거나 사용 허가를 내줄 때, 돈이 가장 중요하고 때에 따라서는 유일한 목표처럼 보이기도 한다. 결국 이윤을 위해 자신의 브랜드를 판매하는 것이다.

코멘 재단의 설립자이자 현 경영자인 낸시 브링커Nancy Brinker는 모금과 판매의 달인이다. 바버라 에런라이크의 말을 빌리면 그녀의 지휘 아래 유방암은 "아무도 관심을 갖지 않던 천덕꾸러기에서 기업 자선 파티의 가장 인기 있는 소녀로 피어났다." 코멘 재단은 분홍 리본(심지어 분홍색)을 유방암의 상징으로 바꿔 놓았다. 사만다 킹Samantha King 교수는 이를 "소비자와 기업, 정치인들이 어떻게든 어울리고 싶어 하는 잘 팔리는 상품"이라고 묘사한다. 이 상품을 매매하는 시장은 거대하고, 소비자들은 헌신적이다. 2011년 한 해에만 160만여 명이 '코멘 유방암 치유 기원 달리기 대회'에 참가

했다.[41]

코멘 재단은 대의의 마케팅을 향한 질주의 최선두에 서 있다. 코멘 재단에는 매년 100만 달러씩 기부하는 '100만 달러 엘리트 회의Million Dollar Council Elite'와 수십 개의 소기업 파트너들이 있다. 1982년 이후로 코멘 재단은 22억 달러가 넘는 돈을 모금했다. 코멘 재단의 낙관적인 메시지와 활기 넘치는 활동들은 상품 판매를 늘리고 이미지를 개선하고자 하는 모든 기업에 매력적이다. 2013년 6월 기준 코멘 재단에 이사로 참여하는 기업으로는 포드, 제너럴일렉트릭, 아메리칸에어라인, 요플레, 제너럴밀스, 월그린이 있었다.[42]

옛날에는 기업들이 그 어떤 대의에 대해서도 장기적으로 엮이지 않고 일회성 기부를 하는 편이었다. 하지만 대의 마케팅을 판매와 기업 브랜드로 연결시킴으로써 장기적이고 대대적인 헌신이 가능해졌다. 코멘 재단이 잘 보여 주다시피 대의의 상업화는 운동가와 기업 양자 모두가 상당한 수익을 창출하게 한다. 킹 교수의 말처럼 이 같은 결과는 기업의 자선 활동을 "상대적으로 무작위적이고 다방면에 걸쳐 있으며 비과학적인 활동에서, 기업의 이윤 창출 기능에 필수적인 고도로 계산되고 측정된 전략"으로 탈바꿈시키고 있다.[43] 코멘 재단은 비영리조직의 전략과 전술이 대대적으로 바뀌고 있음을 보여 주는 대표적인 사례이다. 비영리조직들은 대의(암, 에이즈, 멸종 위기종)의 마케팅을 통해 사회정의와 환경의 지속가능성을 염원하는 사람들의 욕망을 건드림으로써 모금에서의 경쟁 우위를 얻으려 한다. 기업들이 자신의 브랜드를 알리는 데 1년에 수백만 달러를 쓰듯, 비영리조직들은 모금을 위해 결국 광고업자와 전

저항 주식회사

문 마케팅업자가 되고 만다.

　이런 모금 방식은 사람들이 세상을 바꾸기 위해 좀 더 전략적인 집합행동에 참여하기보다는 소비와 사적인 활동(암 연구 기금 마련 자전거 타기 같은)에 치중하는 전 세계적인 경향 덕분에 승승장구하고 있다. 이와 함께 영리 이외의 목적을 추구할 때도 시장을 효율적이고 용인 가능한 수단으로 받아들이는 경향이 날로 강해지면서 '성공적인' 활동을 위해서는 기업의 참여가 의미 있고, 심지어는 필수적이라고 생각하는 사람들이 힘을 얻고 있다.

　하지만 동시에 상업화는 대안적인 사회적, 정치적 비전의 생동감을 잠식하기도 한다. 그 결과 사회적 위기와 생태적 위기는 피할 수 없으며 심지어는 자연스러운 것처럼 보이게 되고, 운동의 정치에서 급진주의는 씨가 마른다. 소비자 운동(공정무역, 윤리적 구매, 지속가능한 쇼핑)의 범위가 확장되면서 더 나은 세상에 대한 희망이 훨씬 상품화되고 있다.

# 공정하고 맘씨 좋은
# 세계 경제

"또 다른 세계는 가능하다." 1990년대의 반세계화운동가들은 이 슬로건을 세계무역기구에 반대하는 구호로 사용했다.[44] 또 다른 세상을 원했던 이들은 세계무역기구가 말한 '자유무역'을 끝장내야 한다고 주장했다. 자유무역을 철폐해야만 남반구에서 살아가는 보통 사람들의 삶을 향상시킬 수 있기 때문이다. 하지만 그 이후로 운동가들은 이런 급진적인 목표에서 점점 멀어졌다. 그리고 급기야 윤리적 시장과 공정무역을 남반구 농민들의 삶을 풍요롭게 하고 이들의 권한을 신장할 수 있는 중요하고 효과적인 수단으로 여기고는, 무역 대상 상품을 인증하고 라벨을 붙이는 데 심혈을 기울이고 있다.

### 공정무역 상품 사들이기

초콜릿, 바나나, 차, 와인, 꽃, 신발 등 공정무역 라벨을 달고 있는 소비재는 수천 가지에 이른다. 공정무역 라벨은 제도에 따라 규정도 다르다. 국제무역에서 가장 유명한 공정무역 라벨은 '페어 트레이드 인터내셔널'이다. 공정무역 인증을 받으려면 생산자는 민주적으로 조직을 구성하고, 아동 노동을 이용해서는 안 되며, 지속 가능성 원칙을 따라야 한다. 이 인증 제도의 기본적인 생각은 의류 노동자, 벌목업자, 농민에게 국제무역에서 발생하는 이익(가령 좀 더 높은 임금이나 더 좋은 가격)을 좀 더 많이 주겠다는 것이다. 대부분의 공정무역 제도들은 가난한 공동체에 학교나 도로 같은 추가적인 편익을 제공하는 한편, 최저 가격을 보장해 준다는 목표를 가지고 있다. 사람들은 공정무역 라벨이 있으면 소비자들이 충분한 정보를 가지고 책임 있고 윤리적인 구매를 할 수 있다고 말한다. 가령 '페어트레이드Fairtrade'라는 프로그램은 "농민과 노동자들이 무역에서 발생하는 이익에서 공정한 몫을" 얻을 수 있는 방법을 소비자

저항 주식회사

들에게 선택할 수 있도록 한다고 주장한다.[45]

공정무역은 1950년대에 남반구와 북반구 간 무역의 대안 시장을 개발하기 위한 풀뿌리운동으로 출발했지만 오늘날은 완전히 달라졌다. 기업들이 주도하는 하향식 공정무역이 된 것이다. 초기의 공정무역은 1980년대에 인증 라벨링 제도가 도입되고 주류 기업들의 관심이 커지면서 변하기 시작했다. 그 뒤로《공정무역 커피 *Fair Trade Coffee*》의 저자인 개빈 프리델Gavin Fridell의 말처럼 "공정무역의 비전은 공정무역 상품만을 거래하는 작은 대안 무역 조직들로 구성된 대안적인 무역 네트워크에서, 거대한 기존 대기업들이 공정무역에 대한 헌신은 등한시한 채 이익을 찾아 뛰어든 틈새시장으로 변해 버렸다."[46] 동시에 비정부기구 지도자들은 공정무역 상품을 스타벅스, 나이키, 네슬레 같은 회사의 주류 상품으로 편입시키는 데 앞장서게 되었다.

2011년 페어트레이드 인터내셔널에서 갈라져 나온 페어트레이드 USA는 기준을 변경하여 주류 기업들이 공정무역에 참여할 수 있는 기회를 더욱 확대했다. 공정무역이 구식 무역으로 되돌아가고 있는 것은 아닐까? 오늘날 일부 학자와 운동가들은 바로 이런 질문을 던지고 있다.[47] 하지만 전보다 훨씬 많은 비정부기구들이 대기업의 공정무역을 포용하고, 공정무역 판매의 신장을 세상이 나아지고 있다는 증표로 들먹이고 있다.

가령 국제보전협회의 경우 매장이 1만 8,000개에 달하는 세계 최대의 커피 체인인 스타벅스를 도와 원두를 공급한다. 2000년에 처음으로 공정무역 커피를 판매하기 시작한 스타벅스는 2011년이 되자 자신들이 구매하는 원두의 85퍼센트 이상이 제3자가 인증한 공정무역 제품(주로 '페어트레이드')이나 'CAFE(Coffee and Farmer Equity)' 제도에서 인증받은 제품이라고 발표했다. 'CAFE 제도'는 스타벅스가 국제보전협회와 함께 개발한 스타벅스 고유의 가이드라인이다. 스타벅스는 2015년까지 공정무역 커피만을 공급받겠다고 약속하고 있다.[48]

　그 외에도 세인스버리〔영국의 식품 및 금융 회사〕, 네슬레, 월마트, 맥도날드 등 다른 많은 유명 브랜드 회사 역시 갈수록 공정무역 상품의 양을 늘리고 있다. 공정무역 지지자들은 판매량이 늘면 훨씬 더 많은 기업들이 공정무역 제품을 매매하게 되어 전 세계 농민과 노동자들의 조건이 점차 개선될 것이라고 주장한다. 이 논리에 따르면 윤리적이고 지속가능한 상품을 몇 가지 끼워 넣어 구매하기만 하면 케이마트에서 계속 장을 봐도, 버거킹에서 햄버거를 사 먹어도 전혀 문제될 것이 없다.

　운동가들은 상품에 녹색 인증을 하고 라벨을 붙이는 작업에도 심혈을 기울이고 있다. 이는 사회경제적 요인들과 환경적 요인들의 균형을 잡아 노동 조건과 금전적 이익, 생태적 관리를 향상시키기 위한 것이다. 해양관리협의회는 수산물과 '지속가능한 어업'을 인증하고, 산림관리협의회와 산림인증승인프로그램은 임산물을 인증한다. 신뢰할 수 있는 콩 재배를 위한 원탁회의와 지속가능한 야자유 생산을 위한 원탁회의는 이해 당사자들 간의 대화를 활성화하고, 지속가능한 방식으로 생산된 콩과 야자유를 인증하기 위한 기준을 개발하고 있다. 비정부기구들은 다국적 기업들과 함께 이 모든 제도를 개발하고 이행하여 녹색 상품을 대량 소비의 주류 상품으로 끼워 넣기 위해 노력하고 있다. 오늘날에는 정부 역시 소비재에 친환경마크 제도를 도입하는 데 적극적이다. 유럽연합EU에는 이미 친환경마크 제도가 있고 미국에도 에너지스타프로그램Energy Star Program이 시행되고 있다.[49]

좀 더 지속가능하고 공정한 무역을 위한 이런 노력들은 이윤 극대화를 우선시하는 사업 모델에 대해서는 아무런 토를 달지 않는다. 물론 모든 운동가들이 이런 노력을 지지하지는 않는다. 일부 운동가들은, 특히 규모가 작거나 지역적인 집단에 속한 구성원들인 경우에는 사회정의나 지속가능성을 위한 진정한 기회를 만들기 위해서는 세계 경제를 해체해야 한다고 주장한다. 그들은 아주 조금 덜 해롭고 착취가 적은 상품을 대량으로 생산하여 잘사는 소비자들에게 수출하는 것은, 세상에 아무런 도움이 되지 못할 뿐더러 오히려 해가 되기 쉽다고 여긴다.

### 무역에 반대한다

비영리조직인 수산양식관리협의회에 대한 지역적인 저항은 무역을 중심으로 한 운동과 공동체를 중심으로 한 운동 간의 긴장을 보여 준다. 세계자연기금과 네덜란드 지속가능무역운동기구는 2009년에 수산양식관리협의회를 설립하고, '책임감 있게 생산한 양식 수산물'을 인증해서 소비자 로고를 붙일 것을 제의했다. 이를 위해 환경주의자, 과학자, 인증 전문가와 수산 양식업자, 수산물 가공업자, 식품 소매상이 한자리에 모여 수출용 새우와 연어(그리고 몇 가지 수산물)의 대량 생산을 승인했다.

하지만 수산양식관리협의회가 양식장 노동자나 인근 주민들의 안녕보다는 업계의 이익을 증진하는 데 더 많은 일을 하고 있다고 비판하는 사람들도 있다. 2012년 아시아의 공동체운동가들로 이루어진 한 연맹은 수산양식관리협의회를 "지속 불가능한 생산 시스템을 영속시키는 어설픈 시도"라고 일컫는 공동선언문을 발표했다. 인도네시아의 지역 어업 집단 네트워크인 어업 정의를 위한 시민동맹의 리자 다마니크Riza Damanik에 따르면 수산양식관리협의회와 지역 주민 간의 협의는 사기였다. "우리는 자카르타에서 '세계자연기금 수산양식 대담'이 열리는 것을 알고 행사장에서 시위를 했어요. 참석자의 99퍼센트가 새우업계와 정부 측 사람들이었죠. 지역사회가 참여하고 있다는 세계자연기금의 주장은 헛소리예요. 이들은 화려한 도시의 행사장에서 지역의 피해 집단과 소위 대화라는 걸 조직했죠." '남반구의 목소리'를 표출하는 '풀뿌리식' 접근법을 취하는 맹그로브액션프로젝트의 알프레도 콰르토Alfredo Quarto는 수산양식관리협의회에서 만든 기준을 "지속 불가능하고 파괴적인 산업의 이윤을 정당화하고 확대하기 위한 또 하나의 '그림의 떡'일 뿐"이라고 평가한다. 이는 "맹그로브 숲이 더 많이 유실되고 지역공동체가 붕괴되는 결과를 가져올 뿐이다".[50]

아지즈 초우드리Aziz Choudry와 딥 커푸어Dip Kapoor의 설명처럼 최소한 일부 공동체 운동가들이 보기에 국제비정부기구들의 무역에 대한 분석은 "자유무역과 투자 협정이 인간의 광범위한 활동 영역을 '무역 관련' 용어로 재정의한 것을 재생산하는 우물 안의 세

저항 주식회사

계관일 뿐이다. (…) 이런 비정부기구들은 이 정의定義의 토대가 되는 근본적인 가정에 대해 의문을 품지 않고, 세계 무역 협상과 무역법, 그리고 이 세상에 대한 자유주의적인 개념들이 정해 놓은 한도 안에 안주한다".[51] 초우드리와 커푸어의 지적처럼 단적으로 일부 국제 조직의 운동가들은 원주민의 권리와 지식을 시장 교환 개념과 지적 재산권 개념으로 지지하는 경향을 보인다.[52]

### 동정에 호소하는 소비

그런데 오늘날 동반자 관계를 형성한 운동가와 기업들은 무역 인증도 모자라 쇼핑을 인자하고 고결한 행위로 묘사하는 데 이르고 있다. 상품이 거침없이 오가고 거래가 판을 친다. 코카콜라와 세계자연기금은 콜라를 사면 북극곰을 "구할 수 있다"라고 선전한다. 아메리칸이글American Eagle Outfitters은 '더 나은 세상' 스카프를 구매하면 액면가의 절반을 자선단체에 기부한다고 소비자들에게 말한다. 스타벅스는 '에소스Ethos' 물 한 병을 사면 '에소스 물 기금'이 모여 개발도상국 어린이들에게 깨끗한 물을 공급해 준다고 소비자들에게 약속한다. BMW는 자동차를 구매하거나 리스하면 메이크어 위시 재단에 돈을 기부하게 된다고 광고한다. 리사 앤 리치와 스테파노 폰테가《브랜드 에이드》에서 폭로한 바에 따르면 대의를 앞세운 상품 중 최고 성공작은 "에이즈에서 해방된 세대를 위해 투쟁하는" '레드RED' 제품을 판매한 것이었다.[53]

아일랜드 음악가인 보노Bono와 미국의 변호사인 바비 시라이버Bobby Shriver는 아프리카의 에이즈를 예방하고 치료하기 위한 기금을 모으기 위해 2006년 '(프로덕트Product) 레드'를 설립했다. 레드는 민간 회사로서 소매업자들에게 레드의 로고를 사용할 수 있는 라이선스를 판매한다. 레드 로고가 찍힌 제품 판매 수익의 일정 부분이 에이즈·결핵·말라리아퇴치국제기금에 전달된다. 바비 시라이버는 레드를 판매하는 목적에는 에이즈 퇴치 외에 또 하나의 목적이 있음을 숨기지 않는다. 그것은 바로 "(롱아일랜드) 햄턴스에 있는 집을 사는 것"이다.[54]

일단의 소매업체들이 레드 제품을 출시하고 있다. 애플은 소비자들에게 '레드 아이팟 나노'나 '레드 아이팟 스마트 커버'를 구매하여 '다른 세상을 만들라'고 주문한다. 나이키는 소비자들에게 '레드 신발끈'을 구입하여 운동에 동참할 것을 촉구한다. 스타벅스는 소비자들에게 '스타벅스 레드 카드'를 구입하여 생명을 살리는 데 일조하라고 말한다. 그 외에도 코카콜라, 갭, 펭귄클래식, 홀마크, 아메리칸익스프레스(영국), 엠포리오 아르마니 등 많은 소매업체들이 레드 제품을 내놓고 있다. 보노는 2006년 엠포리오 아르마니의 레드 행사장 '원나잇온리One Night Only'에서 연설하다가 레드에 대한 재미있으면서도 충격적인 메시지를 흘렸다.

"여러분이 여기서 레드 제품을 사시면, 레드 회사는 저 멀리 경제적 여력이 없는 사람들을 위해 목숨을 살릴 수 있는 약을 사다 줍니다. 그게 다예요. 그러니 이 상황이 벽에 부딪히기 전까진 쇼핑을 계속 해야겠죠? 즉흥적인 계몽을 시도해 보는 건 어떨까요? 소비는 파멸을 가져올 수 있어요. 우리가 우리의 속내를 완전히 드러낼 수도 있죠. 여러분들은 멀쩡하게 생긴 사마리아인들일 거예

저항 주식회사

요. 원래 최고의 성자들은 죄인이었거든요(우리 중 몇 명한테는 아주 좋은 소식이죠). 아무렴요."[55]

공정무역 라벨이나 친환경 인증서와는 달리 '레드' 같은 로고를 다는 것은 생산자의 사회적·환경적 관행을 개선하는 것과 전혀 관계가 없다. 그보다는 소비주의의 힘으로 번 돈을 어떤 대의에 사용함으로써 소비자들이 쇼핑을 할 때 죄책감에서 해방되고 오히려 뿌듯해 할 수 있게 만드는 데 중점을 둔다. 더 많이 살수록 좋은 일이 더 많이 이루어져, 자본주의가 사회적 병폐에 대한 역동적인 해법으로 탈바꿈하게 되는 것이다.

좋은 '대의'로 상품을 포장하면 사려 깊고 양심적인 기업이라는 이미지를 갖는 데 도움이 된다. 그러면 비판은 맥을 못 춘다. 또한 이는 기업이 사회적 지원과 정부의 지원을 유지하여 더 많은 상품을 팔고 훨씬 크게 성장하는 데도 도움이 된다. 2008년 이후 상황처럼 경제적으로 어려울 때 책임감 있는 기업이라는 이미지를 유지하는 것은 대기업에 특히 중요한 일일 수 있다. 대기업에 대한 적개심과 반발을 분산시키는 효과도 있지만 소비자의 욕구에 기름을 끼얹기 때문이다(여기서는 개인 소득이 감소한 사람들도 예외가 아니다). 리치와 폰테는 이렇게 설명한다. "소비자들은 경제 위기에 대한 대응으로 결집하거나 다른 시민 참여 형태에 가담하기보다는 이 혁명을 이끄는 레드와 함께 쇼핑을 통해 세상을 바꾸려 할 것이다."[56]

# 기업화된
# 운동

소비자들은 경제성장은 말할 것도 없고 사회정의와 환경주의를 지원할 수 있는 합리적인 방법은 바로 방탕한 생활이라는 말을 귀에 못이 박히도록 듣고 지낸다. 이 같은 생각을 가장 앞장서서 확산시킨 것은 광고업자들이었다. 하지만 이제는 운동가와 유명 인사들이 먼저 나서서 이 메시지를 소비자들에게 전달하려고 애쓰고 있다. 상품 구매를 통한 모금 방식은(세계자연기금은 이를 "대의와 마케팅의 합작"이라고 부른다) 비정부기구의 모금 수단 중에서 가장 빠르게 성장하고 있다.[57]

운동 조직들은 대기업과 수많은 다양한 방식으로 팀을 짜서 사회적·생태적 목표를 기업의 수익성과 시장의 성장에 결합시키고 있다. 《노 로컬No Local》의 저자인 그레그 샤르저Greg Sharzer 같은 비판가들은 공동 브랜드화와 공동 광고는 사회 서비스와 환경 관리에 대한 책임을 국가에서 개인으로 떠넘길 뿐만 아니라, 국제무역과 시장을 강화하고 있다고 주장한다. 샤르저가 보기에 소비자들에게 '운동가'처럼 행동하라고 요구하는 것은 "시스템 실패의 책임을 개인 소비자들에게 떠넘기는 것과 같다. 소외가 존재하고 환경이 처참한 상태가 된다면 잘못된 물건을 산 당신의 잘못 때문이라는 것이다."[58]

동반자 관계, 자본주의적 박애주의, 소비주의에 편승한 운동

모두 비정부기구가 자본주의 제도 내부에서 기업에 영향을 미칠 수 있다는 가정에서 출발한다. 이 전략들은 비정부기구가 돈이 많으면 좋은 일을 많이 할 수 있다는 전제 위에 서 있다. 이런 전략을 지지하는 사람들은 시민들이 윤리적 구매를 통해 더 나은 기업에 '투표'할 수 있다고 상상한다. 샤르저의 말처럼 세계 경제를 받치고 있는 것은 "착취가 아니라" 소비자의 수요라는 것이 이런 전략들의 기본적인 가정이다. 자기 이익을 추구하면 공동선을 창출할 수 있고, 실제로 그렇다고 가정하기도 한다. 그 누구도 애덤 스미스Adam Smith가 1776년에 내놓았던 다음 주장에서 한 발짝도 더 나아가지 못했다. "우리가 저녁 식사를 할 수 있는 것은 정육업자와 양조업자, 제빵사의 호의 때문이 아니라 이들이 자기 이익을 추구하기 때문이다."[59]

기업의 틀 안에서 움직이는 운동가들은 결국 자본주의의 교리를 사실상 문제 삼지 않고 의사 결정을(심지어는 도덕적인 결정까지) 하게 된다. 이 때문에 대기업과의 협력 관계나 유명 인사의 모금 활동, 레드 같은 로고는 의미 있는 사회적 기여를 하기보다는 소비를 부추기는 효과가 더 크다. 동시에 소비주의에 편승한 운동은 전 세계적으로 소비자·지출의 극히 일부만을 차지할 뿐이지만, 결국 자신이 살고 있는 세상을 더 좋은 곳으로 만들고 싶다는 착한 사람들의 욕망만 충족시키는 결과로 이어질 수도 있다. 물론 이 지점을 너무 과대평가해서는 안 된다. 아직도 수많은 이들이 좀 더 광범위한 정치·경제적 변화를 위해 목청 높여 투쟁하고 있다. 하지만 자본주의 그 자체를 의문시하기는 결코 쉬웠던 적이 없다. 그리고 이

는 국가가 감시의 수위를 높이고 반체제 인사들을 탄압하면서 갈
수록 어려워지고 있다.

# 3 장

# 안보를
# 빙자한
# 탄압

전체주의적이고 권위적인 체제는 오랜 세월 민주주의로 가장한 채 시민의 자유를 짓누르고 정적政敵들을 대량 살상했다. 독재자들은 언제나 아주 미미한 내란의 조짐마저도 국가 안보에 대한 위협으로 여기고, 국가 정보기관과 군대를 동원하여 억눌렀다. 인권운동가와 환경운동가를 비롯한 반체제 인사들을 체포, 고문, 살해하는 것은 이런 체제의 DNA에 박혀 있어서 때로 소련이나 나치 독일의 참상 같은 사태를 빚기도 했다. 하지만 그보다 많은 경우는 지난 100년간 흔하디 흔했던 억압적인 군사 독재 체제와 같은 양태를 띠었는데, 이 경우 소련이나 나치 독일에서처럼 시민에 대한 국가 폭력이 전 방위적으로 침투하는 형세는 아니었지만, 당연한 규범처럼 자행되었다.

　독재자와 사이비 민주주의자들은 저항을 억누르지 않을 경우 전복당할 위험에 직면하게 된다. 2011년 1월 이집트 보안대가 민주주의를 요구하는 행진과 노동자 파업 등 대중 봉기를 진압하는 과정에서 수백 명을 살해하고 수천 명을 다치게 만든 것도 다 이 때문이었다. 또한 그로부터 한 달 뒤 호스니 무바라크Hosni Mubarak

이집트 대통령이 29년간의 집권 끝에 하야한 후, 중동 등지의 국가들이 훨씬 더 야만적인 방식으로 반대 세력을 억눌렀던 것도 부분적으로는 이 때문이다. 이는 전혀 새로운 이야기가 아니다. (중국의 독재자에서부터 민주주의의 허울만 쓴 러시아의 독재자에 이르기까지) 독재자들은 권력을 놓치지 않기 위해 안보를 빌미로 불만의 목소리를 꾸준히 억누를 것이다.

어쩌면 위 사실보다 더욱 놀라운 것은 서유럽이나 북미 국가 등과 같이 민주주의와 시민의 자유의 역사를 보유한 국가들이 지난 10년간 안보를 빌미로 저항을 억압했다는 점일 것이다. 분명 이런 국가들은 국가 안보라는 미명하에 자국민들을 상대로 끔찍한 폭력을 자행하고 있다. 가령 1950년대 매카시 시대McCarthy era◆의 미국에서처럼 냉전 기간 동안 '스파이'나 '공작원'을 심문, 체포, 처형하던 일을 생각해 보라. 특히 2001년 테러리스트 공격 이후 이들 국가들은 반체제 인사들을 갈수록 국가 안보의 위협으로 여기는 경향을 보이고 있다. 이에 대중 시위를 진압하기 위해 보안군을 앞세우고 감시를 확대하며, 자유를 억제하기 위해 가혹한 법률을 통과시키는가 하면 조직운동가를 무정부주의자나 테러리스트로 여기고 추적한다.

모든 국가는 운동에 대한 이 같은 탄압을 반테러리즘이라는 수사rhetoric와 법이라는 베일 뒤에, 그리고 1급 정보기관의 미로 속

---

공화당 의원 조셉 매카시Joseph McCarthy의 주도로 미국 정부에 잠입한 공산주의자 스파이들을 색출한다며 대대적인 마녀사냥을 벌였던 1950~1954년을 말한다.

에 감추고 있다. 하지만 이 장에서 보여 주는 바와 같이 공개된 법정 사례나 기밀에서 제외된 서류, 목격담, 정보 공개 요청을 통해 얻은 정보만으로도 충분히 서구의 정부들이 시민불복종을 탄압하기 위해 어떤 일을 하고 있는지 최소한 그림자라도 확인할 수 있다.


# 대중 시위에 대한
# 9·11 이후의 탄압


1990년대 후반 서유럽과 북미 전역에서 반세계화 시위가 거세게 일어났다. 1999년 세계무역기구 각료 회의 기간 동안 진행된 시애틀 전투처럼 시위대와 경찰 간의 긴장이 고조되기도 했다. 그런데 2001년 9월 11일 테러리스트 공격은 민주국가가 대중 시위를 바라보고 처리하는 방식을 근본적으로 바꿔 놓았다. 9·11 이후 민주국가들은 반자본주의운동 집단과 시위를 테러리즘의 잠재적인 발원으로 여기기 시작했다. 정보기관들이 추적하는 집단과 운동의 수가 늘어났고, 경찰은 시위대를 다룰 때 더 공격적인 행동을 할 수 있도록 법적 승인을 받았다. 시위를 억제하고 장악하며 방지할 수 있게 된 것이다.

### 지휘 통제식의 치안 활동

1960년대와 1970년대 민주국가의 경찰과 보안군이라고 해서 시민권을 옹호하거나 베트남전에 반대하는 시위대를 비폭력으로 다루었던 것은 아니다. 경찰은 이런 시위를 공공질서에 대한 위협으로 여기고 전투견을 풀거나 최루탄과 물대포를 사용했다. 하지만 1980년대 초 많은 경찰 부서들이 이런 치안 모델이 '좋지 않은 인상을 줄 것'이라 여겨 최소한 초반에는 무력의 사용을 자제하는 '협상 관리' 접근법을 취하기 시작했다.[1] 1980년대와 1990년대에는 북미와 유럽 전역에서 치안을 유지할 때 협상 관리 방식을 사용했다. 하지만 유럽에서 시작해서 북미로 확산된 반세계화 운동가들의 직접행동 전술은 이런 치안 유지 모델을 한계로 몰고 갔다. 1999년 '시애틀 전투'에서 5만여 명의 시위대와 맞닥뜨린 시애틀 경찰은 전혀 협상할 기분이 아니었다. 이들은 바리케이드와 시위 금지 구역을 만들고, 폭동진압복을 갖춰 입고 시위대에게 최루탄과 최루스프레이를 사용했으며 '말썽꾼들'을 체포했다.

시애틀 전투에서의 일은 미국에서 협상 관리 방식으로 대중 시위를 다루던 시대가 끝났음을 알리는 서막이었다. 여기에 쐐기를 박은 것은 '9·11 테러'였다. 덕분에 시위대를 폭도처럼 다루는 것이 인권 침해인가를 둘러싼 논쟁도 막을 내렸다. 많은 미국인이, 또 많은 정치인이 테러의 위협이라는 명목으로 '지휘 통제식' 치안 모델의 필요성을 정당화했다. 뒤에서 밝히겠지만 지휘 통제식 치안 모델을 위해서는 많은 경찰력이 주둔해야 할 뿐만 아니라 개인 신상과 활동에 대한 데이터베이스를 갖추고 잠재적인 시위 조직자들을 일상적으로 감시하는 한편, 경찰의 권한을 신장시키기 위한 법이 필요하다.[2]

이제는 일각에서 말하는 대중 시위에 대한 '준準군사적인 경찰 활동'이 민주주의 체제와 권위주의 체제 모두에서 증가하고 있다. 일부 인권운동가들은 2010년 후반에 시작된 '아랍의 봄' 때문에 독재자들이 시위에 대해 훨씬 강경한 노선을 취하게 되었다고 우려하기도 한다. 2010년 유엔 총회에서 마이나 키아이Maina Kiai 유엔인 권위원회 특별조사위원은 평화적인 집회에 참여한 시민들을 상대로 과도한 무력을 행사한 것으로 보고되거나 추정되는 국가의 명단을 발표했다. 여기에 속한 나라는 앙골라, 중국, 이라크, 카자흐스탄, 말라위, 필리핀, 스리랑카, 수단, 시리아, 미국, 우즈베키스탄, 짐바브웨 등이었다.[3] 우리는 9·11 이후 시위대를 상대로 자행된 과도한 무력의 사례를 수백 가지도 더 델 수 있다. 하지만 운동가들이 거리에 나서기가 얼마나 어려워졌는지(심지어 얼마나 무서운 일이 되었는지)는 몇 가지 사례만으로도 충분히 보여 줄 수 있다.

### 청소당하는 거리의 시위대

미국과 캐나다부터 시작해 보자. 2004년 마이애미에서 열린 미주자유무역지대Free Trade Area of the Americas 회의에서 경찰은 시위대를 향해 고무탄과 최루탄을 발포하고 행인들을 겁박하는가 하면 '시위대처럼 보이는 사람'을 체포했다.[4] 회의가 가까워 오자 경찰은 정교한 감시 시스템을 통해 시위 조직자들을 추적했다. 그 사이 시 공무원들은 조례를 손질하여 경찰의 권한을 강화했다.《저항에 대한 탄압Policing Dissent》에서 루이스 페르난데스Luis Fernandez는 수천 명의 경찰이 "까만 방탄복과 가스 마스크를 완전히 장착하고 '물러나! 물러나!'라는 고함과 함께 곤봉으로 방패를 내려치면서 거리를 행진했다"고 설명하고 있다. 그의 말에 따르면 마이애미는 "전쟁터와 다를 바 없는 군사 구역"이 되었다.[5]

미국 전역에서는 시 경찰력이 군중 해산용 군사 장비를 손에 넣으면서 경찰의 전술이 훨씬 가혹해졌다. 2009년 G20 정상회담 기간 동안의 피츠버그 경찰의 예를 살펴보자. 피츠버그 G20 회의는 경찰이 시위대를 상대로 음향대포를 발포한 최초의 사례로 기록되었다. 군대에서는 이를 장거리음향장치 LRAD라고 부른다. 미 해군은 (영구적으로 귀가 멀게 할 수는 있지만) 아무런 시각적 흔적을 남기지 않고 적을 교란시키기 위해 고주파 음향대포를 만들었다. 전미법률가조합 사무국장 헤이디 보고지안Heidi Boghosian은 피츠버그 G20 회의에서 경찰이 "유독 야만적"이었다고 설명한다. 가히 "국내법과 국제법 규범을 거스르는 불법적인 무력 행위의 교과서적 사례"였다는 것이다.[6]

미국의 다른 대도시 경찰들은 분명 시위대를 상대할 때 폭력보다는 노련한 협상력을 더 많이 사용해 왔다. 하지만 2011년과 2012년 점거 시위를 무력으로 봉쇄한 데서 볼 수 있듯이 이제는 지휘 통제식 전술이 규범으로 자리 잡았다. 미국 전역에서 경찰은 곤봉으로 때리고 최루스프레이를 발사하여 점거 시위대를 유치장으로 끌고 갔다. 점거 시위대의 캠프는 24시간 감시당했고, 연방 요원이 시위 조직자들을 심문했으며, 경찰이 신분을 숨기고 시위대 캠프에 잠입하기도 했다. 경찰은 언론인을 체포하고 위협하는 일도 서슴지 않았는데, 이때는 목격자의 눈을 피하는 주도면밀함을 보였다. 경찰이 (행인과) 시위대를 에워싸 몇 시간 동안 경찰 비상선에 가둬 놓고 진을 빼는 '고착 작전kettling'도 비일비재했다. 경찰이 사람들을 가축처럼 몰고 다니기만 할 때도 있다. 이는 불안감과 두려움, 불편함을 증폭시키기 위한 것이다. 신분증 검사를 하다가 신원 확인이 안 되는 사람을 체포하기도 했다. 많은 시위대와 행인들은 오렌지색 망과 경찰 바리케이드 같은 고착의 기미가 눈에 띄기만 해도 달아나기 바빴다.

(뉴욕대학교, 하버드대학교, 스탠퍼드대학교 등) 미국의 일곱 개 법대 연구자들로 구성된 시위 및 결사의 권리 프로젝트Protest and Assembly Rights Project는 뉴욕 경찰이 월가 점거 시위대를 상대로 행사한 무력의 정도를 "공격적이고 과도하다"라고 평가했다. 이들의 결론은 신랄하다. "미 당국은 월가 점거 시위대를 다룰 때 결사와 표현의 권리를 불필요하고 부당하게 제한함으로써 국제법을 위반했다."[7] 주 저자 중 한 명인 뉴욕대학교 법학과 교수 세라 너키Sarah Knuchey는 이렇게 첨언한다. "우리가 수집한 모든 사례 연구를 보면 경찰이 기본권을 시종일관 위반하고 있음을 알 수 있다. 이들이 아무런 처벌도 받지 않았다는 것은 충격적이다."[8]

캐나다의 경찰력은 미국에 비하면 군사화가 덜 되긴 했지만, 9·11 이후 대중 시위에 대한 지휘 통제 접근법을 보편화하기는 마찬가지다. 이미 2001년 퀘벡시에서 미주자유무역지대 정상회의가 진행되는 동안 경찰이 시위대에게 고무탄, 최루탄, [충격으로 기절시키는] 진탕 수류탄을 발포했다. 2010년 토론토 G20 회의에서는 경찰의 폭력과 국가의 억압이 더욱 체계적으로 이루어졌다. 운동가이자 베스트셀러 작가인 나오미 클라인의 말처럼 안보 "히스테리"와 "임의 수색" 때문에 많은 토론토인들이 "아무런 권리도 보장받지 못하는 기괴한 구역"에서 살고 일하게 된 것이다.[9] 캐나다보안정보국Canadian Security Intelligence Service은 1억 2,500만 캐나다달러[약 1,100억 원]의 예산으로 운동가를 심문하고 시위 집단을 관리하기 위한 감시 시스템을 마련했다. G20 행사가 치러지던 주말, 토론토 경찰은 시위대에게 최루탄을 발포하여 격퇴했다. 시위대를 갓길에 고착시킨 뒤 1,000여 명을 체포한 것이다. 이는 캐나다 역사상 가장 큰 규모의 대량 체포였다.[10]

유럽의 많은 민주국가들도 위와 같은 기세로 대중 시위를 몰아붙이고 있다. 북미와 마찬가지로 9·11 이전에도 반체제 인사들을 탄압하기 위한 거친 전술들이 존재했다. 가령 2001년 7월 제노바 G8 회의에서는 이탈리아 경찰과 준군사 부대가 20만 명에 이르는 시위대와 충돌했다. 이후에 열다섯 명의 경찰과 의사가 시위대에게 가혹 행위를 하거나 제대로 처치하지 않은 데 대해 유죄를 선고받았지만, 아무도 실제로 징역을 살지는 않았다. 그 이후로 미국과 캐나다와 마찬가지로 유럽 국가들은 훨씬 강경한 노선을 취하기 시작했다.

가령 독일 보안군은 독일 하일리겐담의 해변 리조트에서 열린 2007년 G8 정상회담을 철저하게 통제했다. G8 회의 장소에는 강철과 시멘트로 된 12킬로미터 길이의 방어벽이 세워졌고 그 위는 철조망으로 마무리했다. 비디오 모니터와 동작 감지 센서는 대표단과 정치인들을 더욱 안심시켜 주었다. 경찰을 지원하기 위해 불려 온 군대는 장갑차와 토네이도 제트기를 가져왔다. 하일리겐담에서 G8 회의가 진행되는 동안 독일 보안대는 수백 명의 시위대를 유치장에 구금시켰다. 이 때문에 나중에 많은 이들이 경찰의 권한 남용 문제를 제기했다.

이제 고위급 국제회의에 대해서는 이 정도 보안이 표준 관행이 되었다. 2009년 런던에서 열린 G20 정상회담에서는 한 신문 판매원이 어떤 경찰이 휘두른 곤봉에 맞아 쓰러진 뒤 목숨을 잃는 일도 있었다. 국내 정책에 반대하는 시위를 신속하면서도 가혹하게 억제하는 안보 제재 역시 유럽에서는 흔하게 볼 수 있다. 가령 프랑스는 젊은 이민자들의 시위에 대해 강경한 태도를 유지하고 있다. 스페인과 그리스는 반긴축 시위에 대해 강경하다. 영국도 2010년 등록금 폭등에 반대하는 학생 시위가 일어나자 체포와 지문 채취, 구타, 고착 등의 방식을 동원하여 강경하게 진압했다. 로햄턴대학교Roehampton University의 니나 파워Nina Power가 지적했듯 영국 당국은 심지어 언론에 시위 주동자의 사진을 공개함으로써 나중에라도 시위를 벌일지 모르는 사람들에게 '어떤 이유로든 네가 시위를 하면 우리는 네 미래를 파괴할 수 있고, 실제로 그렇게 할 것'이라는 소름끼치는 메시지를 전달했다.[11]

## 남반구에서의 시위 진압

남반구 정부들도 국제회의를 주최할 때 시위를 국가 안보의 위협으로 간주하는 경향을 보인다. 노동자들의 불만을 억누르거나 물, 토지, 삼림의 사유화와 상업화에 대한 반대를 짓누르는 폭력적인 탄압 역시 일상적이다. 분명 이런 폭력은 남반구와 북반구 모두에서 제국주의와 식민주의, 그리고 산업화의 상징과도 같았다. 하지만 오늘날에도, 특히 개발도상국에서는 국가가 무역을 자유화하고, 자원을 사유화하며, 외국 기업을 달래 가면서 세계화와 전 지구적 자본주의를 안착시키기 위해 여전히 폭력을 사용한다.

들 수 있는 예는 많지만 그중에서 한 가지만 고르자면 2012년에 일어난 채굴 반대 시위에 대한 가차 없는 진압을 들 수 있다. 그해 남아프리카공화국의 론민 마리카나Lonmin Marikana 광산에서 경찰이 철조망과 장갑차로 파업 중인 광부들을 에워싼 뒤 발포하여 서른네 명이 사망하고 일흔여덟 명이 다치는 사건이 일어났다. 같은해 페루 경찰이 미국 회사인 뉴몬트마이닝이 소유한 금광 확대에 반대하는 시위를 진압하는 과정에서는 다섯 명이 죽고 수십 명이 다쳤으며, 아르헨티나 경찰은 캐나다와 스위스의 합작 채굴 프로젝트에 반대하는 시위를 벌이던 사람들을 진압하기 위해 전투견과 폭동진압용 차량을 가지고 출동하여 고무탄과 최루탄을 발포했다. 그 외에도 엄청나게 많은 예가 있다. 2012년이 결코 유별난 해였던 것이 아니다. 최근 몇 년간 아시아와 아프리카, 라틴아메리카의 여러 국가 중 칠레와 콜롬비아, 볼리비아, 페루에서 이와 유사한 사건이 자꾸 일어났다.

물론 피켓을 들고 있던 사람이나 시위 가담자가 사망하는 일은 선제공격의 초반에 집중된다. 하지만 그렇다고 해서 오늘날 바로 이런 폭력 때문에 인권운동과 노동운동, 환경운동이 아주 위험한 활동이 되었다는 사실에는 아무런 변함이 없다. 발포와 구타는 노동운동가들을 위협할 뿐만 아니라 반체제 인사에 대한 전반적인 폭력의 문화를 증폭시킨다. 게다가 인권운동가들과 환경운동가들이 감수해야 하는 위험은 꾸준히 증가하고 있는 것으로 보인다. 어쩌면 이는 일부 분석가들의 전망처럼, 점점 고갈됨에 따라 가치가 증대한 전 세계 천연자원의 통제권을 놓고 권력투쟁이 격화되고 있기 때문일 것이다.

운동가들이 얼마나 위험한 상황에 처해 있는지 보여 주는 지표 중 하나는 벌목, 채굴, 밀렵, 수력발전, 토지 개간 같은 활동에서 자행되는 인권 유린을 조사하거나 이에 저항하던 운동가와 언론인들의 피살 사건의 수가 2009년과 2011년 사이에 거의 두 배로 늘어났다는 것이다. 비정부기구인 글로벌위트니스의 연구에 따르면 요즘 가장 불안한 국가는 브라질, 콜롬비아, 페루, 필리핀이다. 하지만 운동가의 피살 사건은 남반구 전역에서 일어났고, 위에서 언급한 국가들 외에도 많은 곳이 생각보다 훨씬 위험할 수 있다. 가령 전쟁에 시달리는 아프리카 일부 지역의 정보는 희박하고 신뢰하기 어려울 때가 많기 때문이다. 지금까지 보고에 따르면 700여 명의 환경운동가가 2002년과 2011년 사이에 피살당했는데, 이중 2011년 한 해에만 100여 명이 살해되었다. 하지만 분명 피해자의 수는 이보다 훨씬 많을 수밖에 없다. 많은 국가들이 이런 살인 사건은 아예 보고하지 않거나 '사고', '강도 사건', '실종자'라는 식으로 묻어 버리기 때문이다. 글로벌위트니스의 주장에 따르면 경찰은 "아무런 처벌을 받지 않는 문화" 때문에 신뢰할 만한 조사를 진행하지 않는다. 따라서 살인자들이 무슨 일로든 유죄 판결을 받는

경우는 거의 없다.[12]

아직도 남반구 전역에서는 인권운동가와 환경운동가를 협박하고 임의 구금시키며 고문하는 일이 빈번하다. 이런 점에서 콜롬비아는 세계에서 가장 위험한 장소다. 윌프리드로리에대학교Wilfrid Laurier University의 토드 고든Todd Gordon 교수의 표현에 따르면 콜롬비아에는 "사유화, 해외투자, 극단적인 불평등"을 유지하기 위한 "비정상적인 수준의 (준)군사적 폭력"이 횡행한다.[13] 그 외에도 많은 곳에서, 그 중에서도 특히 아시아, 아프리카, 라틴아메리카의 극빈 지역에서는 운동가를 대상으로 자행되는 체계적인 경찰 폭력으로 기업의 수익성과 국가 안보가 유지된다. 예전에 토머스 프리드먼 Thomas Friedman이 탁월하게 지적했듯이 "시장의 보이지 않는 손은 보이지 않는 주먹 없이는 결코 작동하지 못한다. 그러니까 F-15 전투기를 만든 '맥도넬 더글러스McDonnell Douglas'가 없으면 '맥도날드'는 결코 번창하지 못한다."[14] 남반구의 많은 곳에서 시위대는 고무탄과 곤봉, 최루탄으로 무장한 폭동 진압 경찰뿐만 아니라 기관총과 장갑차로 무장하고 때로는 암살 허락까지 받은 군인과 준(準)군사화한 경찰을 상대한다. 심지어 미국에서도 대중 시위를 상대할 때 일반 경찰이 군대처럼 행동하는 일이 점점 늘고 있다.

### 경찰의 군사화

9·11 이후 시위에 대한 탄압에서의 특징은 일반 경찰이 군사화되었다는 점이다. 범죄학자인 피터 크라스카Peter Kraska에 따르면 물론 이 과정은 미국 같은 나라에서는 이미 2001년 전부터 진행되

긴 했지만 말이다.[15] 9·11 이후 국내법을 이행할 권한을 가진 사람들은 군대식 무력을 행사할 역량과 정치적 후원을 등에 업고 갈수록 군대와 유사해지고 있다. 경찰, 군대, 첩보기관, 정보기관 사이의 협력은 더욱 긴밀해지고, 대중 시위를 처리하는 책임의 선은 훨씬 흐려졌다.

경찰, 군대, 정보기관은 테러리즘에 맞서 싸우고 마약과 범죄를 상대하는 전쟁을 수행하기 위해, 또한 폭동과 시민불복종을 진압하기 위해 교차 훈련을 하고 정보와 무기 기술을 공유하고 있다. 전반적인 시위의 탄압에서처럼 여기서도 가장 앞서 나가는 것은 미국이다. 가령 국방부에는 M14와 M16 소총, 유탄발사기, 탱크, 공격용 헬리콥터 등 남는 군사 장비를 일반 경찰에게 기부하는 프로그램이 있다. 최근 몇 년간 국방부는 이 프로그램을 통해 30억 달러어치의 남는 무기와 장비를 지역 경찰에 넘겨주었다. 국제회의와 스포츠 행사를 주최할 때 책정하는 대규모 안보 예산과, 수십억 달러에 달하는 국토안보부의 보조금 덕분에 미국 전역의 경찰 부서들은 방탄복과 바주카포, 기관총, 음향대포, 소형 탱크를 손에 넣는 한편 장비를 업그레이드 할 수 있게 되었다.[16]

미국에서는 소도시에서도 경찰을 군대 수준의 무기로 무장시키고 있다. 가령 플로리다의 재스퍼라고 하는 마을은 2002년 국방부 프로그램을 통해 일곱 명의 경찰관을 M16 기관총으로 무장시켰다. 인구가 2,000명이 안 되는 이 마을에서는 그때까지 10년간 단 한 건의 살인 사건도 일어나지 않았다. 〈세인트피터스버그 타임스 St. Petersburg Times〉 신문은 재스퍼의 군사화에 대해 다음과 같은 재

치 있는 부제를 달았다. "신호등은 세 개, M-16은 일곱 개." 카운티
[군에 해당하는 행정구역]의 경찰들 역시 국방부의 남는 군사 장비를
열렬히 얻고 싶어 했다. 2007년 조지아 주州 클레이튼 카운티의 치
안 담당관은 자력으로 군대 탱크를 갖췄다. 1년 뒤에는 인근의 코
브 카운티에서도 치안 담당관이 똑같이 자력으로 군대 탱크를 갖춘
뒤, 열 감지 센서, 야간 식별장치, 최루탄 발사기를 장착했다. "요즘
에는 무슨 일이 벌어질지 모른다니까요." 2008년, 코브의 경찰서장
조지 햇필드George Hatfield는 이렇게 말하고는 생각에 잠겼다.[17]

이라크에서 청동성장Bronze Star[공중전 이외에서 용감한 행위를 한 군
인에게 수여하는 훈장]과 퍼플하트훈장Purple Heart[미국에서 전투 중 부상을
입은 군인에게 주는 훈장]을 받은 전직 경찰관으로 지금은 미 법무부
Department of Justice에서 근무하고 있는 아서 리저Arthur Rizer는 미국 경찰
력의 군사화 때문에 크게 불안해 한다. 버지니아의 개업 변호사이
자 2013년 6월 시점에 조지타운대학교Georgetown University에서 박사 과
정을 밟고 있는 조셉 하트맨Joseph Hartman 역시 마찬가지다. 군사 장
비를 일반 경찰에게 넘겨주는 것만 문제가 아니다. '특수 무기와 전
술'을 사용하는 '경찰 특수기동대SWAT'의 특공대가 지휘하는 훈련 등
군대가 경찰을 훈련시키는 것도 똑같이 걱정거리다. 이 둘은 이렇
게 적고 있다. "경찰이 군인처럼 차려입고, 군인처럼 무장하고, 군인
처럼 훈련을 받으면 이들이 군인처럼 행동하기 시작한다 해도 전혀
놀랍지 않게 된다. 그리고 기억해야 한다. 군인의 주된 목표는 적을
죽이는 것이다."[18]

이제 미국에서뿐만 아니라 대부분의 민주국가에서 대중 시위

가 일어나면 경찰이 군인처럼 행동하는 것이 규범처럼 되어 버렸다. 전 세계적으로 G8 정상회담이나 G20 정상회담에 반대하는 시위가 일어나거나 점거운동이 번졌을 때 이를 군대식으로 탄압하는 경찰의 모습에서 이를 확인할 수 있다. 2011년에 발간된《거리를 폐쇄하다*Shutting Down the Streets*》에서 저자들은 대중 시위를 통제하기 위해 '전쟁 구역'을 설정하는 것은 반체제 활동을 범죄행위로 격하시키는 선제 전략이라고 주장한다.[19]

전투 장비와 소형 탱크를 갖춘 경찰과 이들이 설정한 전쟁 구역은 9·11 이후 운동이 어떤 식으로 탄압당했는지 생생하게 보여준다. 국가 역시 자유로운 발언과 결사를 제한하는, 따라서 운동의 범위와 본질을 옭아매는 새로운 법과 정책을 가지고 이런 무력시위를 후방 지원하고 있다.

# 반체제 활동에 찬물 끼얹기: 9·11 이후 시민의 자유와 법

영국, 미국, 캐나다, 러시아, 독일 등 많은 나라에서 제정된 반테러리즘 법률은 국가가 폭넓은 집단을 상대로 감시와 구류 권한을 행사할 수 있게 함으로써 반체제 활동의 범죄화를 심화시키고 있다. 잠재적인 테러 위협의 폭을 확대함으로써 시위와 운동에 심한 '냉각 효과'를 일으키고 있는 것이다. 대중 시위를 지휘 통제식으로 관리할 때와 마찬가지로 국가가 결사의 자유를 제한하고 반체제 활동을 억제하기 위해 법과 감시의 힘을 빌리면서, 운동가들이 자본주의적 정치·경제 질서의 교리에 도전하는 것이 더욱 어려워지고 있다.

## 시위의 불법화

9·11 이후 유럽과 북미의 도시들은 반자본주의 시위와 반정부 시위에 대한 통제를 강화하기 위해 조례와 규약, 허가제를 활용했다. 가령 마이애미 시 위원회는 2003년 미주자유무역지대 회의가 마이애미에서 열리기 직전에 '도로 및 인도에 관한 조례'를 개정하여 2인 이상이 '퍼레이드'를 하거나 교통을 혼잡하게 하는 행위를 불법화하고, 소지할 수 있는 무기(가령 유리병)를 제한했다. 심지어 옥외에서는 여덟 명 이상이 30분 이상 '대중 집회'를 위해 모일 수도 없게 했다. 이 조례는 사실상 평화 시위를 비롯한 모든 시위에 참여한 이들을 멈춰 세워 수색하고 구금할 수 있는 권한을 경찰에게 주기도 했다.

마이애미 시는 다양한 법적 저항에 직면하리라는 예상에서 미주자유무역지대 회의가 시작되기 며칠 전에 이 조례를 통과시켰고, 그로부터 세 달 뒤에 이를 다시 철회했다. 이렇게 무지막지한 조례를 시행하는 것 자체가 불가능했던 것인지도 모른다. 하지만 그건 중요한 문제가 아니었다. 그것 때문에 기소된 사람은 아무도 없었으니까. 그보다 중요한 문제는 루이스 페르난데스의 말처럼 임시 조례를 통과시키는 것이 국가의 "감시 및 위협 권력"을 확대

하기 위한 일종의 "전략"이자 "새로운 법적 통제 형태"가 되었다는 점이다.[20]

곧이어 2004년 G8 정상회담 기간 동안 조지아 주의 사바나 같은 다른 도시들도 반체제 활동과 시위를 통제하기 위해 위와 동일한 '임시 조례' 전략을 사용했다. 정부 역시 특정 장소에서는 시위 활동을 금지하는 명령을 발표했다. 가령 독일의 하일리겐담에서는 2007년 G8 정상회담이 다가오면서 '보안용 울타리 바로 밖에 있는 구역에서의 시위'를 금지하는 일반 명령을 통과시켰다.[21] 유사한 목적에서 일부 도시들은 낡아 빠진 법의 효력을 되살리기도 한다. 가령 토론토에서는 2010년 G20 정상회담이 다가오자 온타리오 지방 정부가 1939년의 '공공사업보호법Public Works Protection Act'을 다시 활성화시키기 위해 233/10 규정Regulation 233/10을 제정했다. 이 '공공사업보호법'은 캐나다가 국가권력을 확대하여 온타리오의 하부 시설에 대한 잠재적 파괴 행위를 대비하기 위해 독일을 상대로 전쟁을 선포한 지 며칠 뒤에 통과된 법으로, 오랜 세월 동안 휴면 상태에 있었다.

233/10 규정 덕에 토론토 경찰은 시위대를 수색, 체포, 구류, 저지할 수 있는 기형적인 권한을 갖게 되었다. 또한 이 규정에는 G20 회의장에 둘러 쳐진 보안용 울타리의 5미터 이내에 시위자들이 접근해서는 안 된다는 금지 사항도 있었다. 정부가 이 사실을 널리 알리지 않기는 했지만 말이다. 〈온타리오 옴부즈맨Ontario Ombudsman〉은 나중에 조사 과정에서 233/10규정이 "자유롭고 민주적인 사회에서는 익숙지 않은 권력을 경찰에게 부여"했음을 알게

되었다. 게다가 경찰의 새로운 권한을 대중들에게 알리지 않음으로써 "자신의 일반적인 법적 권리에 따라 행동한 사람들을 함정에 빠뜨리는 결과를 낳았다." 신문은 233/10 규정은 "결코 제정되어서는 안 되는, 헌법에 위배되는 규정"이라고 결론 내렸다.[22]

토론토 G20 회의 기간 동안 체포된 1,000여 명 중에서 100명 이상이 기소되었다. 음모죄로 고발당한 사람이 스무 명이었는데, 이 중에는 캐나다에서 유명한 사회정의운동가들도 있었다. 법정 소송에서 밝혀진 바에 따르면, 경찰들은 몇 년간 G20 회의를 준비하면서 운동가들에 대한 증거를 수집하기 위해 신분을 위장하고 잠입하기도 했다. 보석에 대한 조건은 캐나다에서 운동에 대한 탄압이 얼마나 심각한 지경에 이르렀는지를 보여 준다. 나오미 클라인에 따르면 운동가가 보석으로 풀려나기 위해서는 "다른 피고들과는 일절 대화를 할 수 없고, 정치적인 모임에 참여하거나 시위에 참여할 수도 없으며, 핸드폰으로 길게 통화를 해서도 안 되고, 기본적으로 가택 연금 상태로 지내야 하며, 경우에 따라서는 인터넷에 글을 올리거나 언론과 인터뷰를 해서도 안 된다."[23] G20 시위에 참가했던 두 명의 운동가는 당시의 체포와 기소를 떠올리며 이렇게 주장한다. "경찰의 광범위한 활동은 안보 예산을 정당화하는 수준에 머물지 않고 그보다 더 중요하고 원대한 목표를 노렸다. 그것은 바로 반체제 활동의 숨통을 끊어 놓는 것이다."[24]

많은 지방자치단체들이 반체제 활동에 대한 제한을 더욱 강화하기 위해 시위대가 '무단 침입'이나 '무단 횡단' 같은 사소한 규정 위반만 해도 딱지를 끊고 벌금을 부과하여 얼씬도 하지 못하게 만들고 있다. 일례로 미국 오리건 주州 포틀랜드 시의 경우 점거 시위가 두 달 이상 지속되자 경찰은 자정 이후에는 공원 출입을 금하고, 공원에서는 구조물을 만들지 못하게 하는 시 규약을 제정하기 시작했다. 포틀랜드는 이 규약을 가지고 "점거된 두 곳의 광장을 개·보수하고, 만에 하나 있을지 모르는 안전과 건강 문제, 범죄 문제를 해소하기 위해" 폐쇄했다.[25]

도시들은 시위를 억제하기 위해 허가료를 받는 방법을 많이 사용하는 추세다. 가령 유타 주州는 2011년 기후변화로 인해 악화되는 인권 문제에 대한 의식을 고양하기 위해 행진을 하려던 한 집단에게 '자유로운 의사 표현' 허가서를 받으려면 2,500만 달러짜리 책임 보험에 들어야 한다고 요구했다. 이와 유사하게 많은 미국 도시와 캐나다 도시들이 점거 시위대에게 허가권을 발부받으려면 보험에 들어야 한다고 요구하고 있다. 캐나다시민자유연합의 나탈리 데 로지에르Nathalie Des Rosiers의 설명에 따르면 "이런 보험은 엄두도 못 낼 정도로 비싸기" 때문에 "사실상 표현의 자유와 평화로운 결사의 자유를 무력화"시킨다.[26] 도시들은 시위대를 정치인과 대중에게서 격리시키기 위해 멀리 떨어진 벌판이나 운동장을 '시위 구역'이나 '자유 발언 구역'으로 지정하는가 하면, 시위 장소 인근의 보도와 도로를 폐쇄하는 허가령을 이용한다.

게다가 많은 정부들이 반체제 활동을 옥죄기 위해 더 영구적인 법률적 장치를 만들기도 한다. 일례로 2012년에 발표된 영국의 '경찰 개혁 및 사회적 책임 법안Police Reform and Social Responsibility Bill'을 들 수 있다. 대중 시위를 통제하는 조치 중 하나인 이 법안은 런던

의회광장에서 잠을 자거나, 텐트를 치거나, 확성기를 사용하는 사람에게 최고 5,000파운드〔약 850만 원〕까지 벌금을 부과하도록 하고 있다.[27] 1장에서 언급했다시피 캐나다 퀘벡 지방도 2012년 학생 파업에 대해 이와 유사한 강경한 입장을 취했었다. '긴급 법안 78호'를 통과시켜 승인하지 않은 집회를 개최할 경우 개인에 대해서는 최소 5,000캐나다달러〔약 440만 원〕까지, 학생 조직에 대해서는 최소 15만 캐나다달러〔약 1억 3,000만 원〕까지 벌금을 부과할 수 있도록 한 것이다. 캐나다시민자유연합의 주장에 따르면 78호 법안은 "퀘벡 지방의 표현, 결사, 평화로운 집회의 자유를 극도로 제한하고 있다."[28]

유엔 인권고등판무관인 나비 필레이Navi Pillay는 퀘벡의 78호 법안이 "세계 많은 지역에서 결사의 자유가 제한되는 경악스런" 경향을 보여주는 단면이라고 진단한다.[29] 북미와 유럽에서 시위를 범죄화하는 것은 다른 지역에서 자행되는 탄압을 지원하고, 심지어는 격려하는 것과 다를 바 없다. 2012년 러시아 대통령 블라디미르 푸틴Vladimir Putin은 개인에게는 최소 9,000달러, 조직에는 최고 3만 달러까지 벌금을 부과하는 등 강경한 처벌로 시위를 훨씬 범죄화하는 법률에 서명했다. 다른 세계 지도자들이 이 법을 비난하자 러시아 대통령 행정수석인 세르게이 이바노프Sergey Ivanov는 이것은 "세계 최고의 관행"을 따른 것이며, 미국과 영국의 반시위법도 크게 다르지 않다고 주장하면서 반론을 폈다.[30]

## 운동가와 테러리즘과 관련된 입법

9·11 이후 반테러리즘법은 평화로운 운동을 크게 위협했다. 가장 먼저 만들어진 법은 2001년 미국의 '애국자법Patriot Act'이고 그 뒤로 만들어진 법안(가령 '국방수권법안National Defense Authorization Act'에서 미 국방부의 예산과 지출에 관해 해마다 새로 만들어지는 조항들)은 미국 보안군이 운동가를 감시하고 수색하며 구류할 수 있는 권한을 훨씬 키웠다. 다른 나라에도 이와 유사한 법이 있다. 캐나다는 테러리즘에 대적할 수 있는 국가의 권력을 강화하기 위해 다양한 법안('C-35', 'C-36', 'C-42')을 통과시켰다. 또한 영국의 2000년 '테러리즘법'은 행인을 불러 세워 수색할 수 있는 국가의 권한을 강화했다. 저술가이자 운동가인 토니 클라크Tony Clarke는 반테러리즘 법률의 이면에는 여러 가지 사악한 의도가 숨어 있다고 말한다. 그가 보기에 "우후죽순처럼 만들어지고 있는 반테러리즘법의 제1목표물은 (…) 기업의 세계화에 맞서는 운동이다."[31]

반테러리즘법은 시민불복종운동에 대한 국가의 억압적인 권한을 증대시키고 있다. 프랑스, 독일, 캐나다, 미국 같은 국가들에서 '무단 침입'이나 '재산 손상' 같은 위반 행위가 '폭력적인' 범죄나 테러리즘의 잠재력을 가진 행위로 다뤄지는 일이 늘고 있다. 가령 1995년 범죄 조직을 추적할 목적으로 처음 설립된 연방수사국의 '폭력 조직과 테러리스트 조직 파일Violent Gang and Terrorist Organization File'에서 잠재적인 위험 범주에는 이제 '아나키스트', '급진 이슬람극단주의자', '백인우월주의자', '흑인극단주의자', '환경극단주의자', '동물권극단주의자'가 포함된다.[32] 9·11 이후 영국과 캐나다 역시 잠재적인 위협 범주를 이와 유사하게 바꿨는데, 이는 운동을 상당히 얼어붙게 만들고 있다.

아나키스트나 극단주의자로 낙인찍힌 이들에 대한 국가권력의 부당한 대우 역시 꾸준히 증대하고 있다. 가령 경제학자 미셸 초스도프스키Michel Chossudovsky의 주장에 따르면 미국의 '2007년 국방수권법안'은 사실상 "재판 없이 반체제운동가들을 대량으로 체포할 수 있는 피노체트Pinochet◆식 환경"을 만들고 있다.[33] '2007년 국방수권법안'은 "테러리스트 공격", "자연 재해", "기타 상황"이 발발했을 때 법을 이행하고 질서를 회복하기 위해 미군의 권한을 강화했다. 또한 미국 대통령의 권한을 확대하여 "대중 위기 시에 군법"을 실행할 수 있도록 했다.

한편 '2012년 국방수권법안'의 1021절은 국적을 막론하고 사람을 재판 없이 무기한 구류할 수 있는 권한을 미군에 주고 있는 것으로 보인다. 퓰리처상 수상자이기도 한 언론인 크리스 헤지스Chris Hedges는 이 1021절을 없애려고 소송을 걸었다(나중에 대니얼 엘스버그 Daniel Ellsberg, 노엄 촘스키Noam Chomsky 등 여섯 명의 공동 원고가 추가되었다). 헤지스는 2012년 법의 '국내전Homeland Battlefield' 조항을 반대하는 이유를 다음과 같이 설명했다. "이미 국내 치안과 관련된 법이 200여 개나 있음에도 [국방수권법안'은] 팔레스타인 자선단체든 블랙블록

---

군인의 신분으로 쿠데타를 일으켜 17년간 집권한 칠레의 독재자. 재임 기간 동안 공식 보고된 숫자로만 3,000여 명이 정치적인 이유로 살해되었고, 수천 명이 불법 감금과 고문, 강제 추방을 당했으며, 1,000여 명이 아직도 실종 상태로 남아 있는 등 악명을 떨쳤다.

같은 아나키스트 집단이든 국가가 테러리스트 조직이라고 지목한 조직의 구성원이기만 하면 얼마든지 군대가 체포하여 가둘 수 있다고 주장한다."[34] 버락 오바마Barack Obama 대통령마저도 2011년 12월 법안 통과에 서명하면서 이렇게 첨언했다. "테러리스트로 의심되는 사람을 구류, 심문, 기소하는 것과 관련된 일부 조항에는 심각한 의구심이 들긴 하지만 이 법안에 서명을 하지 않을 수 없었다."

미국에서 시민을 통제할 수 있는 국가의 힘이 급성장하고 있음을 보여 주는 또 다른 사례로는 2011년 '연방 제한 건물 및 지면 향상법Federal Restricted Buildings and Grounds Improvement Act'이 있다. 이를 그냥 '반시위' 법안이라고 부르기도 한다. 1970년대의 '무단침입법'을 부활시킨 이 법안은 첩보기관의 요원에게 시위대를 끌어내 체포할 수 있는 권한을 부여한다. 또한 "의식적으로 정부의 업무나 공적 기능의 정연한 수행을 방해하거나 어지럽힐 의도를 가지고, 출입이 제한된 건물이나 지면과 아주 가까운 곳에서 무질서하거나 방해가 되는 행위에 가담하여 사실상 정부 업무나 공적 기능의 순조로운 이행을 방해하거나 어지럽힌" 사람에게 벌금을 부과하거나 최고 10년 형을 살게 할 수 있다. 앤드류 나폴리타노Andrew Napolitano 판사에 따르면 이 법은 "자유로운 발언을 할 수 없는 구역이 어디인지 결정할 권한을 첩보기관의 요원에게" 부여함으로써 "언론의 자유를 흉악 범죄"로 만들어 버린다.[35]

경찰청과 정보기관은 운동을 감시하고 제한하기 위해 갈수록 긴밀한 협력 관계를 구축하고 있다. 예컨대 2011년 미국 전역에서

저항 주식회사

경찰이 점거운동가들을 몰아내기 며칠 전, 경찰운영연구포럼Police Executive Research Forum에서 열여덟 명의 시장과 경찰서장을 모아 전화회의를 열었다. 포틀랜드 시장 샘 애덤스Sam Adams에 따르면 이 전화는 "여러 도시가 시위대를 어떻게 대하고 있는지에 대한 정보와 조언을 공유"하기 위한 것이었다. 그 이후 국토안보부와 연방수사국이 점거 시위대를 급습하기 위해 힘을 모았다는 증거가 나왔다. 이는 최루탄과 고무탄이 최후의 수단이 아니라 맨 먼저 사용되는 등 [여러 도시 간의] 급습 전술이 유사했던 이유를 설명하는 데 도움이 된다.[36]

캐나다와 유럽에서도 가령 2010년 밴쿠버 동계 올림픽이나 2012년 런던 올림픽 보안을 위해 경찰청과 군대, 정보기관이 유사한 협력 관계를 구축했다. 덕분에 운동 집단에 대한 감시가 전 방위적으로 이루어지는 결과가 나타났다.

### 운동에 대한 감시의 강화

국가는 오랜 역사 동안 시민권운동, 반전운동, 노동운동, 사회정의운동, 환경운동을 감시해 왔다. 정부요원들 역시 오랫동안 팀을 꾸려 반체제 집단의 명예를 실추시키고 이들의 활동을 폭로해 왔다. 미국에서 특히 악명 높은 것은 1956년부터 1971년까지 연방수사국이 운영했던 방첩프로그램Counter Intelligence Program이다. 9·11 이후 정보 공개 청구와 법정 소송을 통해 드러난 바와 같이 연방수사국, 국방부, 뉴욕 경찰청, 그 외 미국의 여러 기관들은 수백 개의 운동 집단을 꾸준히 사찰해 왔다. 감시 활동에는 전화 도청, 일상

도청, 차량 번호판 기록, 이메일과 인터넷 트래픽 감시, 정보원 매수, 국가 데이터베이스로 의심 활동 추적하기 등이 있다.[37]

2006년 미국시민자유연맹이 정보 공개 청구를 통해 확인한 바에 따르면, 국방부는 비폭력적인 단체와 시위 활동에 대한 데이터베이스를 유지하고 있다. 이는 미 국방부의 '탤론Threat and Local Observation Notice, TALON'이라는 보고 프로그램을 통해 이루어졌다(이는 국방부 방첩국Counterintelligence Field Activity에서 관리한다). 탤론은 2001년 공군 시설 인근의 미심쩍은 활동을 모아 놓은 반테러리즘 데이터베이스로 출발했다. 국방부 차관 폴 월포위츠Paul Wolfowitz는 2003년 이 탤론을 국방부 전체를 아우르는 프로그램으로 확대하여 미국에 있는 모든 군사 시설 인근의 미심쩍은 활동이나 위협을 추적하도록 했다. 하지만 미국시민자유연맹이 확인한 바에 따르면 반전 시위와 반군사주의 시위와 관련된 탤론 보고서가 수백 개에 달했다. 보고서에는 아메리카프렌즈봉사단, 브로워드반전동맹, 평화를 위한 참전용사회 같은 평화주의 조직들도 들어 있었다.[38]

대중적인 비판 여론이 들끓자 국방부는 2007년 탤론을 중단했고, 반전 집단과 반군사주의 집단에 대해 수집한 데이터는 연방수사국에 넘긴 것으로 보인다. 그 후 2010년에 발간된 미국 법무부의 한 보고서는 연방수사국이 그린피스, 카톨릭노동자조직, 동물을 윤리적으로 대우하는 사람들, 기독친우회(퀘이커교the Quakers) 등의 조직을 반테러리즘의 이름으로 감시하고 추적해 왔다고 비판했다. 연방수사국이 파손이나 무단 침입 같은 사소한 위반 행위까지 탐문하면서 위 집단의 운동가들은 결국 이동 및 법 집행 감시 목록에

오르게 되었다.[39]

미국 전역의 시 경찰과 주 경찰 역시 위장을 하고 운동가들을 사찰하고 있다. 가령 뉴욕 경찰청은 또 다른 9·11을 예방한다는 미명하에 웹사이트와 이메일 리스트를 감시하고 반전 집단, 환경 운동 집단, 교회 집단에 대한 문서를 관리하고 있다. 2007년 뉴욕 시민자유연합은 600여 쪽에 달하는 뉴욕 경찰청 문서를 공개했는데, 여기에는 미국 전역의 개인 운동가뿐만 아니라 시에라클럽, 부시에 반대하는 어머니회, 더휴먼라이츠캠페인, 가족계획협회 같은 수백 개 집단에 대한 정보가 담겨 있었다. 심지어 위장한 뉴욕 경찰청 소속 경찰이 운동가인 척하면서 회의에 참가하고 전단을 모으며 시위를 비디오로 찍기도 한다.[40] 뉴욕 경찰청만 이런 일을 하는 것이 아니다. 미국시민자유연맹의 추정에 따르면 지난 몇 년간 최소한 36개 주와 워싱턴디시에서 "단지 사람들을 조직하고, 행진에 참여하고, 시위에 가담하고, 색다른 관점을 지지하고, 공개된 장소에서 필기나 사진 찍기 같은 정상적이고 무해한 활동에 참여하는지 확인하기 위해 (…) 미국인들을 감시"하고 있다.[41]

경찰은 이런 감시의 일환으로 행진과 집회를 촬영하면서 나중에 신원 확인에 사용할 용도로 얼굴을 근접 촬영해 둔다. 가령 뉴욕 경찰청은 점거 시위대 캠프를 감시하기 위해 주코티 공원에 전략적인 망루를 세웠다. 미국의 감시가 특히 심각한 수준이긴 하지만 다른 많은 나라에서도 유사한 전략을 전개하고 있다. 영국 같은 나라에서는 주코티 공원의 망루 같은 시설이 불필요한데, 왜냐하면 이미 도로에는 약 400만 개의 CCTV 카메라가 돌아가고 있기 때문이다. 하지만 미국처럼 영국, 캐나다, 그리고 분명 다른 많은 나라에서도 위장 경찰들이 환경운동가들을 사찰하고 있다. 일련의 법정 소송을 통해 알게 된 바와 같이 캐나다의 위장 경찰들은 2010년 토론토 G20 회의 때 시위 계획을 짜는 데 도움을 주기도 했다.[42]

경찰의 촬영 기록, CCTV 영상, 방대한 데이터베이스 덕분에 영국의 대내정보국MI5과 대외정보국MI6, 미국의 연방수사국과 중앙정보국, 국토안보부 같은 기관들은 그 어느 때보다도 빠르고 자세하게 개인의 신상을 파악할 수 있게 되었다. 검찰은 이런 정보들을 가지고 '난동범'이나 '기물 파손범', '무단 침입자'를 기소하는 일이 늘고 있다. 이런 정보는 국가와 기업들이 '시민답지 못한' 운동 집단을 외면하고 지원금을 끊을 때 아주 유용하게 활용한다.

# 야만 사회의 형성

급진적인 운동에 대한 공격은 거리와 법원에 국한되지 않고 언론과 모금기관에서도 진행되고 있다. 정부와 기업은 협력적인 집단에 대해서는 세금 우대, 보조금, 의사 결정을 할 수 있는 지위 등으로 보답한다. 그 외에 나머지 집단들은 대중 매체를 통해 경제 안정과 국가 안보에 대한 위협으로 그려진다. 국가는 이런 비협조적인 집단 안에서 테러리스트를 색출하는 중이라고 주장하면서 사회 불안을 조장하고, '국내 테러리즘'을 추적하고 기소하기 위한 국가 권력의 증대를 정당화하고 있다. 사회운동 집단을 극단주의나 테러리스트로 몰아붙여 고립시키는 것은 단순한 탄압 방식보다 훨씬 사악하다. 많은 국가들이 이미 알고 있다시피 이는 적을 분열시켜 정복할 수 있는 대단히 효과적인 방식일 수 있다.[43]

### 극단주의자와 테러리스트

2001년 이후로 유럽과 북미의 정치인과 공무원들은 운동을 폄하하고 무시하는 태도를 강하게 드러냈다. 온건한 중간 국가라는 국제적인 평판을 지닌 캐나다 역시 마찬가지라고 하면 충격을 받는 독자들도 있을 것이다. 하지만 2006년 이후 스티븐 하퍼Stephen Harper 총리가 이끄는 캐나다 정부는 석유 회사와 채굴 회사의 후원을 등에 업고 환경 문제에 시비를 거는(가령 기후변화 문제나 캐나다 앨버타 지방의 오일 샌드 문제와 관련하여) 비영리조직이나 자선단체를 겁박하고 회계 감사를 해 왔다.

가령 사회적 모금 조직인 타이즈 캐나다에 대한 하퍼 정부의 조치를 살펴보자. 보수적인 정치인들과 친석유 로비 집단은 오일 샌드와 송유관 건설안에 반대하는 캠페인의 모금 활동을 벌이는 타이즈가 눈엣가시 같기만 했다. 최소한 부분적으로 이에 대한 대응에서 2011년 캐나다 국세청은 타이즈의 재정원과 '자선단체로서의 지위'에 대한 전면적인 감사에 착수했다. 아직 감사가 진행 중이던 2012년 1월, 연방의 천연자원부 장관인 조 올리버Joe Oliver는 캐나다 국민들에게 "캐나다 국민의 경제적 이익을 침해하려는 외국의 특수한 이해 집단"으로부터 유입된 자금을 사용하는 "환경단체와 기타 급진적인 단체"에 속지 말 것을 요구하는 '공개서한'을 작성했다. 그는 아낌없이 분노를 토해 냈다. "이들 집단은 자신들의 급진적 이데올로기에 부합하는 의제를 달성하기 위해 우리의 규제 시스템을 장악하겠다고 위협한다"고 편지에 적었다.[44]

2012년 3월 하퍼 정부는 캐나다 국세청의 자선단체 감사 비용을 확대 편성하면서 [자선단체의 총지출을 기준으로] '캠페인 활동'에는 지출의 10퍼센트 이상을 쓸 수 없다는 규정도 두었다. 두 달 뒤 연방환경부 장관 피터 켄트Peter Kent는 캐나다의 일부 자선단체들이 "[일부 부자들의] 해외 자금을 세탁하는 용도로 사용되었다"라고 하면서 비협조적인 비영리조직에 대한 압력을 이어갔다. 이 같은 정치적 언술이나 국가의 조치 때문에 캐나다 전역의 운동가들이 불안해 하고 있다. 2012년 캐나다의 유명 환경운동가인 데이비드 스즈키David Suzuki는 캐나다의 녹색운동을 '주변화'하고 '괴롭히며', '침묵시키기' 위한 하퍼의 작전을 성토했다. 그러고 난 뒤 거침없이 발언하면서도 데이비드 스즈키 재단이 과학적인 연구보다는 정치적 활동에 열성적이라는 비난에 곤혹스러워지지 않도록 재단 이사직에서 물러났다.[45]

하퍼 정부가 2012년 반테러리즘 전략을 수립하면서 생태극단주의자들을 위협 요인으로 보고 목록을 작성한 것은 상당히 시사적이다. 공공안전부 장관 빅 테이브스Vic Toews는 이 전략은 해외의 위협을 해결할 뿐만 아니라, "동물권, 백인우월주의, 환경주의, 반자본주의 같은 다양한 대의를 중심으로 결집된 (실제적이거나 지각된) 불만을 근간으로 하는" 국내의 "극단주의"를 무찌를 것이라고 말했다. 퀸즈대학교Queen's University의 제프리 모나한Jeffrey Monaghan과 빅토리아대학교University of Victoria의 케빈 월비Kevin Walby는 정보 공개 청구를 통해 경찰과 정보기관들이 시위를 '공격의 형태'로 묘사하고 환경운동을 국가 안보에 대한 위협으로 여기면서 환경운동가들을 감시하고 있음을 밝혔다. 일례로 그린피스는 '잠재적으로 폭력적인' 집단으로 자주 언급되고 있다. 정부가 분류한 위협 평가서에서는 원주민운동가와 반자본주의운동가들도 극단주의자이자 국가 안보에 대한 잠재적인 위협으로 그려진다.[46]

캐나다 정치 지도자들의 이런 공포 정치와 독설에 찬 언어는 환경주의에 대한 캐나다의 대중 여론을 크게 바꾸고 있다. 2012년 여론 조사에 따르면 캐나다인은 두 명 중 한 명꼴로 '캐나다의 에너지 하부 시설에 대한 생태테러리스트의 공격'에 대해 걱정하는 것으로 나타났다. 또한 이 여론 조사에 따르면 캐나다 기마경찰대와 캐나다 안보정보청Security Intelligence Service에서 '공격을 예방하기 위해 환경운동 집단을 사찰하는' 데 대해서도 광범위한 지지가 형성되어 있는 것으로 나타났다.[47] 하퍼 정부는 유독 독기를 띠고 환경주의를 공격하고 있다. 하지만 유럽과 미국에서도 캐나다에서와 유사한 수사rhetoric가 등장하고 대중 여론의 변화가 일어나고 있다. 미국에서는 특히 동물권운동가들이 1950년대 매카시즘McCarthyism의 '적색 공포Red Scare'와 다르지 않은 '녹색 공포'에 시달리고 있다.

**녹색 공포**

제약 회사와 농산물 회사, 화학 회사를 위해 일하는 동물 연구 기관과 모피업계는 미국 정치인들을 대상으로 꾸준히 로비를 하면서 생태테러리즘을 섬멸하기 위한 작업에 공을 들여 왔다. 2004년 연방수사국은 역효과 작전이라는 이름으로 국내 생태극단주의자들과 동물권 테러리스트들에 대한 수사에 착수했다. 2005년이 되자 연방수사국 고위 요원인 존 루이스John Lewis는 "제1의 국내 테러리즘 위협은 생태테러리즘과 동물권운동"이라고 주장했다. 이듬해에는 당시 법무장관이었던 앨버토 곤잘러스Alberto R. Gonzales가 제보자와 비밀 요원들이 수집한 내용을 근거로 지구해방전선과 동물해방전선의 회원으로 지목한 열한 명을 '테러리즘'으로 기소했다. 표면적인 테러리즘 행위는 재산 손상과 농장에서 동물들을 풀어 준 것이었다. 곤잘러스는 기자 회견에서 모든 직접행동운동가들에게 강력한 메시지를 전했다. "오늘 이 기소장은 우리가 어떤 의도와 목적을 가졌든 간에 미국민들을 테러의 위협에 빠뜨리는 집단에 대해서는 결코 용납하지 않겠다는 의지를 보여 준다." 이어서 연방수사국의 국장이었던 로버트 뮬러Robert Mueller는 "연방수사국의 국내 테러리즘 관련 업무 중에서 가장 중요한 활동은 동물권운동과 환경극단주의운동을 수사하고 예방하는 것"이라고 누차 강조했다.[48]

이후 2006년 미국 정부는 동물권 캠페인을 저지할 수 있는 국가권력을 증강하기 위해 1992년의 '동물기업보호법Animal Enterprise Protection Act'을 개정하여 '동물기업테러법Animal Enterprise Terrorism Act'을 통과시켰다. 나무에 오르거나 동물 포획용 덫을 망가뜨리는 등의 활동에 9·11 테러의 이미지를 덧씌우자, 단순히 생태근본주의자들을 체포하기 위해 연방수사국의 권한을 강화하는 것보다 훨씬 막대한 결과가 초래되었다. 온건한 성향의 운동가들은 연방수사국으로부터 테러리스트라는 지목을 받은 사람이나 집단과 재빨리 연을 끊었다. 아모리 스타Amory Starr, 루이스 페르난데스, 크리스천 숄Christian Scholl은 미국 운동에서 "9·11과 녹색 공포는 운동 집단들 간의 연대와 관용의 유대를 박살냈다"라고 주장한다. 온건파 운동가들은 급진적인 집단을 옹호하거나 이들과 관계 맺는 일은 '자신들의 평판을 실추시키고 후원자들을 겁먹게 하거나 (많이 줄어들긴 했지만) 진행 중인 캠페인과 회원 체계를 위험에 빠뜨릴 수도 있을 것'이라고 여긴다.[49]

2006년 '동물기업테러법'이 통과된 뒤 동물권운동가들이 투옥되거나 잠적하고 가석방되기도 하면서 소위 생태극단주의자에 대한 연방수사국의 검거는 진정세로 돌아섰다. 하지만 간혹 소환장이 날아들거나 현장을 급습하는 일이 지속되기 때문에 운동가들은 경계를 늦추지 못하고 있다. 오늘날 연방수사국이 어디까지 조사 대상으로 삼고 있는지 완전히 파악하기는 어렵다. 하지만 일각에서는 반전운동가들과 노동운동가들을 노리고 있다고 보기도 한다. 〈워싱턴 포스트The Washington Post〉 기자인 폴 월스텐Paul Wallsten은 2011년 연방수사국의 일곱 개 주택 급습에 대해 설명하면서 "이 수색은 유명한 평화운동가와 정치적으로 적극적인 노조 조직가를 터무니없이 목표물로 삼아 전국적으로 진행되고 있는, 기이한 테러리즘 수사의 일환이었다"라고 적고 있다.[50]

북미와 유럽 전역에서는 친구인 줄 알았던 사람들이 정보원이나 비밀요원으로 밝혀지고 운동가들에게 불리한 증언을 하는 일들이 벌어지면서 운동 사회 내에 의심과 불신이 서서히 싹트고 있다. 그리고 아무리 과장이 섞였다고 해도 아나키즘, 극단주의, 테러리즘과의 연계 가능성에 대해서는 일반적으로 겁내는 것이 당연하다고 생각한다. 한 운동가는 "'운동'이라는 단어에마저 낙인이 찍혔다"라고 한탄한다. "사람들은 우리가 하는 일에 넌더리를 낸다. 우리는 헌신적이고 신뢰할 만한 시민이 아니다."[51]

반테러리즘이라는 수사rhetoric, 감시, 체포는 운동가들을 예의 바르고 순종적인 집단과 골칫덩이 집단으로 양분하고 있다. 사회학자인 모나한과 월비의 말처럼 이런 식으로 "반체제 활동을 탄압하는 목적 중 하나는 연대를 어렵게 하고, 운동가들이 급진적인 행동에 나서지 못하게 기를 죽이며, 고개를 빳빳이 들고 저항하는 사람들을 범죄자화하고, 전술은 다르지만 비슷한 목적을 가진 다양한 집단들 간의 동지애를 파괴하는 것"이다.[52] 가령 감시는 운동가들 간의 신뢰 관계에 극악한 영향을 미치고 있다. 불신이 팽배하고 비밀 유지가 중요해지면서 사람들이 겁을 먹다 보니 이제는 급진적인 집단에서(심지어는 온건한 비판 집단에서도) 사람을 구하는 게 하늘의 별 따기가 되었다. 경찰의 급습은 단 한 번만으로도 위협 효과가 충분하다. 실제로 급습의 목적은 대중들의 마음에 급진주의와 테러리즘은 같은 것이라는 인식을 심기 위한 것인 경우가 많다.

# 시민사회의
# 재구축

정치경제학자 데이비드 맥널리David McNally의 설명에 따르면 '시민사회'의 의미는 예의 바르고 지적인 장소를 의미하던 자본주의 초창기의 어원으로 회귀하고 있다. 시민사회 참여는 "주류의 신망을 얻고 하찮은 군중이나 폭도로 보이지 않기 위한" 방편을 통해 예의를 갖추는 행위에 가까워지고 있다고 맥널리는 말한다. 사회적인 용인을 구하는 중도파 운동가들은 안전한 언어와 전략을 사용하고 호전적인 전술과 급진적인 사상을 악마화하는 데 동참하기도 한다. "엘리트들의 내밀한 논의와 협상의 장에 받아들여지기를 바라는 마음에서 많은 비정부기구 지도자들과 노동운동 지도자들이 점잖지 못한 시위 방식에 참여하는 이들을 규탄함으로써 자신의 훌륭함을 입증하고자 해 왔다"라고 맥널리는 덧붙인다.[53] 그 결과 운동가들은 더욱 분열되고 기업과의 협력 관계와 윤리적 소비, 경제 성장의 언어는 더욱 힘을 얻게 되었다.

그렇다고 해서 지금과 같은 대테러전이 발생하기 전의 운동이 누리던 자유나 시민사회를 낭만화하는 것은 아니다. 서구 민주사회에서 경찰은 임금 인상이나 안전한 노동 조건을 요구하는 장기 파업이 진행되거나 평화와 시민권을 요구하는 기나긴 행진이 이어질 때 시위대를 곧잘 구타하고 억류(심지어는 발포)하기도 했다. 물론 스탈린Joseph Stalin이나 마오쩌둥毛澤東의 전체주의 체제에서 인권이나 시민권을 증진하기 위해 투쟁했던 이들의 경우 이보다 훨씬 더 큰 위협을 무릅써야 했다. 그리고 적어도 1960년대 이후로 개발도상국 정부들은 환경운동가들의 피살을 묵인하고 있다.

오늘날이 과거와 다른 점이 있다면 국가가 사회운동과 환경운동을 국가 안보의 위협으로 여기는 정도의 차이일 것이다. 전 세계적으로 경찰이 시위대에게 최루스프레이와 최루탄을 발사하고 이들을 체포하는 데서 그치지 않고 국가 안보 기관까지 나서서 운동가들을 잠재적인 테러리스트처럼 다루고 있다. 겁박과 임의 구류가 횡행하지 않는 곳이 없을 정도다. 민주주의의 역사가 짧거나 아직 독재 치하인 곳에서는 시위대가 거리에서 총에 맞아 죽는 일도 끊이지 않고, 운동가와 언론인들은 계속해서 실종되거나 살해당한다. 다른 한편 민주사회에서는 권위적인 정부의 억압적인 권력을 손에 넣기 위해 경찰을 군사화하고 법을 개정한다. 이렇게 얻은 힘으로 동물권운동가들을 체포하고, 시위대를 고착시키며, 점거 시위대의 캠프를 철거해 버린다. 이런 곳에서는 시위대가 소형 탱크와 음향대포를 갖춘 완전 군장한 경찰에 맞서야 한다. 그리고 이런 민주국가에서는 보안군이 운동 조직을 일상적으로 사찰한다.

동시에 국가는 협력적인 시민 집단에게 세금 우대와 자금 지원이라는 당근을 주고, 비협조적인 집단은 국가 안보와 번영을 파괴하는 세력으로 취급한다. 이 때문에 운동이 얼어붙고 분열된다. 그리고 기업화를 기꺼이 포용한 집단의 지위와 영향력만 향상된다. 당연하게도 국가 안보 기구에 교화되지 못한 집단으로 낙인찍히는 위험을 감수하는 운동가들이 갈수록 줄어들고 있다. 특히 사회적 삶이 꾸준히 붕괴되고 사유화되면서 자본주의 국가에 저항은 고사하고 의문을 품는 데 관심을 보이는 사람들조차 갈수록 줄어들다 보니 상황이 나빠질 수밖에 없다.

# 4장

# 사회적 삶의 사유화

지난 세기는 어지러운 사회 봉기의 시대였다. 다 아는 이야기를 다시 반복할 필요는 없지만 그 규모에 대해서는 기억해 둘 만하다. 세계 전쟁과 국지적인 전투로 수백만 명의 군인과 민간인이 목숨을 잃었다. 혁명가들은 유구한 문화를 불도저로 밀어 버렸다. 경제 호황과 불황이 교차하면서 초특급 부자들과 찢어지게 가난한 사람들이 나타났다. 눈부신 과학의 진보로 엄청난 혜택을 누릴 수 있게 되었지만(가령 인간의 평균 수명이 두 배 이상 늘어났다) 동시에 끔찍한 공포(가령 핵전쟁의 공포)도 생겨났다. 자동차와 비행기, 컴퓨터는 삶의 속도를 한층 높였다. 그리고 전 지구적인 생태 위기가 지구를 뒤흔들기 시작했다.

　　운동가들은 이 격동의 시대에 상상할 수 있는 모든 대의명분에 간여했다. 하지만 워낙 혼란스러운 변화의 시대를 거치다 보니 오늘날 운동가들의 생활이나 운동을 둘러싼 사회경제적 환경은 20년 전의 모습과 비교해도 아주 딴판이다. 모든 문화권에서 국가와 기업 동맹은 시민 생활의 골간을 누차 갈아엎으면서 [상호 의존성보다는] 자기 독립성을 확산시키고 사회를 경제적 이해관계에 종속시켰다.

오늘날 급진적인 집합행동 앞에는 하늘 높이 치솟은 장애물이 놓여 있다. 사회적 삶이 사유화되고 '사회에 대한 개인의 승리'가 문화를 지배하는 부의 세상, 부자가 되는 꿈이 넘실대는 세상에서 조합의 유대는 전보다 덧없고 유리처럼 깨지기 쉬워졌다.[1] 이제 '일상생활의 구조'에는 개인주의를 통해 강화된 시장 관계와 소비주의가 스며 있다. 프랑스 역사학자 페르낭 브로델Fernand Braudel은 이를 "아무도 결정을 내리지 않았는데도 꽃이 피고 열매가 달린 수천 개의 행위, 우리는 알아차리지도 못한 행위"라고 설명했다.[2] 이런 조건 속에 사회운동의 역사적 유대가 불안정해지고, 사회적인 것과 개인적인 것의 거리가 멀어지며, 사람들이 변화 가능하다고 생각하는 것의 한계가 한층 축소되면서 사회생활은 붕괴되었다.

지금과 같은 힘의 배열은 꾸준히 사회적 삶을 사유화한다. 여기서 말하는 사회적 삶이란 정치와 사회, 제도와 관념, 경제와 물질적인 생활을 아우르는 것이다. 이 장에서는 운동의 기업화에 기여하는 특히 중요하면서도 서로 맞물려 있는 두 요인, 바로 하부구조와 운동 기풍의 변화에 집중할 것이다. 19세기와 20세기 초중반까지 사회운동은 지역사회나 종교 집단, 작업장에서 탄탄한 네트워크와 구조를 엮어 이를 기반으로 활용했다. 1장에서 밝혔듯 앨런 시어스는 이를 "반체제 활동의 하부구조"라고 부른다.

하지만 역사학자 에릭 홉스봄Eric Hobsbawm이 《극단의 시대The Age of Extremes》에서 잘 포착하고 있듯, 20세기를 거치면서 "과거에 인간을 사회라는 직물로 엮어 주었던 많은 실들"이 끊어지거나 닳아 버렸다.[3] 지역사회와 작업장의 정치적·경제적 재구성, 소득 증가, 소비주의가 자본주의 원리와 세계 질서의 기본 구조에 도전하고 이를 바꾸고자 했던 정체성 중심의 운동(가령 계급운동)이 가졌던 조직 역량과 소통 능력을 잠식해 버린 것이다. 이런 맥락에서 1960년대와 1970년대에는 대의명분을 중심으로 한 운동(가령 인권운동이나 환경운동)이 성장하게 되었다. 그러나 5장에서 보여 주겠지만 1970년대 이후로 정체성 중심의 운동과 대의명분 중심의 운동 모두 기업의 위계적인 조직 질서와 기업의 전략 및 이데올로기를 모방하는 관료주의적인 운동에 굴복하고 말았다. 시어스의 간명한 표현처럼 급진적인 운동은 오늘날 "발붙일 공간이 줄어들었다."[4]

소비주의와 개인주의의 득세는 사회적 삶의 사유화를 심화시켰고, 사회적 삶의 사유화는 다시 소비주의와 개인주의를 강화하고 있다. 사람들은 전보다 더 사적이고 단절된 생활을 할 뿐만 아니라, 자신의 시간과 에너지로 무슨 일을 할 것인가를 둘러싼 선택과 가치에서도 소비주의가 훨씬 큰 비중을 차지하게 되었다. 국가와 기업이 운동을 기존 질서에 반대하는 것이 아니라 그 속에 편입되도록 조종하면서, 시장의 책임성에 기대면 지행합일에 가까운 삶을 살 수 있으리라는 기대에서 신념에 맞는 개인적 소비를 할 수 있는 방법을 찾는 사람들이 늘고 있다. 이는 기업의 사회적 책임을 발전시키고 있지만, 동시에 소비자이자 시민으로서 개인이 하는 의사 결정을 마음껏 주무를 수 있는 기업의 권력 또한 증대시키고 있다.

반체제 활동의 하부구조와 운동의 성격상의 변화만을 가지고는 사회적 삶의 사유화가 왜 혹은 어떻게 정치적 가능성의 한계를 제한하게 되었는지 설명할 수 없다. 하지만 이 장에서 우리의 목표는 그렇게까지 원대하지 않다. 그저 5장에서 다룰 운동의 제도화 분석을 이해하기 위한 기초를 마련하고, 좀 더 넓게 보면 사회적 삶의 사유화가 운동의 기업화에 미친 영향을 강조하는 정도다. 여기서 우리는 사회적 삶의 사유화가 단일하거나 시종일관 변함없는 흐름이라는 (혹은 그렇게 될 것이라는) 헛된 상상에 빠지지 않는다. 또한 일각에서 그러하듯 이런 사회적 변화의 과정을 강조함으로써 세계화로 인해 "노동계급 조직이 파편화 내지는 완전히 붕괴되었고, 노동계급운동이 무력해졌다"고 호들갑을 떨 생각도 없다.[5]

오해의 소지를 없애기 위해 다시 한번 강조하자면 운동가는 세계화에 저항할 수 있고 실제로 저항하고 있다. 그리고 정치경제학자 스티븐 길Stephen Gill과 에이드리엔 로버츠Adrienne Roberts가 적절하게 지적한 대로 "헤게모니에 대항하는 정치 세력들의 움직임이 국가 수준과 세계 수준 모두에서" 꾸준히 세계 질서에 맞서 싸우고 있다.[6] 그렇지만 급진적인 운동이 경제적 세계화의 압력을 버텨 내기가 무시무시하게 어렵다는 사실에는 변함이 없다. 운동의 하부구조와 기풍이 꾸준히 변하면서 운동의 기업화가 심화되고 있다는 사실 역시 부정할 수 없다.

# 반체제 활동의
## 하부구조

초창기 사회주의자, 여성주의자, 시민권운동가 등은 특정한 목표를 위해 투쟁했다. 그뿐만 아니라 시어스의 말처럼 그 과정에서 "피착취, 피억압 집단이 이 세상에서 실천할 수 있는 능력을 계발할 수 있는" 하부구조를 만들었다. 이 하부구조로는 지역사회와 작업장의 유대, 문화 행사, 급진적 토론을 할 수 있는 물리적 공간(선술집, 카페, 서점, 사원 등), 지역 신문, 노조 활동 등이 있다. 이런 공간은 투쟁을 돌아보고, 논쟁을 자극하며, 실천의 동력을 만들어 낼 수 있는 방법을 제공함으로써 저항의 문화를 받쳐 주었다. 이런 하부구조 덕분에 운동은 일상적인 사회적 구조에 뿌리내릴 수 있었고, 그 힘을 바탕으로 지역사회는 권리나 자유의 침해에 맞서고 사회운동을 지원할 수 있었다.[7]

20세기 모든 주요 사회운동의 핵심에는 바로 이런 하부구조가 있었다. 가령 노동운동의 연대와 결속 및 정치의식은 노동계급 주거 지역의 술집과 공장에서 다져졌다. "삶의 기회가 제한적인 노동자들이 사회적으로 이동성이 높은 집단과 구별되어" 자기들끼리 더 잘 뭉치게 되었듯, 사회적 차별은 노동자들을 단결시켰다.[8]

노동운동가 단 라 보츠Dan La Botz는 미국 오대호 주위의 제조업이 강세인 주州에서 사회적 짜임이 얼마나 중요한지를 다음과 같이 설명한다. "노조의 권력은 20세기 초에 미국에 온 동유럽과 남

유럽 이민자들의 자손과, 남부 농장 지역에서 대 이주해 온 아프리카계 미국인들의 자손이 만들어 낸 사회적 짜임(동네, 학교, 교회, 술집, 사회적 클럽, 작은 리그팀)에 그 뿌리가 있었다." 이와 유사하게 대공황과 세계대전 기간 동안, 그리고 국가의 억압과 감시가 횡행하던 시기에 유럽에서는 전시 점령자들과 차별, 전체주의에 맞서 투쟁하는 이들의 사적 네트워크가 아주 중요했다. 연대는 대의에 대한 신념에서 비롯되기도 하지만, 가족 간의 유대, 사적 관계, 우애, 그리고 노동 결사나 종교 결사 내에서의 공통의 가치와 경험에서 비롯될 수도 있다.[9]

예컨대 미국 민권운동은 남부 아프리카계 미국인 사이에 형성된 뿌리 깊은 네트워크에서, 그중에서도 특히 교회와 마을 단위의 결사를 통해서 강하게 성장했다. 교회 중심의 네트워크 덕분에 미국의 민권운동에는 학대와 노예제에 맞선 역사적 저항에 대한 집단적·제도적 기억과, 믿음과 신뢰의 유대가 강하게 깃들어 있다. 앨던 모리스Aldon Morris는《민권운동의 기원The Origins of the Civil Rights Movement》에서 이렇게 설명한다. "내부 조직은 민권운동이 국가권력과 광범위한 탄압에 맞서 힘을 기르고 버틸 수 있게 해 준 중요한 요인이었다."[10]

이 시기 영향력 있는 모든 운동에서는 운동의 조직자와 일반 회원이 일상생활과 경험을 공유하는 것이 핵심이었다. 운동가들은 변화의 정치를 만들어 내는 사회 구조 및 네트워크와 스스로를 동일시했고, 실제로 그 일부로서 공통의(때로 심지어는 혁명적인) 에너지를 빚어냈다. 100여 년 전 프랑스 사회학자 에밀 뒤르켐Emile Durkeim

은 이를 "집합적 흥분 상태collective effervescence"라고 일컬었다.[11] 지금과는 다르게 사회적 저항의 정치는 거의 항상 특정한 정치적 요구를 달성하기 위해 형성된 집단성보다는 이미 존재하던 기성의 집단성에서 분출되었다.[12] 이 때문에 사회운동 초기의 시위와 운동은 일상생활의 사회적 구조와 관계를 통해 진화하고 출현하는 '유기적' 성질을 띤다고 볼 수 있다.

사회적 삶이 사유화되기 시작한 시점은 최소한 산업혁명이 시작되던 18세기 중후반까지 거슬러 올라간다. 하지만 제2차 세계대전 이후의 경제 호황은 북반구에서 결사의 유대를 그 본성까지 크게 바꿔 놓았다. 소득 증대, 주택 소유, 사적인 여흥 시간 때문에 유기적이었던 결사의 유대는 약화되었다. 텔레비전과 자동차 같은 신기술과 교외화 역시 가세했다. 국가와 기업이 노동과 복지국가를 재구조화하면서 이런 결사의 유대가 가졌던 힘과 응집력에 또 큰 치명타가 가해졌다. 여기서 이런 복잡한 변화 과정을 속속들이 기록하는 것은 불가능하다. 다만 가장 중요한 흐름을 스케치함으로써 1950년대부터 1970년대까지 존재했던 역사적인 집합성의 형태가 어떻게 몰락했는지 드러내고, 1980년 이후 경제적 세계화가 급속하게 추진되면서 결사의 유대가 훨씬 더 근본적이고 포괄적으로 변질될 수밖에 없었던 상황에 대한 이해의 기초를 마련하고자 한다.

### 집합성의 약화: 1950~1970년대

20세기 후반의 강렬한 문화적 변화와 사회적 자유화는 사회

생활을 뒤흔들고 일상생활의 상품화를 심화시켰다.[13] 북반구에서 제2차 세계대전 이후 경제는 대량 생산과 대량 소비라는 포드주의 모델을 중심으로 굴러갔다. 많은 곳에서 노동이 자본주의를 지지하는 대가로 기업이 노동에게 제한적인 혜택을 나눠 주기로 하면시 노동과 복지에 대한 이해관계에 합의와 협력이 비집고 들어왔다. 정치경제학자 레오 패니치Leo Panitch 같은 많은 이들이 이를 "전후戰後 타협"이라고 부른다.[14] 자본의 이동성을 제한하는 금융 정책과 화폐 정책 때문에 실업률은 낮았고, 정부는 고용자와 함께 사회 서비스 비용을 부분적으로 책임졌다.

노조가 있는 직군의 일자리는 안정적인 데다가 임금이 높았고, 여기에 전후 경제성장이 더해지면서 주택 자가 소유 바람이 크게 불었다. 미국 등 일부 국가에서는, 시어스의 말을 빌리자면 "노동, 금융, 정치, 도시적 존재 양식에 대한 지속적 요구"에서 벗어난 장소로서의 교외의 생활방식이 사회적 삶을 규정하게 되었다.[15] 역사학자이자 시인인 돌로레스 헤이든Dolores Hayden은 이보다 훨씬 더 강한 입장이다. 헤이든이 보기에 교외는 노동자들이 "수직적 신분 상승과 경제적 안정에 대한 야망, 자유와 사유재산에 대한 이상, 사회적 조화와 영적인 발전에 대한 갈망"을 풀어놓을 수 있는 장소였던 것이다.[16]

작업장과 마을 단위의 결사 등 많은 곳에서 형성되었던 공동체적 결속은, 주택 자가 소유자가 늘어나고 교외화가 진행되어 개인 여가 시간이 늘어나면서 약화되거나 아예 붕괴되기 시작했다. 자가 운전자가 늘어나고 통근 시간이 길어지면서 나날의 일상과 공동체 소속감이 더욱 심하게 파편화되었다. 사람들이 과거에 변화의 정치를 만들어 냈던 사회적 네트워크에 참여할 만한 시간적 여유나 기회, 혹은 관심 자체가 줄어 버렸다. 결사의 유대가 약화된 데에는 북반구에서 노동의 성격이 바뀐 것도 한몫한다. 주말과 저녁, 아니면 야간 등 '정상 근무 시간 외의 노동 시간'에 일하는 사람들이 늘어났기 때문이다.[17] 동시에 선거 정치의 담론과 광고의 이미지는 갈수록 더 많이 벌고, 더 많이 소비하고, 사적인 생활을 하는 것이 좋은 삶인 양 그리고 있다.

제2차 세계대전 직후 몇 십 년간 일어난 변화는 노동계급에 특히 큰 파급력을 미쳤다. 홉스봄이 《극단의 시대》에서 그리는 것처럼 20세기 전반에 산업화가 진행되던 국가에서 대부분의 노동자들에게 삶은 공적 생활을 중심으로 돌아갔다. 대개 집은 많은 사람들로 북적였고 어두침침했다. 아이들은 길에서 놀았고 어른들은 교회와 술집, 극장, 시장, 야외 무도장을 찾았다. 전쟁이 끝난 뒤 경제가 급성장하고 (텔레비전과 컴퓨터 같은) 신기술이 등장하며 개인주의 이데올로기가 확산되면서 갈수록 많은 삶이 '사적 공간'으로 점차 넘어갔다. 홉스봄은 이 변화를 다음과 같이 요약한다. "번영과 사유화는 빈곤과 집합성이 공적 공간에서 이어 붙인 것을 다시 부숴 놓았다."[18]

소비주의의 강화와 신분 상승 가능성에 대한 자신감의 증가와 함께 이 같은 사회적 삶의 사유화는 시민들의 참여 방식을 뒤바꿔 놓았다. 노조 모임, 정치 집회, 대중 시위는 사회적 어울림과 오락의 장으로서 발산하던 매력을 잃었다. 사람들은 점점 시간을 더

저항 주식회사

즐겁게 보낼 수 있는 다른 방법을 찾아냈다. 또한 소득이 증가하고 가치가 바뀌며 생활 조건이 더욱 안락해지면서 많은 사람들이 과거의 활동들을 전만큼 필요하거나 긴박하다고 느끼지 못하게 되었다. 쉬지 않고 쏟아지는 광고에 노출된 사람들은 공동체 중심의 이데올로기를 찬탈한 시장을 자유와 훌륭한 삶의 원천으로 여기게 되었다.

20세기가 지나는 동안 이런 변화들은 천천히 비경제적인 연대와 집단의 유대, 그리고 여기에 동반된 윤리를 잠식해 갔다. "권리와 의무, 상호 책임, 죄와 미덕, 희생, 양심, 보답과 처벌 같은 오래된 도덕적 용어들은 더 이상 탐나는 희열의 대상으로 전환되지 않았다"라고 홉스봄은 설명한다. 시장 구조가 사회적 교환을 포섭했고, 사람들은 소비를 위해 살아가기 시작했다.[19]

사회생활이 사유화·파편화되고 사람들이 운동과 정치에 참여하는 시간이 줄어들면서 운동과 정치는 전보다 더디게 진행되고 있다. 동시에 1980년 이후로 사람들은 노동과 소비, 휴가 등을 위해 시장에 전보다 더 많은 시간과 에너지를 쏟게 되었다. 통근과 텔레비전 시청, 컴퓨터 게임에 소모되는 시간이 늘면서 친밀한 우애의 강도와 횟수 역시 줄어들었다. 이로써 사회적 네트워크가 훨씬 약화되었고 개인은 자신의 공동체에서 소외되고 있다.[20] 이런 맥락에서 가족, 친구, 이웃은 서로 분리되었다. 하버드대학교 교수인 로버트 퍼트넘Robert Putnam이 팀을 짜서 미국 등의 국가에서 수십만 명을 대상으로 조사한 바에 따르면 노조·교회·지역 조직·클럽·시민 협회의 회원은 1950년대 이후로 꾸준히 줄어들었고, 1970

년대 특히 그 속도가 빨라졌다. 최소한 미국의 경우 1950년대 이후로 사회 제도('사회적 자본')의 신뢰, 네트워크, 규범을 형성하는 데 필요한 민간의 논의(와 교육)가 줄어든 것은 바로 이 같은 사회적 상호작용의 감소 때문이라는 것이 퍼트넘의 견해다. 퍼트넘의 1995년 논문(이자 2000년 출간된 베스트셀러 도서) 제목은 대단히 인상적인 은유로 사회적 자본의 감소 현상을 잘 포착하고 있다. 사람들은 이제 "나홀로 볼링"을 하게 된 것이다.[21]

제2차 세계대전 이후 첫 30년간 신뢰와 사회적 자본이 약해지고, 일상생활의 리듬에서 소비주의가 심화되며, 시공간이 원자화되고, 전통적인 지역공동체가 붕괴하면서 반체제 활동의 하부구조(그리고 뒤에서 살펴보겠지만 그 본성)가 자본주의적 논리로 재구성되었다. 물론 이 과정에 전혀 예외가 없는 것은 아니다. 이를 통해 과거와의 완전한 단절이 이루어진 것도 아니다. 그보다는 최소한 산업혁명 시기부터 시작된 사회경제적 변화의 역사적 층에서 비롯된 느린 '침투'라고 보는 편이 나을 것이다.[22]

제2차 세계대전 이후 사적 삶의 시장 논리가 강화되면서 이같은 사회적 격변의 토대가 형성되었고, 여기서 비롯된 대항운동 counter-movement과 반反문화counter-culture는 어째서 그토록 많은 반전 캠페인과 시민권 캠페인이 기성 체제와 자본주의에 반기를 들었는지 설명해 준다. 하지만 동시에 사회적 삶의 사유화는 그린피스와 국제앰네스티 같은 초국적인 운동단체를 비롯하여 1970년대에 급증한 운동의 제도적 형태들이 어떻게 나타나게 되었는지 설명하는 데도 도움이 된다. 운동가들은 전 지구적 자본주의를 개혁할 수

저항 주식회사

있는 능력을 가지고 결사의 유대를 형성하고 지탱하고자 했던 것이다. 그 이후 경제적 세계화는 반체제 활동의 전통적인 결사를 더 많이 몰아내고 기업과 시장의 영향력을 수용한 개인과 운동 조직들을 더 많이 남겨 놓게 되었다.

### 레이거노믹스의 등장

1970년 초에는 공장의 질서도 무너지기 시작했다. 미국 같은 나라에서는 "파괴 공작, 약물 남용, 불법 파업이 포드주의 생산 체제를 물어뜯어" 생산성과 이윤율을 하락시키기 시작했다.[23] (1971년 미국에서처럼) 임금과 가격 통제, 세계 유가 충격(1973년에 가장 두드러졌던)으로 북반구의 경제적 혼란이 더욱 격화되었다. 제3세계 경제가 침체에 빠지면서 늪은 더욱 깊어만 갔다. 이에 대한 조치가 필요한 데다 인플레이션이 워낙에 심하고 경제성장이 둔화되자, 힘 있는 정치 세력과 기업들은 복지국가정책과 강력한 노조 및 안정적인 일자리의 가치에 시비를 걸고(일각에서는 이 때문에 게으름이 빚어진다고 보았다) 보호주의와 국가의 소유권을 문제 삼기 시작했다.

영국 대처 수상(1979~1990)과 미국 레이건 대통령(1981~1989)의 사례를 필두로 북반구와 남반구의 자본주의 경제에서는 노조를 공격하고 역진세를 물리는가 하면 복지 개혁을 철회했다. 각국 정부는 국내외에서 규제 완화와 무역과 투자의 자유화, 산업의 사유화를 요구했다. 특히 자동차 노조나 철강 노조 같은 강성 노조들은 정치적 영향력과 협상권을 상실했다.[24]

여기서 비롯된 변화는 운동의 전통적인 근간을 심하게 흔들어 놓았다. 1980년대 이후로 여성센터 같은 평등권 조직과 인권 조직들의 돈줄이 말라 버렸다.[25] 대형 소매점과 온라인 서점이 생겨나면서 독립 서점들은 문을 닫았다.[26] 온라인상의 활동 공간이 늘어나면서 지역사회의 많은 모임 장소들 역시 줄어들었다. 동시에 경찰은 얼마 안 남은 서점과 운동가들의 문화 공간을 꾸준히 감시했다(때로 급습하는 일도 있다).

1980년대 이후로 고용 형태가 유연해지면서 노동은 더욱 불안정해졌다. 많은 곳에서 실업과 개인 부채가 치솟았다. 북반구 전역에서 개인당 평균적인 유급 노동 시간이 줄어들었지만 사실 이는 '시간제' 노동자의 수가 급증한 것과 관련이 깊다.[27] 동시에 국가가 사회적 지출과 복지 지출을 삭감하면서 일상적인 필요를 충족시키는 일은 대체로 다시 가족과 시장에 전가되었다. 이사벨라 베커Isabella Bakker 등의 여성주의 학자들은 이를 "사회적 재생산의 재사유화"라고 일컫는다.[28]

2000년 이후로는 온라인상의 '우정'이 '공동체'를 어느 정도 대체하고 있다. 사회적 관계망을 유지, 관리하는 인터넷 사이트인 페이스북은 2004년 미국에서 만들어져 이제 1억 명 이상의 적극적인 이용자를 보유하고 있는데, 이 중 80퍼센트 이상이 미국 이외의 지역에 거주한다. 1장에서 밝혔듯 때로 이런 사회적 네트워크는 생각지도 못한 속도로 대중 시위를 동원할 수 있다. 하지만 이런 가벼운 유대는 한때 반체제 활동의 조직적 근간이었던 지속적인 관계를 대체하지 못한다. 또한 온라인상의 운동에 대한 국가의 감시가 증가하면서 과연 사회적 미디어가 과거 사회운동의 특징이었던 신뢰와 공동의 기억, 동지애와 연대를 형성하고 유지할 역량을 담보할 수 있는지 진지하게 의심하지 않을 수 없다.[29]

## 사회적 시민성의 위축

1980년대 초 이후 국가는 '개방된' 시장경제의 교의에 맞춰 사회정책을 수정했다. 사회경제적 병폐를 해결할 책임은 더 이상 정부가 지지 않고 자발적인 기업의 책임과 자율적으로 조정되는 시장으로 넘어가게 되었다. 문화이론가이자 정치이론가인 콜린 무어스Colin Mooers는 이 과정에서 "시민권의 의미와 내용에 대한 전면적인 공격"이 나타나게 되었다고 말한다. "사회적 시민성" 개념이 "빈약한 시민성", 즉 "완전히 사유화되고 시장화한 권리 개념을 지향하면서 시민성 개념에서 일체의 집합적 혹은 사회적 속성을 제거하려는 시도"에 길을 내주게 되었다.[30]

1940년대부터 1970년대까지 북반구에서 사회적 시민성은 투표권에 국한되지 않았다. 여기에는 노동자의 권리, 사회 서비스, 시민적 자유까지 포함되었다. 당연한 말이지만 시어스의 정확한 지적처럼 복지국가에서도 (여성과 원주민, 이주민 등) 많은 집단들이 완전한 사회적 시민성을 손에 넣지는 못했다.[31] 하지만 1980년대 초 이후로 국가가 파업과 결사의 권한을 철회하고, 사회 서비스의 규제를 완화하여 민간에 이양하며, 시민의 정치 참여를 순화하고, 바로 앞 장에서 살펴본 바와 같이 대중 시위와 정치적 반체제 활동을 탄압하면서 사회적 시민성은 크게 후퇴했다.

사회적 시민성에 대한 이 같은 공격을 정당화하는 것은 바로 극단적인 개인주의에 대한 믿음, 개인에게 모든 책임을 떠넘길 필요와 그 가치에 대한 신념이다. 한때 대처는 이렇게 말했다. 문제가 있는 사람들, 집이나 일자리가 없는 사람들은 "자신들이 가진 문제를 사회에 전가한다. 하지만 사회란 무엇인가? 그런 것은 존재하지 않는다! 개별 남성과 여성, 그리고 가족이 존재할 뿐이다. 그어떤 정부도 사람을 통하지 않고서는 어떤 일도 할 수 없다. 사람은 먼저 자기 자신을 돌봐야 한다".[32]

극단적인 개인주의 담론은 구조적인 불평등이 존재한다는 생각을 반박한다. 그리고 국가정책으로 공동의 책임을 관리해야 한다는 요구를 잠재워 버린다. 또한 불평등과 생태적 파국의 책임을 '사회'에 맡겨, 기업가와 소비자들이 '자기 조절 능력을 가진' 시장에서 해법을 찾도록 하는 국가정책을 정당화하고 합리화한다.

동시에 사회적 시민성이 위축되고 극단적인 개인주의가 등장하면서 노동자와 약자들의 사회적·정치적 권리가 설 자리를 잃게 되었고, 이들이 공유했던 정체성과 집합행동의 힘이 크게 약화되었다. 그 무엇도 시장을 당해 낼 수 없다. 작업장과 지역사회는 효율성과 생산성을 중심으로 재편되었다. 이와 함께 국가의 억압적 권력이 꾸준히 증가했다. 징세와 이민, 감시와 시민 활동에 대한 통제가 더욱 심해진 것이다.

시어스가 우리에게 상기시켜 준 대로 반체제 활동의 강력한 하부구조가 존재한다는 것은 "투쟁을 할 때마다 시스템의 작동 방식이나 그것에 맞서 싸우는 법을 처음부터 재학습할 필요가 없음"을 의미한다.[33] 정치적 변화를 일으키기 위한 급진적 캠페인을 생각해 내고 실행할 때도 이런 하부구조의 필요는 절실하다. 하지만 전 세계적으로 시위와 봉기가 끊이지 않고 있음에도 불구하고 삶이 원자화되고 공동체 생활이 파열되며, 세계화와 탄압의 예봉이 시민사회를 깊이 파고들면서 이 하부구조는 서서히 약화되고 있다. 더 이상 변화의 정치는 노동과 지역사회를 통해 이루어지지 않는다. 사회운동 내에서 우정과 신뢰를 유지하기가 어려워지고, 사람들은 개인으로서 정치에 참여하고 대의명분에 합류하려는 경향을 보인다. 맥널리의 정확한 지적처럼 지난 30년간 "빈곤철폐운동가, 여성주의자, 인종주의반대운동가, 퀴어운동 조직자, 일반 조합원들은 꾸준히 선전해 왔다. 그리고 대부분의 사람들은 아무리 새로운 개인주의의 주문에 동의를 하더라도 자신의 사회적 관계와 가족, 공동체 관계를 충실하고 진지하게 돌보고 있다. 하지만 실제 내용이 문화적으로 크게 변화했음은 부정할 수 없다".[34]

# 책임의
# 개인화

책임의 개인화는 개인이 자신의 삶을 개선할 수 있을 뿐만 아니라 집단의 문제를 해결할 수 있다고 보는 '개인의 힘'에 대한 신념을 확산시킨다. 책임을 개인에게 전가함으로써 득을 보는 것은 대기업과 정부다. 이제는 거의 모든 국가와 기업이 아주 작은 개인의 변화로도 '세상을 구할 수 있다'고 떠들고 다닌다. 또한 대부분의 비정부기구들 역시 비슷한 말을 한다. "해양보호를 위해 캔을 재활용하세요." "아동 노동을 막을 수 있는 윤리적인 초콜릿을 사세요." "삼림 파괴를 멈추기 위해 나무를 심읍시다." "하이브리드 자동차를 운전하면 기후변화를 막을 수 있어요(그리고 돈도 환불받을 수 있답니다)."

이런 '해법'은 생산자의 책임을 요구하는 입법에 대한 사회적·정치적 요구를 분산시킨다. 이는 만사에 가장 효율적이고 효과적인 해결책은 시장이라는 세계관과 정확히 맞아떨어진다. 그리고 토지와 물에 대한 기업 권력의 증대와 전혀 마찰을 일으키지 않고, 저가 상품의 대량 소비를 문제 삼거나, 터무니없는 세계의 불평등에 맞서지 않는다.[35]

세계화를 통해 경제와 문화가 통합되면서 책임의 개인화는 더욱 힘을 얻어 우리의 일상 깊숙이 침투하고 있다. 세계화 덕분에 멋진 기회와 부귀영화를 누리는 사람도 있지만, 대다수 빈민에게 세계화는 문화의 몰락과 경제적 혼란만 가져다주었다. 이 같은 경제적 세계화는 생산을 사회적 삶에서 분리시키고 있다. 신흥경제국과 개발도상국의 제조업체가 기나긴 공급 사슬을 통해 북반구의 소비자들에게 연결되면서, 이제는 대부분의 소비재가 판매처에서 멀리 떨어진 곳에서 생산된다. 상품이 소비자의 시야에서 멀리 떨어진 곳에서 생산되기 때문에 관심 있는 사람들마저 생산의 파급효과를 식별할 수가 없고, 이렇게 생산된 소비재는 이 대륙을 지나 저 바다를 건너 갈지자로 이동한다.[36] 자신의 도덕관념과 신념에 맞는 개인적 소비란 사실상 불가능하다. 한때 시장은 부자들만 향유할 수 있는 특권 같은 것이었지만, 이제는 그 누구도 시장 밖에서 살기 힘들어졌다. 시장 밖에서 정말로 생존 가능한 사람이 있는가? 사려 깊은 사람들은 그보다는 차라리 시장 안에서 사회적, 환경적으로 좀 더 지속가능한 방식으로 소비할 방법을 찾는다.

개인화의 또 다른 경향은 집단적 정치를 위한 사회의 에너지를 흩어 놓는 것이다. 사람들은 혼자서도 충분히 본분을 다할 수 있다고 여긴다. 어째서 길고 지루한 회의를 견디며 앉아 있어야 한단 말인가? 혹은 어째서 정치 집회에 참가하여 경찰에게 맞거나 체포당할 위험을 감수해야 한단 말인가? 물건을 재활용하거나 공정무역 상품을 구매하는 것이 훨씬 쉽고 효과적이지 않은가? 마이클 매니에이츠는 이 같은 사고가 정치에 미치는 영향을 다음과 같이 잘 포착하고 있다. 개인화는 "사회 변화를 위한 집합적인 투쟁의 정치적 교훈과 권한 강화의 경험으로부터 사람들을 단절시키고, 공적인 삶의 어려움에 대한 부정적인 신화를 강화한다".[37] 개인화는 급진적 운동을 잠식하고 시민들의 삶을 시장 교환을 중심으로 재편하고 있다. 그 결과 사회운동의 권력은 줄어들고 사회적 자본과 반체제 활동의 하부구조는 더욱 약화되고 있다.

### 당신이 할 수 있는 일

2012년 세계은행 총재였던 김용은 사회운동에 착수하는 방법에 대한 의견을 피력했다. 그가 추천한 방법은 이렇다. "대의를 선택하라. 옳고 그름에 대한 사람들의 가장 깊은 열정과 닿아 있는 것으로." 그러고 난 뒤에는 "구체적인 행동을 정하고", "구체적인 대상과 목표 시한을 설정하며", "파트너의 목록을 작성"하고, "목표에 이르는 단계를 평가하고 끈질기게 데이터를 이용하여 운동을 앞으로 밀고 가라".[38]

하지만 그는 전략에 대한 합의를 모으는 고통스런 과정이나 사람들을 조직하는 지루한 과정, 상충되는 이해관계를 조정하는 때로 당혹스러운 일에 대해서는 전혀 관심을 두지 않는다. 그가 생각하는 운동의 진척은 구체적이고 측정 가능하다. 시간표와 마감은 엄수해야 한다. 세상을 바꾸는 일은 생활양식을 전체적으로 바꾸는 것보다는 작은 단계들과 개인적인 실천과 관계되어 있다. 그리고 분명 이를 위해서는 세계 질서를 뒤엎을 필요가 없다.

세계은행 총재가 이런 관점을 갖고 있다는 것은 전혀 놀라운 일이 아니다. 하지만 오늘날 많은 비정부기구 지도자들이 비슷한 방식으로 사람들에게 호소한다. 이는 여성 참정권의 쟁취, 19세기 노예 무역 폐지 등 역사 속에 존재했던 혁명적인 사회운동과는 완전히 동떨어진 형태다. '동반자 관계'와 '목표 대상', '마감 시한' 같은 수사를 가지고 이런 변화를 쟁취할 수 있었을까?

김용 세계은행 총재의 목록은 전 세계적으로 사고가 실용적인 방향으로 이동했고 사회적·생태적 목표가 협소해졌음을 보여 준다. 거의 모든 운동에는 이와 유사한 목록이 존재한다. 비정부기구의 웹사이트나 팸플릿에서 아래와 같은 조언을 찾는 것은 식은 죽 먹기다.

- 세계의 굶주림을 종식시키기 위해 당신이 할 수 있는 열 가지 일
- 화학적인 에스트로겐에 대한 노출을 제한하기 위해 당신이 할 수 있는 열 가지 일
- 세상을 바꾸기 위해 당신이 매일 할 수 있는 열 가지 일
- 우리의 식품 체제를 바꾸기 위해 당신이 구매할 수 있는 열 가지 물건
- 인신매매를 중단시킬 수 있는 스물한 가지 방법
- 당신이 빈곤을 철폐할 수 있는 일곱 가지 방법[39]

위 목록은 모두 실용적인 작은 단계를 통해 점진적으로 '중요한' 변화를 일굴 수 있는 개인의 힘을 강조한다. 2장에서 살펴본 바와 같이 이는 대중 매체, 초국적인 비정부기구, 자선단체들이 찬양하는 메시지다. 이 메시지에 따르면 개인이 좀 더 책임감을 가지고 습관을 바꾸기만 하면 공정한 무역과 지속가능성, 전 지구적 평등을 달성할 수 있다.

### 당신의 역할

국가와 기업은 운동을 이해 당사자들 간에 회의를 하고 인증서를 발행하는 동반자 관계로 변질시켜 소비자의 '선택'에 권한을 실어줌으로써 개인의 힘에 대한 위와 같은 믿음을 강화하고 있다. 동시에 기업 중역들은 규제 조치가 비효율적이고 아무런 효과가 없다고 비난한다. 그들에 따르면 정부와 시민이 할 수 있는 최고의

역할은 기업이 자발적으로 산업 규정을 준수하고 사회적 책임을 다하도록 고무할 수 있는 유인책을 마련해서 시장이 스스로 보상하고 처벌하게 내버려 두는 것이다.

갈수록 많은 정부가 이런 기업의 입장을 수용하고 있다. '교육용' 캠페인들은 우리에게 말한다. 빈곤 감소와 기후변화 방지를 위해 각자 조치를 취해야 한다, 아동 노동을 활용하지 않은 옷을 사야 한다, 통조림 캔과 마카로니 상자·치즈 상자를 기부해야 한다, 자동차 엔진의 공회전을 줄이고 양치할 때는 수도꼭지를 잠가야 한다. 가령 캐나다 정부는 2006년 캐나다의 모든 거주민에게 1인당 탄소 배출량을 1톤까지 줄이기 위한 '1톤을 향한 도전One Tonne Challenge'을 발표했다. 하지만 정작 정부는 1997년 '교토의정서'에 맞춰 온실 가스 배출량을 감축하기 위한 국제적인 노력을 함께 이행하지도 못했고, 이 같은 분명한 실패를 만회하기 위해 아무런 일도 하지 않고 있었다(캐나다는 '교토의정서'를 2012년에 공식 철회했다).

이와 유사하게 2012년 미국국제개발청US Agency for International Development은 대학생들이 "현대판 노예제의 퇴치를 위해 창의적인 기술적 해법을 개발하는" 대회를 열었다('노예제에 맞서다'의 '우승자'는 상과 함께 부상으로 워싱턴시까지 무료 여행을 할 수 있는 기회를 얻었다).[40] 하지만 미국 정부는 자국 내 이윤을 위한 죄수 노동을 근절하는 국제 협약에 대해 오랫동안 거부 의사를 표했다. 여기서 핵심은 국가가 사회적 불평등과 생태적 남용에 대해서는 개인의 책임을 강조하지만, 인간과 생태계를 착취하는 기업의 힘을 통제하는 공공 정책 수단 마련에 대해서는 무시하거나 경시하는 경향을 보인다는

저항 주식회사

점이다.

　기업 역시 개인이 '자신의 역할을 하는' 분위기를 장려하고, 이를 통해 사람들이 기업에 대한 좀 더 엄격한 규제 조치의 필요에 대해 관심을 덜 가지게 만든다. 단적인 예로 도로변의 재활용품 수거함을 들 수 있다. 제2차 세계대전 이후 북미와 유럽에서 경제 호황과 함께 일회용 소비재와 생활 용품이 홍수를 이루면서 지독한 악취와 함께 토양을 오염시키는 (유독한) 쓰레기들이 산더미처럼 쌓이게 되었다. 좀 살 만한 시민들은 이에 대한 조치를 요구하기 시작했지만, 당연하게도 자신의 '뒷마당'에 쓰레기 처리장이나 매립장이 있기를 원하는 사람은 없었다. 환경단체와 지역주민단체는 생산에 대한 엄격한 규제와 함께 원료 처리와 투입물을 더욱 엄격하게 규제할 것을 요구하고 나섰다. 이에 기업들은 규제와 생산자 책임에 맞서는 로비를 벌이는 한편, 도로변의 재활용품 수거함을 '해법'으로 제시하는 로비로 대응했다.[41]

　그 외에도 수많은 기업 정책과 프로그램들이 책임의 개인화를 엄호한다. 직접적인 유인책을 쓰기도 한다. 가령 어떤 기업은 비닐봉지에 가격을 매기거나, 플라스틱 용기, 캔, 유리병을 다시 가져오면 돈을 환불해 주는 등의 방식으로 재활용을 장려한다. 2장에서 살펴본 바와 같이 이보다 더 인기가 좋은 기업 프로그램은 소비자들이 좀 더 윤리적이거나 공감에 기초한 구매 혹은 지속가능한 구매를 할 수 있도록 '정보를 제공하는' 프로그램들이다. 제조업자와 소매업자들은 이런 프로그램이 '지속가능한 소비'와 '공정무역'을 증진시킨다고 선전한다. 그리고 이는 정부의 강한 규제보다 기업의 자발적인 책임이 더 가치 있는 일임을 보여 준다고 주장한다. 하지만 2장에서 말했듯 이 모든 프로그램의 궁극적인 목표는 더 많은 상품을 파는 것이다. 지속가능한의류연합에 따르면 "오늘날의 사회적·생태적 도전은 기업이 반드시 돌파해야 할 난관이자 동시에 기회이기도 하다".[42]

(80여 개의 유명 회사들이 참여하는) 지속가능한의류연합 같은 프로그램은 분명 소비재의 사회적·환경적 비용을 측정하고 평가하는 데 상당히 유용한 수단을 제공한다. 하지만 결국 이런 프로그램은 손쉬운 도덕률(생활양식의 껄끄러운 변화는 결코 요구하지 않는)을 판매함으로써 이윤을 남기는 것이 목적일 뿐이다. 이런 전략은 소비주의에 편승한 운동이 좀 더 집합적이고 사회적인 형태의 정치 참여를 대체하는 과정을 빠르게 촉진한다. 이는 결과적으로 문제의 책임을 자본주의의 폐단이 아니라 개인의 소비로 떠넘김으로써 기업의 원료 조달과 제조 방식에 대한 반발을 무디게 한다.

### 자본주의의 썩은 사과

개인주의는 제도와 사상이 다면적·역사적으로 진화하여 나타난 결과물이다. 물론 경제 수준과 문화권에 따라 다양한 편차가 존재한다. 하지만 경제적 세계화는(특히 1980년대 초 이후 대처-레이건식의 세계화는) 경제적 자급 능력의 중요성에 대한 믿음을 강화하는 한편, 사회적 실패를 해결하는 데 개인의 도덕적 책임성이 필요하다는 믿음이 뿌리를 내리는 데 큰 힘을 발휘했다. 이제는 거의 모든 정치 담론과 국가정책이 이 믿음을 반영한다.[43] 가령 세계 지도자들과 주류 언론은 2008년 세계 금융 위기가 탐욕적이고 부패한 은행가들 탓이라고 주장하는 경향이 있다. 이름하여 "썩은 사과 몇 개" 때문에 자본주의의 혜택이 항상 모두에게 흘러가지는 못한다는 이론이다. 2008년부터 2013년까지 금융 불안정이 지속되면서 영국과 그리스 같은 나라에서는 자본주의가 집중 포화를 받았다. 하지만 세계 지도자들이 늘상 하는 소리는 변함이 없었다. "사람들이 분별력과 책임감을 가지고 행동하는 한 세계 질서는 평등하고 지속가능할 수 있습니다."

전 세계 운동가들은 극단적인 개인주의의 독단에 꾸준히 저항하고 있다. 하지만 가장 힘 있는 저항의 근원인 풀뿌리운동마저 갈수록 개인주의의 철학을 수용하고 있다. 그 원인 중 하나는 경제가 사회적 삶보다 더 큰 힘을 지니게 되었기 때문이다. 앞서 언급했듯 운동과 정치적 실천은 이제 노동과 공동체 생활의 핵심에서 주변으로 밀려나게 되었다. 또한 국가가 노동과 부를 통제할 기업의 권한을 강화함에 따라 세계 경제의 주변 집단들은 사회생활에 대한 시장 규칙에 도전할 힘을 점점 잃고 있다. 시스템 전반을 아우르는 장기적인 변화를 위해 노력하는 집단적 실천을 억누르는 이런 압력이 더해지면서, 개인적 실천이 세상을 바꾸는 더욱 매력적인 실천 수단으로 보이게 된 것이다.

여기에 민주적 참여의 병목 현상과 일반 시민들의 영향력 감소에 좌절한 운동가들은 정치 실천의 주요 목표 대상으로 국가와 정당이 아닌 소비자들을 겨냥하는 캠페인을 늘리고 있다. 이런 비정부기구의 캠페인은 '윤리적인' 소비자들로 구성된 자기 규제적인 시장을 통해 좀 더 평등하고 지속가능한 세상이 가능하다는 국가와 기업의 메시지에 더해지면서 책임의 개인화를 더욱 강화한다.

개인화는 제임스 케언스James Cairns와 앨런 시어스가 말한 "민주적 상상", 즉 "민주주의의 형태를 상상하고 그것을 현실화하기 위해 노력하는 능력"을 협소하게 만드는 역할도 한다.[44] 이 같은 위축의 뿌리는 세계화된 시장경제, 그중에서도 특히 사회운동이 보수적인 경제 정책에 맞서 제대로 싸우지 못한 데 있다. 지리학자 닐 스미스Neil Smith는 영국의 상황을 다음과 같이 잘 포착하고 있다. "(자유 시장 자본주의에 대한) 대안은 없다는 마가렛 대처의 평가는 욕을 많이 먹긴 했지만 어쨌든 사람들의 행동을 눈에 띄게 위축시켰다. 이 구호는 이제 정치적 권리를 요구할 때마다 튀어나오는 주문이 되어 버린 것 같다. 그뿐만 아니라 이는 사회적 선택이 시장의 불가피함 속에 녹아 버리는 데 대해 그 어떤 유효한 대응도 하지 않는 많은 좌파의 무언의 패배주의와도 연결된다."[45] 무엇이 가능한 변화인가에 대한 사고의 폭이 위축되면서 급진주의와 이상주의가 힘을 잃고, 운동가들은 간편한 조정책으로 눈을 돌린다. 이런 배경 속에서 체제 순응적이고 체제 강화에 기여하는 운동이 무럭무럭 자라나고 있다.

### 소비주의에 편승한 운동의 정치

세계화로 인해 '소비와 그 결과 간의 거리'가 멀어졌다. 이에 "개인과 집단의 행동이 어떻게 머나먼 장소와 미래세대에게 영향을 미치는지를 감지하고 관리하기가 갈수록 어려워지고 있다."[46]

저항 주식회사

이런 맥락에서 유명 상표 회사들은 소비자들에게 각 상품의 제조와 관련된 좋은 '이야기'를 전하는 데 혈안이 되어 있다. 제품에 이미지를 부여하고 광고를 할 때는 더 많은 소비가 좋은 시민이 되는 길이라는 메시지가 깔리게 된다.

소비주의는 제2차 세계대전이 끝난 이후부터 확산되기 시작했다. 1970년대에 이르자 지역사회와 작업장의 결사는 꾸준히 쇠락하는 가운데 개인들은 막스플랑크 연구소Max Planck Institute의 사회학자 볼프강 스트리크Wolfgang Streeck가 말한 "소비에 의한 사회화"에 점점 빠져들기 시작했다. '소비자 권력'이 변화를 가능케 하는 정치적 수단이라는 생각이 움트기 시작했고, 사회학자 돈 슬레이터Don Slater의 말을 빌리면 1980년대가 되자 산업국에서 소비주의는 "모든 사회적 관계를 위한 의무적인 양식이자 시민의 역동성과 자유를 위한 본보기"가 되었다.[47]

스트리크의 지적처럼 일부 이론가들은 소비자운동의 증가를 "새로운 자율성과 해방의 시대의 서막"으로 인식하는 우를 범하고 있다. 개인은 분명 자신의 소비를 신념과 일치시키기 위해 어느 정도 노력할 수 있다. 구매 행위나 사회적 미디어를 통해 네트워크를 형성할 수도 있다(예를 들어 페이스북에서 어떤 상품이나 회사에 '좋아요'를 누름으로써). 하지만 스트리크의 말처럼 기업들은 발 빠르게 소비주의가 사회적 정체성을 파고드는 지금의 상황을 이용하여, "고객과 상품의 개인화를 상업적인 확장을 위해" 사용하고 있다.[48]

대중 소비주의의 뿌리는 수세기 전으로 거슬러 올라간다. 산업혁명 초기 직물 공업이 산업화되고 있을 때 서유럽과 북미의 중산층 내에서는 특이하면서도 별로 비싸지 않은 옷을 소비하는 것이 유행이었다. 이미 1800년대 후반에 이르렀을 때 미국 같은 나라의 중산층 소비자들은 새로운 물건을 '테스트'해 보는 한편 '시대에 뒤떨어진' 제품을 대신할 상품을 사고 싶어 하게 되었고, 이 때문에 구매의 목적은 더 이상 필요가 아니라 편안함과 재미가 되었다.[49] 하지만 사회적 삶을 규정하는 시장과 상품의 힘이 훨씬 빠른 속도로 강해진 것은 1970년대 후반 이후 경제적 세계화와 산업주의가 강화되면서부터였다. 소비주의는 이제 더 이상 산업화의 산물이 아니다. 자아 정체성, 도덕성, 경제적 진보, 정치적 자유 개념의 핵심에 위치하게 되었기 때문이다. 슬레이터의 말처럼 소비주의는 "현대 세계의 형성 그 자체의 일부"가 되었다.[50]

이 같은 소비주의는 날로 증대하는 기업과 자본주의의 권력을 뒷받침해 주는 한편, 체제 순응적인 운동을 강화하여 급진주의와 사회적 저항을 상업화하는 결과를 낳고 있다. 동시에 소비자운동의 확산은 역설적인 효과를 가져 온다. 기업에 판매량을 늘리고 브랜드 가치를 높이기 위해서는 사회적·환경적 대의명분을 찬탈해야 한다는 신호를 보내고 있는 것이다. 이렇게 되면 유명 상표 회사는 사회운동을 전복하기보다는 거기에 맞게 기꺼이 적응할 의사가 있는 믿음직한 행위자라는 이미지를 만들 수 있다. 이 과정에서 해당 상표는 체 게바라 티셔츠나 북극곰이 그려진 콜라 캔이 그렇듯 급진주의와 자연친화주의의 상징과 이미지를 전유하게 된다. 판매량이 많아지면 이런 상징들의 아이러니도 파묻혀 버린다. 비트세대Beat Generation◆ 시인이었던 앨런 긴즈버그Allen Ginsberg마저 한때

(1995년) 다음의 갭 의류 회사 광고 문구와 나란히 모습을 드러내기
도 했다.

1950년대의 전설적인 울부짖음.
전설적인 시인, 예술가, 우리의 사고방식을
바꾸고자 했던 아나키스트. 모든 것이 그들이 입던
카키색 면 소재의 옷에 녹아 있다. 캐주얼. 래디컬.
우리가 당신을 위해 만든 이 옷들처럼. 갭 카키 시리즈.
전통적인, 허리선에 주름이 없는 스타일,
편안하고, 클래식한 맵시.

# 갭
# 카키

매니에이츠의 말처럼 "반체제 활동을 상업화하여 이를 다시
반체제 인사들에게 되파는 현대 자본주의의 억척스러운 능력은 분
명 시민이 소비자로 탈바꿈한 이유 중 하나이다".[51]
소비주의와 마찬가지로 저항의 상업화는 전혀 새로운 현상이
아니다. 새로운 것은 저항의 상업화를 통해 운동과 사회적 저항이
변질되는 강도強度다. 상품은 개인의 정체성과 가족생활을 조정하

---

대공황이 있었던 1920년대의 '상실의 시대'에 태어나 제2차 세계대전을 직접 체험한
세대로서, 1950~1960년대에 삶에 안주하지 못하고 저항적인 성향을 보인 문학가와
예술가 그룹을 가리킨다.

게 되었고, 비시장적인 결사를 발견하거나 유지하기는 날로 어려워지고 있다. 운동가가 관계를 형성하고 시간을 보내는 방식, 시민의 결사를 조직하는 방식은 계속 협소해지고 있다.

### 콜라를 사면 북극곰을 구할 수 있다?

기업은 더욱 평등하고 지속가능하게 소비하고자 하는 개인의 욕망에서 이윤을 남길 뿐만 아니라 운동의 정치가 위축되는 과정에서도 득을 본다. 수천 개의 사례 가운데 하나만 고르자면 북극곰을 멸종 위기에서 '구하기' 위해 코카콜라와 세계자연기금이 맺은 동반자 관계를 들 수 있다. 2011년 코카콜라는 기금을 마련하는 한편 환경에 대한 관심을 확산시키기 위해 10억 개의 '흰색' 콜라 캔에 북극곰 한 마리와 새끼 곰 두 마리의 그림을 인쇄했다. 그리고 여기에는 "차마 등을 돌릴 수 없어서 캔을 흰색으로 바꿨습니다"라는 캠페인 문구가 들어갔다. 코카콜라의 마케팅 담당자인 케이티 베인Katie Bayne은 이렇게 말했다. "우리는 125년 동안 콜라 캔 색을 바꿔본 적이 없습니다. 이건 정말 과감한 행동이라고 생각해요."[52] 코카콜라는 100만 달러를 기부하겠다고 약속하면서 소비자들에게도 이 캠페인에 1달러를 기부해 달라고 촉구했다(비교 삼아 밝히자면 2012년 코카콜라의 이윤은 90억 달러였다).

이 캠페인은 북극에 있는 북극곰의 집이 지구 온난화 때문에 녹아내리지 않게 어떤 조치를 취했을까? 분명 아무 일도 하지 않았다. 무슨 도움이 되긴 했을까? 세계자연기금이 북극에 있는 마을과 야생 동식물들이 기후변화에 적응할 수 있도록 돕고 있으니

약간은 도움이 되었으리라. 우리가 분명히 알고 있는 것은 북극곰을 '후원하고' 세계자연기금과 '협력 관계'를 맺은 덕분에 코카콜라는 사회적으로나 환경적으로 믿음직하다는 이미지를 갖게 되었다는 점이다. 그리고 이는 이미 세계에서 알루미늄과 사탕수수를 가장 많이 매입하는 기업이자 세계에서 유리를 두 번째로 많이 매입하고 시트러스를 세 번째로 많이 매입하며, 커피를 다섯 번째로 많이 매입하는 기업에 대한 비판을 희석하는 데 중요한 역할을 할 수 있다.[53]

### 또 다른 시장

책임의 개인화와 소비자운동은 사회운동을 공동체의 경험에서 또 하나의 시장 교환 활동으로 바꿔 놓고 있다. 분명 윤리적 소비는 일시적이나마 집단적 정체성을 창출할 수 있다. 가령 다른 사람들도 나랑 똑같은 체 게바라Che Guevara 티셔츠를 입고 있을 때처럼 말이다. 하지만 과거의 저항운동을 통해 맺어진 결속과 동지애에 비해 이런 유대는 순간적이고 불균등하다. 스트리크는 이 점을 다음과 같이 잘 포착하고 있다. "소비의 공동체는 전통적인 '진짜' 공동체보다 훨씬 쉽게 무너지기 때문에, 사회적 정체성도 훨씬 약하고 느슨하게 짜여 있다. 이 때문에 개인은 자신에 대해 설명하라는 압력에서 자유로운 상태로, 한 가지 정체성에서 다음 정체성으로 떠다닐 수 있다."[54] 즉, 가족이나 동네, 국가를 등지고 떠나는 것보다는 소비자 정체성을 버리기가 훨씬 쉽다. 소비자운동가들이 바빠지거나 관심사가 바뀔 수 있기 때문에 소비자운동은 항시 잊

히거나 보류될 위험에 노출되어 있다. 소비자운동의 이 같은 유동성은 책임의 개인화를 반영하는 동시에 이를 더욱 강화한다.

또한 소비자운동은 사람들에게 사소하나마(가령 매주 장을 볼 때 고가의 공정무역 상품 몇 가지를 추가로 구입하는 행위 같은) 자신이 어떤 대의명분에 기여하고 있다는 **느낌**을 심어 주는 경향이 있다. 이런 '기여'를 하는 사람들은 다른 형태의 운동에 더 적게 참여하게 될까? 이에 대해 분명히 알기는 어렵다. 단, 분명한 것은 갈수록 많은 사람들이 시장 순응적이고 시장을 강화하는 운동에 참여하고 있다는 점이다.

이런 운동은 반체제적 불만을 기존 질서에 전혀 위협적이지 않은 제도로 우회시킨다. 게다가 운동가들은 시간적 제약, 정부의 탄압, 비정부기구의 관료주의 같은 집합행동을 지속하는 데 장애가 되는 것들 때문에 정의와 지속가능성을 실현하기 위해 더욱 시장에 기대고 있다. 이는 결국 일상생활과 개인적 관계를 결정하는 한편, 자원을 확보하고 공장과 상점을 확대하는 기업들의 권력과 정당성을 강화한다.

여기에 개인화는 날로 커져 가는 자본주의의 권력에 대한 저항을 무디게 하고 있다. 개인화 덕분에 사회적·생태적 위기의 책임은 기업과는 무관한 일이 되고 있다. 또한 개인화는 자본주의에 본질적으로 내재된 불안을 자신이 도덕적으로 부족하다는 개인적인 느낌으로 방향 전환시키고 있다. 나는 아동 노동을 근절하고 빈곤을 경감하기 위해 충분한 역할을 하고 있나? 충분하다는 것은 어느 정도인가? 이런 질문은 충분히 생각해 볼 만한 가치가 있는

저항 주식회사

것들이다. 하지만 이런 질문은 생산과 소비에서 비롯된 생태적·사회적 손실의 책임을 개인에게 떠넘기는 역할 또한 할 수 있다. 이는 결국 문제의 사회구조적 원인에 의문을 갖거나 이의를 제기하는 것을 막는다.

## 개인화된 운동이 낳는 곤란

노동, 공동체, 종교 결사는 지금도 반체제 활동의 하부구조를 부분적으로 구성한다. 또한 이 세상 많은 곳에서 종교적 믿음은 사회적 소요를 촉발하는 강력한 원천이 되기도 한다. 하지만 최소한 북반구에서 아직도 가족과 우정, 연대가 중요함에도 그것들은 더 이상 반체제 활동의 하부구조의 근간을 이루지는 못하고 있다. 그리고 한때 변화의 정치로 이어졌던 사회적 구조와 네트워크를 만들어 내지도 못하고 있다. 과거의 운동가들은 〔전통적인〕 집합행동의 제도들을 〔개인적인 운동보다〕 더 신뢰했다. 혼자 하는 실천을 빈민과 피착취, 피억압민들을 위한 합리적인 전략으로 여긴 적이 없었다.

이제 "우리 모두는 평등하다."[55] 1970년대 이후 공공 정책은 소비자로서의 번영이 증대함으로써 강고해진 이 믿음을 반영하는 한편 이 믿음을 더욱 강하게 굳히고 있다. 라이트 밀스가 말했던 "사적인 문제들"은 이제 더이상 변화를 위해 공동체적 저항을 요구하는 사회경제적 힘과 구조의 징후가 아니라, 개인의 책임을 요구하는 사적인 실패일 뿐이다. 소비주의 이데올로기가 심화되면서 사회적 삶은 더욱 사유화되고 있다. 기업은 소비자운동의 성장을 이윤 추구의 기회로 삼는다. 그리고 2장에서 살펴본 바와 같이 요즘에는 장사꾼이나 운동가 모두 사람들에게 상품을 구입하여 정의를, 평등을, 지속가능성을 실현하라고 외친다. 역사학자 제임스 리빙스턴James Livingston은 여기서 큰 잠재력을 찾는다. "소비자 문화는 경험을 '사유화'함으로써 정치적 에너지를 빼내 버리고 사회운동을 파편화하는 것이 아니다. 그보다는 새로운 연대와 새로운 개인성을 활성화함으로써 새로운 정치의 기초를 다진다."[56]

하지만 리빙스턴은 지나치게 낙관적이었다. 시장에서 형성된 연대와 개인성은 자본주의의 헤게모니와 그 정치 및 사회적 삶에 맞서지 못한다. 오히려 개인을 고립시키고 사회를 원자화하며 운동가의 요구와 운동의 급진적 형태를 제한한다. 다음 장에서 보여주겠지만 이런 환경에서는 타협적인 의제를 가진 온건하고 엄청나게 관료화된 캠페인 조직은 번성하지만, 대립각을 세우는 직접행동 방식의 운동은 약화되는 경향을 보인다.

# 5 장

# 운동의
# 제도화

비영리조직의 브랜드 가치는 수십 억 달러에 달할 수도 있다. 국제
앰네스티는 세계에서 가장 신뢰받는 브랜드에 속한다. 세계자연기
금도 마찬가지다. 홍보 회사인 에델만의 조사에 따르면 유럽에서
앰네스티와 세계자연기금은 마이크로소프트와 미쉐린 같은 산업
계의 거물과 어깨를 나란히 하며 가장 신뢰받는 5대 브랜드의 반
열에 올랐다. 2012년 에델만의 조사에 따르면 비정부기구 브랜드
에 대한 전반적인 신뢰도는 기업과 언론보다 높았고 정부보다는
훨씬 더 높았다. 비정부기구는 에델만의 조사에서 '세계에서 가장
신뢰받는 기구'로 5년 연속(2007~2012년) 1위를 차지했다.

　캠페인 조직의 브랜드 인지도와 신뢰는 가히 맥도날드의 엠
M자 상징물이나 나이키의 부메랑 로고에 필적한다. 브랜드가 신뢰
를 받으면 비정부기구가 자원 활동가를 모집할 때 도움이 되고, 정
책 결정자와 언론들도 개방적으로 대한다. 지역사회 내에서 정당
성을 강화하는 데도 기여하고, 호별 방문을 통한 모금 활동과 기업
후원을 받는 데도 유리하다. 유명 기업은 이름 없는 비정부기구와
동반자 관계를 맺는 데는 관심이 없다. 이들은 기업 브랜드의 신

뢰도와 정당성을 강화할 수 있는 '인기 브랜드의' 비정부기구를 원한다.[1]

1960년대에만 해도 대부분의 운동가들이 교실이나 거실, 교회에서 회의를 했다. 대부분의 운동 집단은 격식에 구애받지 않고 자치적으로 운영되며, 캠페인은 자원 활동가들이 진행했다. 운동가들은 사람들의 의식을 바꾸고 기업을 곤란하게 만들며 정부에 압력을 가하려고 애를 썼다. 그때도 많은 운동가들이 이런 목표를 달성하려면 모금이 중요하다는 것을 알고 있었다. 이목을 끌 수 있는 광고란은 갈수록 적어지는데, 광고란을 놓고 경쟁하는 중요한 사안들은 갈수록 많아졌기 때문이다. 하지만 그때만 해도 앞으로 자산이 수억 달러에 달하고 직원이 수천 명에 이르며, 최고경영자가 성과급 보너스를 받고 모두가 브랜드를 유지하기 위해 하향식 관료주의를 견디며 일하는 비정부기구가 나타나리라고는 그 어떤 운동가도 예견하지 못했다.

50년 전 그 누가 언젠가 이 세상 대부분의 인권운동가들과 환경운동가들이 자신들의 대의명분을 시장 좌판에서 거래하고 그 결과를 기업 후원자에게 보고할 날이 오리라고 생각이나 했겠는가? 그 누가 현장 운동가들이 효율성을 우선시하는 경영 문화에 순응하기를 거부하다, 혹은 브랜드 이미지를 지키는 데 반항하다, 혹은 기부의 수익성을 입증하라는 요구를 묵살하다 해고되리라고 상상이나 했겠는가?

# 제도화의
# 과정

제도는 운동의 수행 방식과 이유를 결정하고, 운동가들이 타당하고 현실적이라고 생각하는 목표와 전략을 제한하는 등 운동가의 사상과 목표를 걸러 낸다.[2] 우리는 제도화 과정이 운동의 본질을 크게 바꿔 놓긴 하지만 그렇다고 해서 운동에 종언을 고하는 것은 아니라고 생각한다.[3] 이런 입장에서 보면 오늘날 전 세계 많은 운동이 직원들의 월급과 사무실 비용을 마련하기 위해 애쓰면서 국가와 기업과의 전략적인 타협을 지침으로 삼는 비정부기구들의 주도로 이루어지고 있다. 비록 비정부기구 임원들은 일반 회원들에게 다른 방식으로 이야기할 수도 있긴 하지만 말이다.

이런 [제도화된] 비정부기구의 설립과 운영은 사회운동 내에서든 정치적 경계를 넘나들면서든 쭉 직선적으로 진행된 것이 아니다. 관료적인 제도에 운동의 목표와 방법을 조정하는 과정도 결코 순탄하거나 아무런 저항 없이 이루어지지 않았다. 운동이 제도화되는 과정의 역사에는 증오와 분노가 가득 서려 있다. 운동의 제도화에 대한 저항과 제도화를 되돌리기 위한 대항운동이 비일비재하게 일어나곤 했다.

일부 운동가들은 북미와 유럽의 주류 환경운동가들처럼 전 지구적인 규모의 조직 건설을 최우선의 목표로 여겼다. 어떤 운동가들은 호주의 여성운동처럼 국가 기구로서의 지위를 갖추고 법적인

저항 주식회사

권한과 평등을 쟁취하는 데 주력했다. 하지만 점거운동의 사례에서 볼 수 있듯이 또 어떤 이들은 제도화를 거부했다. 따라서 제도화의 속도는 사회운동 내에서도 천차만별이었다.

동시에 국제적인 비정부기구 내에서 운동의 관료화는 지역공동체 집단을 이해 당사자와 협력자로서 캠페인 조직 속에 통합하고 있다. 하지만 그렇다고 해서 이 과정이 모든 풀뿌리단체나 미시적인 정치 활동까지 포섭하지는 못한다. 남반부와 북반구 모두에서 그런 운동은 아직도 활력을 자랑한다. 이런 흐름은 새로운 운동의 목표가 등장하고 낡은 목표가 사라지더라도 변함없으리라고 생각한다. 지역공동체 집단이 날로 증대하는 국제적인 비정부기구(그리고 이들의 모금 방식과 시장 가치)의 패권에 맞서기 위해 움직이고 있다는 점에서 우리는 직접행동 중심의 운동이 확산될 가능성도 충분히 있다고 생각한다.

제도화 과정은 일부 사회운동을 파편화하고, 일부 운동가를 소외시키며 최소한 일부 풀뿌리운동의 반발을 사고 있다. 하지만 지난 반세기 동안 이 과정은 많은 운동의 범위와 실천, 전략을 무난한 형태와 느낌으로 바꿔 놓았다. 이 변화로 인해 [운동이] 기업화에 이르는 다양한 경로가 만들어졌다. 기업처럼 보고 실천하면서 운동가들이 더욱 편하고 무리 없이 기업과 협력하게 되었다. 기업과의 협력이 늘면서 기업의 경영 문화와 시장 지향성, 행정적 지위와 회계 방식을 모방하는 운동가들도 늘어났다. 이런 순환적인 역학은 지난 10년간 기업의 재정 지원과, 비정부기구와 기업 간의 협력 관계가 급속하게 늘어난 이유를, 또한 날로 비대해지는 다국적 비정부기구의 수입이 꾸준하게 증가하는 이유를 설명해 준다.

# 부자 비정부기구가
# 등장하다

앰네스티나 그린피스 같은 브랜드에 대한 신뢰는 부분적으로 이런 조직들은 기업과는 다르다는 믿음에서 비롯된다. 즉, 이들은 이윤이 아닌 이타주의와 선의에 따라 움직이리라는 생각이 이들에 대한 신뢰로 이어지는 것이다. 거의 모든 비정부기구의 브랜드에는 이런 이미지가 핵심을 차지한다. 하지만 오늘날의 그린피스는 저항적이고 때로 멋대로 행동하던 1960년대와 1970년대의 모습보다는 전형적인 다국적 기업에 훨씬 가깝다. 1장에서 확인했듯 국제앰네스티와 그린피스, 세계자연기금은 모두 비공식적인 운동가 네트워크에서 국제적인 관료 조직으로 진화한 단체들이다. 이 세 단체모두 브랜드의 정체성과 가치를 지키는 데 대단히 정력적이라는 공통점도 있다. 2000년 세계자연기금은 'WWF'를 약칭으로 사용한다는 이유로 세계레슬링연맹World Wrestling Federation을 고소하여 이름을 바꾸게 한 적도 있다('세계레슬링연맹'은 2002년 '세계레슬링엔터테인먼트World Wrestling Entertainment, WWE'로 이름을 바꿨다).

국제앰네스티와 그린피스, 세계자연기금 외에도 전 세계적으로 활동하는 이름 있는 비정부기구는 수천 개에 달한다. 가령 옥

저항 주식회사

스팜 인터내셔널은 전 세계 90여 개국에 5,000여 명의 직원을 두고 활동하는 열일곱 개 조직의 연합이다. 매달 수십만 명이 옥스팜에 기부하고, 수만 명의 자원 활동가들이 개발도상국의 빈곤 감축과 긴급 상황 해결을 위한 캠페인을 돕는다. 옥스팜은 기금을 늘리기 위해 영국 한 곳에서만 700여 개의 자선 상점을 운영하면서 중고 책과 옷, 장난감 등의 품목을 판매한다.[4]

캠페인 단체가 국제적인 조직으로 제도화된 경우 중에서 옥스팜보다 규모는 작지만 상당한 시사점이 있는 사례로는 국제동물복지기금이 있다. 이 단체는 1969년 브라이언 데이비스Brian Davies가 캐나다 동부 연안에서 하프바다표범 새끼를 죽이는 비인도적인 사냥을 중단하기 위해 설립했다. 1970년대에 이들은 '야만적'이라고 느껴지는 사냥을 교란시키고 폭로하는 직접행동에 주력했다. 데이비스와 그의 잘 짜인 팀은 그린피스와의 공조하에 동물권운동 최대의 승리를 거머쥐었다. 유럽에서 항의가 촉발되어 어린 바다표범 가죽의 수출이 금지되었고, 결국 1980년대에는 바다표범 새끼의 '상업적인 사냥'이 중단된 것이다. 데이비스가 단체의 본부를 캐나다 뉴브런즈윅의 프레더릭턴에서 미국 매사추세츠의 케이프코드로 옮긴 1979년에 국제동물복지기금에서 일하는 직원은 일곱 명에 불과했다. 1997년 프레데릭 오리건Frederick ORegan이 데이비스의 뒤를 이을 때쯤에는 케이프코드 본부에서 일하는 직원이 70여 명에 달했다.

지금 국제동물복지기금의 대표이자 최고경영자인 아제딘 다운스Azzedine Downes는 수의사, 과학자, 행정 직원, 구조 활동가 등 수백 명으로 구성된 세계적인 팀을 이끌고 있다. 미국 외의 나라에 여덟 개 사무실이 있고 40여 개국에서 프로젝트를 진행한다. 국제 동물복지기금은 코끼리, 고래, 개, 고양이 등을 위한 다양한 교육용 캠페인과 과학 캠페인을 진행하고 있다. 오늘날 이들의 '성공'을 떠받치고 있는 큰 축은 '개별' 동물 구조와 수의학 진료다. 국제 동물복지기금 이사장이 연례 보고서 인사말에서 밝힌 바에 따르면 2010~2011년 최대의 성공 중 하나는 "전 세계 빈곤한 지역사회에서 약 8만 5,000마리에 달하는 개와 고양이가 수의사의 치료를 받게" 했던 것이었다. 이 보고서가 바다표범 사냥에 대해서 몇 번 언급하지 않았다는 점은 의미심장하다. 심지어 해당 보고서는 캐나다의 상업적인 바다표범 사냥이 1990년대 중반에 재개된 이래로 수년간 1970년대보다 훨씬 확대되었다는 사실은 언급조차 하지 않고 있다.[5]

〔미국의 경우 9월 30일에 끝나는〕 회계연도 2012년을 기준으로, 전보다 주류에 가까워진 국제동물복지기금의 메시지와 프로그램을 후원하는 공공 후원금과 수입 총액은 약 1억 달러에 달했다. 이는 동물권운동 조직으로서는 감동적인 액수다. 하지만 40~50배 더 많은 액수를 굴리는 비영리조직들도 있다.

### 비영리조직의 수입원 증가

민간 후원금으로 운영되는 세계 최대의 비영리조직인 유나이티드웨이는 2011년 51억 4,000만 달러를 모았다. 같은 해 해비타트 인터내셔널의 후원금과 수입은 15억 달러였고, 국제자연보호협

저항 주식회사

회는 11억 7,000만 달러였으며, 월드비전은 10억 6,000만 달러, 세이브더칠드런 미국 지부는 6억 1,900만 달러, 수잔 코멘 유방암 재단은 4억 3,900만 달러였다. 여기에 이들 조직들은 투자, 부동산, 토지 소유 등의 형태로 수백만 달러(때로 수십 억 달러)에 달하는 자산도 보유하고 있다.[6]

1장에서 밝혔듯 그린피스와 앰네스티, 세계자연기금의 수입과 자산도 수억 달러에 달한다. 그린피스의 경우 2010년 미국 지부의 수입만 약 2,780만 달러에 달했다.[7] 이보다 더 규모가 작은 수만 개의 비정부기구들도 매년 수백만 달러의 수입을 올린다. 1990년 이후 비영리조직들이 꾸준히 번창했다. 가령 미국에서는 비영리조직의 수입과 자산이 2000년부터 2010년까지 '원기 왕성하게 증가'했는데, 특히 날로 늘고 있는 국제환경단체들의 경우 수입의 증가세가 뚜렷하다.[8]

미국에는 최소한 230만 개의 비영리조직이 있고(이 중 약 160만 개 조직이 소득 신고를 한다), 인도에는 최소한 100만 개의 비정부기구가 있다(300만 개가 넘을 수도 있다). 통상적으로 '비영리조직NPO'과 '비정부기구NGO'라는 표현은 섞어 쓰긴 하지만 정의가 워낙 다양해서 이들 조직의 수가 전 세계적으로 얼마나 증가했는지 간단히 정리하기는 쉽지 않다.[9] [하지만] 국제적으로 활동하는 비정부기구는 1990년 이후로 상당히 빠르게 대대적으로 증가한 것으로 추정된다. 1990년 약 6,000개였던 것이 1996년 2만 6,000개에 달했고, 요즘에는 5만 개가 넘는다(이 중 수천 개 단체가 유엔의 인증을 받아 국제협상에 참가한다).[10]

이런 급증세는 수천 개의 국제단체들과 수백만 개의 지역 및 국가 규모의 단체들이 재원을 놓고 각축전을 벌일 수밖에 없음을 의미한다. 비정부기구의 대표와 최고경영자들, 그중에서도 특히 세계 규모의 조직들을 이끄는 이들은 조직을 운영하고 기틀을 다지기 위해 갈수록 기업의 자금과 기업과의 협력 관계에 의존하고 있다.

### 조직 건설 재원의 마련

남반구든 북반구든 비정부 활동에 재정 후원을 하는 기업과 기업 재단(가령 나이키 재단), 기업 계열 재단(가령 포드 재단)이 늘고 있다. 일례로 국제청년 재단은 마이크로소프트, 노키아, 나이키 같은 기업과 포드 재단, 켈로그 재단 같은 기업 계열 재단에서 재정 후원을 받는다. 이보다 더 흥미로운 것은 2010년 세계자연기금의 운영 예산 5억 2,500만 파운드〔약 8,900억 원〕 중 약 11퍼센트가 기업 후원금이었다는 것이다(운영 예산의 6퍼센트는 재단 출연금과 신탁 기금이었다). 2010년 전 세계 금융 위기 때문에 신탁과 정부, 독지가로부터 들어오는 돈이 줄었지만, 높은 투자 수익 덕분에 전체 예산은 전년에 비해 18퍼센트 증가했다(증가액은 8,100만 파운드, 달러로는 약 1억 600만 달러였다).[11]

2008년 미국에서 기업이 비정부 자선단체에 후원한 금액은 145억 달러였다. 기업 재단 역시 비영리단체에 엄청난 돈을 뿌린다. 예컨대 미국에서 아홉 번째로 큰 기업 재단으로서 2012년 초 자산이 2억 4,400만 달러였던 코카콜라 재단은 2002년부터 2010

년까지 2억 7,300만 달러를 후원금으로 썼다. 가장 큰 손은 2012년 초에 자산이 5억 6,100만 달러였던 골드만삭스 재단이고, 그 다음은 2012년 초 5억 3,100만 달러의 자산을 보유한 웰스파고 재단이다.[12]

비정부기구의 진짜 큰 자금원은 기업 계열 재단이다. 미국에는 7만 6,000여 개의 후원금 조성 재단이 있는데, 이들의 총 자산은 6,200만 달러가 넘는다. 그 가운데 최소한 예순다섯 개 재단이 10억 달러 이상의 자산을 보유하고 있다. 이 중 1위는 빌 앤 멀린다 게이츠 재단으로 2011년 초 약 370억 달러의 자산을 보유하고 있었다. 1위와 상당한 격차가 있는 2위와 3위는 포드 재단과 폴게티 신탁인데 2011년 자산이 각각 약 105억 달러였다. 이들 재단은 분명 기업의 하수인은 아니다. 하지만 제도적인 효율성과 기업의 회계 관리 방식, '투자'(즉, 후원금)에 대한 수익을 요구하는 일이 점점 많아지고 있다. 비정부기구가 기업과 협력 관계를 맺고 후원금 이상의 수익을 내기를 바라는 재단도 많다.[13]

영국에서 기업이 1년간 자선단체에 기부하는 돈은 약 16억 파운드〔약 2조 7,000억 원〕정도다. 다른 나라에서도 그렇지만 영국 기업들은 물품 후원은 물론 직원에게 필요한 전문 지식과 시간, 마케팅 조언, 무료 법률 상담 등도 제공한다. 현금 이외의 후원은 기업 후원의 약 3분의 1을 차지하는데, 일각에서는 이것이 운동의 기업화를 추진하는 데 직접적인 재정 후원보다 더 효과가 크다고 주장하기도 한다. 영국의 상위권 후원 기업으로는(영국 내에서뿐만 아니라 전 세계적으로) 아스트라제네카와 글락소스미스클라인 같은 다국적 제약 회사, 테스코와 막스앤스펜서 같은 다국적 소매업체, 리오틴토 같은 광산 회사, 비피와 셸 같은 석유 회사 등이 있다. 로이드와 바클레이스 같은 은행들도 비영리단체나 비정부기구의 중요한 후원자들이다. 전 세계적으로 아스트라제네카는 2008~2009년 사이에 영국 기업 중에서 '지역사회 투자'를 가장 많이 한 후원자였다. 이 '기부'의 약 90퍼센트가 '제품 후원' 형태이긴 했지만 말이다.[14]

비정부기구가 계획에 착수하여 진행할 수 있도록 자금을 지원하고 조언하는 데서 그치지 않는 기업들도 있다. 가난한 여성 청소년들을 지원하기 위한 나이키의 '걸 이펙트'가 여기에 속한다 (자세한 내용은 2장 참조). 나이키 재단의 브랜드 창조 담당자인 에밀리 브류Emily Brew는 이렇게 설명한다. "우리가 '걸 이펙트'로 이룬 많은 일들은 나이키와 우리 기업 문화 덕분에 가능했습니다. 우리가 마치 **운동을 사업의 일환으로** 하고 있는 것 같아요."[15]

### 기업의 돈을 따내기 위한 경쟁

캠페인 조직에 대한 기업의 후원금은 조금씩 늘고 있다. 하지만 비정부기구의 수는 급증했고 조직의 몸집은 꾸준히 불어나고 있기 때문에 이 돈을 손에 넣기 위한 비정부기구들 간의 경쟁은 격화될 수밖에 없다. 요즘은 기업만큼이나 비정부기구들도 브랜드 관리에 혈안이 되어 있다. 수년간 비정부기구의 브랜드에 대해 연구한 책에서 저자들은 이렇게 설명한다. "아마추어적이고 희망적인 사고에 찬 캠페인은 옛말이다. 오늘날 국제적인 비영리조직들은 격심한 경쟁 속에서 운영된다. 상업적인 기업들과 똑같은 소통 상의 문제와 어수선한 매체 경쟁, 과도한 노출 때문에 이미 회의를 느끼기 시작한 청중들을 상대해야 하기 때문이다."[16]

비정부기구들은 자신들의 브랜드를 차별화하고 보호하는 데 열을 올리고 있다. 한 브랜드의 가치는 어느 정도는 해당 조직에서 이룬 성과의 산물이기도 하다. 가령 앰네스티라는 브랜드에 대한 신뢰에는 분명 인권 유린을 폭로하고 방지하는 데 성공한 그들의 성과가 반영되어 있다. 하지만 성과가 아무리 뛰어나도 전달하려는 메시지에 일관성이 없으면 브랜드 가치는 점차 하락할 수 있다. 설상가상으로 공적인 실수나 스캔들이 일어나면 브랜드에 대한 신뢰(와 가치)가 곤두박질칠 수도 있다.

운동이 기업식으로 운영되는 하향식 관료 조직으로 제도화되면 좀 더 일관된 메시지 전달과 전략적인 브랜드 설정이 가능해진다. 이는 지도자가 없는 운동이나 즉흥적인 시위에서는 불가능한 일(이자 기대하기 어려운 목표)이다. 기존 질서 내에서 정치적 동맹과 기업 협력자를 찾았을 때와 마찬가지로, 돈과 권력에 접근할 수 있다는 것 역시 메시지 전달과 브랜드 설정에 도움이 된다.

물론 이를 거부하는 운동가들도 있다. 운동이 이런 돈의 정치에 파묻히면, 유명 브랜드 비정부기구와 직업 운동가들로 구성된 '비영리산업복합체'가 탄생하는 재난이 올 것이라 보기 때문이다.

### 비영리산업복합체

비영리산업복합체는 기업, 정부, 로비단체, 자선재단, 비정부기구로 구성된다. 비영리산업복합체를 비판하는 이들은 '군산복합체' 개념과 마찬가지로 돈과 권력을 가진 자들의 이데올로기와 안전, 이해관계를 우선시하는 엘리트 내에서의 '공생 관계'를 강조한다.[17] 로버트 실버만Robert Silverman과 켈리 패터슨Kelly Patterson은 그 결과 비정부기구는 "서비스 제공자로 변질되고, 캠페인과 정치적 운동은 위축된다"라고 주장한다. 이 비영리산업복합체 내에서 비정부기구들은 결국 "반체제 활동을 중단하고 기업주의적인 가치를 제도화하여" 현행 세계 질서의 가치와 관행에 도전하기보다는 이를 강화하게 된다.[18]

저술가이자 공동체운동가인 안드레아 델 모랄Andrea del Moral은 뼈아픈 결론을 내린다. "개인들의 급진적인 풀뿌리 결사로 출발했던 조직들이 전체적으로 주류 경제를 모방하는 기업이 되었다. 이들은 현장에서 실제 사안에 대한 교육을 받지 않았는데도 전문적이다. 실질적인 변화는 이끌어 내지 못하지만 조직되어 있다. 공동체의 필요에 관심을 보이거나 책임감을 느끼진 않지만 세법은 잘 따른다."[19]

많은 풀뿌리운동가들이 이에 동의를 표한다. 《혁명은 후원으로 되는 것이 아니다The Revolution Will Not Be Funded》에서 저자 스물한 명은 비영리산업복합체를 뒤엎어야 한다고 주장한다. 이들은 운동이 전문화되면 현 질서의 부정의와 불평등에 맞서는 능력이 거세된다고 생각한다. 사우스다코타의 샤이엔강 수족族 보호구역의 마돈나 선더 호크Madonna Thunder Hawk는 다음과 같이 적고 있다. "당신이 사람들에게 돈을 주고 운동을 하게 할 경우, 사람들은 투쟁을 통해 동기가 부여되는 일이나 투쟁에 헌신해야 하는 일에는 더 이상 끌리지 않을 수 있다." 그녀는 이 같은 변화가 이제까지 한번도 캠페인이라는 활동으로 돈을 벌 수 있다는 생각을 해 보지 못한 사람들의 사고에 미칠 영향에 대해서도 크게 우려한다. "우리도 모르는 새에 우리는 돈 받을 기대에 들떠, 돈이 안 되는 일은 전보나 적게 하려 하기 시작한다."

이에 더해 저자들은 비정부기구 운동가들이 돈줄을 쥐고 있는 이들의 가치와 목표를 내면화하면서 권력의 주변부에 있는 이들에 대한 책임감이 사라졌다고 말한다. 뉴욕의 시스타II 시스타공동체의 아조아 프로렌시아 존스 데 알데이다Adjoa Florencia Jones de Almeida는 이렇게 적고 있다. "우리 운동가들은 이제 존립을 위해 주민이나 회원들에게 의존하지 않기 때문에 이들에게 더 이상 책임감을 느끼지 않는다. 대신 공공 재단이나 민간 재단에 우리가 유의미한 활동을 효율적으로 하고 있음을, 따라서 꾸준히 후원할 가치가 있음을 증명하려 애쓰다 보니 이런 재단에 주로 책임감을 표출하게 되었다."

오리건에 있는 권력행동여성모임의 아마라 페레즈Amara Perez는 여기서 한발 더 나가 비영리산업복합체는 비정부기구들이 "후원금을 얻기 위해 자신들의 정치 활동을 판매"하는(따라서 어떤 재단에서 무언가를 물어볼 때 항상 할 말을 준비해 놓고 있어야 하는) "사업 모델"을 구축하고 있다고 주장한다. "능력과 타당성을 증명할 수 있는 성공사례와 조직의 업적, 모델이 모두 판매 상품에 포함된다"라고 그녀는 적고 있다. 지난 몇 년간 운동이 이런 식으로 사업을 벌이면서 반체제 인사들의 가치와 목적이 "급진적 변화의 전략에서 재단이 결정한 기준을 얼마나 성공적으로 충족시켰는지를 보여주는 도표와 그림으로" 순화되었다.[20]

비영리산업복합체의 가장 두드러진 특징 중 하나는 비정부기구에 대한 기업 후원(과 비정부기구와 기업의 공동 활동)이 더 많아진다는 점이다. 그 외에도 하향식 관료주의 체계에서 일하는 운동가의 수가 급격하게 증가하고, 관리통제주의의 문화가 점차 강화되며, 자제와 순화의 가치에 대한 믿음이 심화되는 등 세 가지 흐름이 눈에 띄게 나타나는데, 물론 이는 운동과 개별 조직에 따라 편차가 크다.

# 세상을 구하는 것도
# 경력이다

그린피스는 1972년 캐나다 브리티시컬럼비아에서 출발했다. 이후 5년 뒤까지만 해도 조직은 허술했다. 당시 공동 설립자였던 로버트 헌터Robert Hunter는 자신의 책 《무지개 전사들Warriors of the Rainbow》에서 이렇게 술회한다. "사실상 아무나 그린피스 사무실을 차리고 지금까지의 모든 업적에 대한 공을 어느 정도 차지할 수 있었다. 우리가 밴쿠버에서 사용하던 문구를 그대로 갖다 쓰면서 스스로 직함을 만들 수도 있었다. 그러니까 방 하나에 친구들을 모아 놓고 선언하기만 하면 끝이었던 거다." 1장에서 자세히 밝히고 있듯 오늘날 그린피스 인터내셔널은 선출직 국제이사가 국제상임이사를 지명하고, 이 상임이사는 그린피스가 '수석경영자'라고 부르는 사람들을 관리하는 체계 속에, 20여 개의 국가 사무소와 지역 사무소의 브랜드 관리 및 캠페인 전략을 조정한다.[21]

그린피스의 관료주의적 체계가 국제비정부기구 중에서 가장 중앙 집중적이거나 위계적이라고 볼 수는 없다. 몇몇 단체에서 불만을 못 이기고 조직을 이탈한 사람들은 그 조직들이 독재에 가깝게 운영되었다고 전한다. 그린피스가 가장 극단적인 국제 비영리 산업복합체라고 볼 수도 없다. 합병이나 작은 단체를 통합하는 방식으로 조직의 규모를 불려 정책과 회계, 고용 등 위원회가 끝없는 미로처럼 펼쳐지는 단체들도 있다. 하지만 자유로운 정신과 히피의 운동에서 국제이사회가 '경영하는' 다국적 조직으로 진화한 그린피스의 사례는 가장 급진적인 사고와 집단마저 제도화될 수 있음을 똑똑히 보여 준다.[22]

오늘날 국제단체들은 수천 명의 사무직 노동자, 연구자, 프로그램 조직자를 고용하고 있다. 그리고 이들의 예산에서 월급과 수당이 상당한 비중을 차지한다. 케어 인터내셔널은 1만 1,000여 명의 직원을 두고 있고, 국제적십자위원회는 직원이 1만 2,000여 명에 이른다. 세계자연기금도 전일제 직원이 약 2,500명 정도다. 유엔세계식량계획의 직원이 약 1만 2,000명쯤이라는 점을 고려했을 때 상당한 규모임을 알 수 있다.

캠페인 조직가에게 실비와 사례금을 주는 것은 운동가들 내에서는 오랜·관행이다. 하지만 오늘날 비정부기구의 이사회에서는 제도 구축을 위한 실무자를 별도로 고용한다. 효율성을 높이고 구체적인 결과를 요구하는 차원에서 성과 상여금 제도와 감시 위원회가 마련되어 있고, 인센티브 제도와 자문위원회는 단체 실무자들이 후원금의 액수와 직원의 수, 전 세계 지부의 수를 늘리라고 독려한다.[23]

비정부기구의 수석경영자와 자문위원들은 대체로 정부의 방침과 작은 기업체의 급여 체계에 따라 월급을 받는다. 미국의 세계자연기금과 유니세프기금의 최고경영자 모두 2011년 45만 달러가 넘는 보수를 받았다. 같은 해 휴먼라이츠워치의 사무차장은 40만 달러, 캐나다 월드비전 대표는 37만 5,000달러가 넘는 보수를 받았다. 이 급여는 현장의 프로그램 담당 노동자나 '풀뿌리' 조직가들이 받는 것보다 월등히 많은 액수다. 전체 급여 비용을 절약하기 위해(그래봤자 가장 많은 비중을 차지하지만) 많은 단체들이 저임금이나 무임금 인턴에 의존하면서 정규직 일자리를 얻으려면 일정 기간 이상 자원 활동을 해야 한다는 규정을 두고 있다.[24]

급여, 성과급, 수석실무자에 대한 보너스를 아무리 합쳐 봤자 〈포춘〉에 실리는 500대 기업 총수나 부사장이 받는 돈은 따라가지 못한다. 하지만 기업 이사들처럼 비정부기구 지도자들은 정기적으로 제트기를 타고 세계를 누비면서 기업과 정치 엘리트들과의 네트워크를 유지한다. 컨퍼런스나 워크숍의 목표는 고매하다. 빈곤이나 질병, 환경 파괴를 저지한다는 것이다. 하지만 일각에서는 비정부기구 엘리트들의 생활양식이, 이들이 앞장서서 독려하는 선행과는 동떨어져 있다는 점에서 엄청나게 위선적이라고 비판한다. 운동가이자 사회학자인 제임스 페트라스James Petras는 이렇게 비꼰다. "비정부기구 지도자들은 신흥계급이다. 이 계급의 토대는 재산 소유권이나 정부의 자원이 아니라 상당한 대중 집단을 통제할 수 있는 능력과 제국을 연상시키는 규모의 재원이다." 그는 이런 지도자들이 "유용한 상품은 아무것도 만들어 내지 못하지만 원조국을 위한 서비스를 생산하는, 주로는 개인적인 특혜를 얻기 위해 자국의 빈곤을 양산하는 신흥 매판 집단"과 다를 바 없다고 주장한다.[25]

비정부기구의 경영진은 일선 운동가들과 지역사회 자원 활동가들의 역할을 쉽게 무시한다. (개인적인 실천을 비롯하여) 지역사회를 전환하려는 고되고 소모적인 일은 전만큼 중요하게 생각하지 않는다. 현장의 자원 활동가들은 지금도 캠페인과 프로그램을 운영하는 데 꼭 있어야 할 존재이지만, 이제 초점의 대부분은 이들이 돈을 기부하거나, 후원받은 상품을 구매하거나, 온라인 서명에 참여하거나, 그도 아니면 트위터, 페이스북, 유투브YouTube 같은 소셜네트워크를 통해 새로운 구성원을 끌어오도록 하는 일로 집중된다.[26]

이런 현실 때문에 풀뿌리운동가들은 사회적, 정치적 변화의 협력자라기보다는 소비자 취급을 받게 되었다. 풀뿌리운동은 이제 비정부기구의 우선순위나 전략, 프로젝트를 결정하는 데 간여하지 못한다. 그런 사안들은 이제 이사회와 최고경영자, 대표, 고위 경영진의 몫이다. (한 줌의 풀뿌리운동가들과) 엘리트 출신의 이해 당사자 자문 위원들이 중앙의 결정이 정당성을 갖추도록 옆에서 거든다.

## 중앙 집중적 조직 운영

후원금을 모으기 위해서는 캠페인 활동을 중앙화, 전문화하여 브랜드를 갖춘 조직으로 키우는 것이 크게 유익하다. 미국에서는 2000년부터 2010년 사이에 비영리단체의 수입이 40퍼센트 이상 증가했다.[27] 하지만 이들의 수입이 늘었다고 해서 일반적으로 풀뿌리에서 벌어지는 캠페인의 자금도 함께 늘지는 않았다. 오히려 능동적인 경영진이 구조를 개편하고, 단호한 중간 관리자들이 지역 지부와 공동체 활동의 비효율성과 '낭비'를 쳐내면서 그 반대의 상황이 벌어졌다.[28]

비영리단체의 기업 출신 이사들은 비영리단체의 관리 방식을 더욱 중앙화하라고 독촉하는 경향이 있다. 많은 경영자들은 경험적으로 이것이 기업 '성공'의 주요 요소라고 생각하기 때문이다. 비정부기구 고위직에 지명되는 기업 인사들이 늘면서 경영을 중앙화하라는 이런 압력이 꾸준히 증가하고 있다. 이사회와 재단 역시 비정부기구가 투명성과 책임성을 강화하기 위해서는 조직을 중앙화해야 한다고 압력을 행사하고 있다. 기업과 정부의 이해 당사자들뿐만 아니라 후원자들에게 해당 조직이 기준 미달이라는 인상을 줘서는 안 된다는 것이다.[29]

물론 투명성과 책임성의 강화는 직권 남용을 예방하는 등 조직에 많은 이익을 안겨 줄 수 있다. 하지만 그래 봤자 중앙화된 경영진은 회원들에게 피상적인 조언만 남발하여 선거 없이 구성된 기구의 독재적이고 비민주적인 경향을 감소시키기보다는 오히려 증가시킬 위험이 있다. 게다가 이런 비정부기구들은 회원들에게 실질적인 방식으로 의사 결정권을 주기보다는 브랜드와 상품을 팔려는 경향이 있다. '투명성'과 '책임성'은 결국 시민 참여라는 의미보다는 기업 회계상의 의미에 머무르게 된다.

기업의 표준적인 절차를 따르는 것은 당연히 대부분의 사회운동이 지향하는 민주적 이상과는 거리가 멀다. 풀뿌리운동이 기업처럼 본부에서 보고를 받기만 할 경우 비정부기구의 내부 작동은 제대로 파악할 수 없다. 인권학자 줄리 메터스Julie Mertus에 따르면 이런 단체들은 '아주 불투명'할 수 있기 때문이다. 또한 이런 보고 방식은 "비정부기구가 개별적으로, 또는 네트워크 속에서 움직일 때 다수의 참여를 배제한 채 '굳게 닫힌 문 뒤에서' 의사 결정에 영향력을 행사하곤 한다"는 우려를 해소하는 데도 별로 도움이 되지 못한다.[30]

리버사이드캘리포니아대학교University of California Riverside의 교수인 딜런 로드리게스Dylan Rodriguez는 "비영리단체의 지위를 얻는 데서 오는 이점이라는 난제" 때문에 운동의 제도화가 기업식 관료주의로 빠져드는 면도 있다고 설명한다. 어떤 단체가 한번 비영리단체로 설립되어 운영되면 세금 감면 혜택과 함께 재단 및 후원자들로부터 오는 재정에 기댈 수 있게 된다. 이 지위를 잃는다는 것은 기업이 파산하는 것과 같다. 또 국가와 기업의 요구에 부응하는 것은 기업으로 보면 의뢰인과 고객의 요구에 부응하는 것에 해당한다.[31]

운동가인 안드레아 델 모랄은 비영리단체의 지위를 획득한 운동과 하향식 기구에서 의사 결정권을 한곳에 집중시키는 경향 사이에는 이보다 훨씬 직접적인 관계가 있다고 설명한다. "어떤 조직이 세금 감면 지위를 얻기 위해서는(이것은 경제적으로 필요한 일로 여겨질 때가 많다) 기업의 위계질서를 모델로 지도 체제를 구축해야 한다. 사람들이 조직에 참여하여 조직의 방향을 결정하라고 독려하는 대신 외부 인사를 영입하여 거버넌스를 구축하는 경우도 종종 있다."[32]

게다가 비영리조직의 지위를 획득하면 운동 전략과 전술이 제한된다. 가령 미국에서는 비영리조직의 지위를 얻고 나면 몇 가지 로비 활동과 선거 후보자 지지 같은 일부 정치 활동이 불가능해진다.[33] 로드리게스는 비영리조직의 지위를 얻기 위해 좀 더 급진적인 대의와 대대적인 개혁의 가능성이 잠식되는 것에 대해 분통을 터뜨린다. "명백한 진보 단체와 급진적인 단체, 좌파 단체, 심지어는 '혁명' 집단이라고 자임했던 이들마저도 갈수록 국가의 제재를 받는 조직 패러다임에 동화되는 것이 제도화에 이르는 실질적인 방법이라고 여기게 되었다."[34]

### 풀뿌리의 책임?

앞서 언급했듯 일반적으로 사람들은 기업이나 정부보다는 비영리기구를 훨씬 신뢰한다. 설문 조사에 따르면 기업과 비정부기구 간의 협력 관계는 기업에 대한 신뢰를 높여 주는 경향이 있다.[35] 하지만 많은 분석가들은 비정부기구, 그중에서도 특히 대규모 국제단체의 전반적인 투명성과 책임성, 대변 역량에 의문을 제기한다. 일각에서는 국제단체의 지도자들이 "가령 빈민 집단의 염원이나 이해관계를 대변할 수 있는 권한이나 주장의 훌륭함에 비해 과

도한" 영향력을 가지고 있는 "자칭 이타주의자"에 불과하다고 비판한다.[36]

많은 노조에서도 "자신들이 보호하고자 하는 노동자들에 의해 선출되는 것도 아니고 대표성도 없는" 비정부기구 임원들의 자격에 대해 의문을 제기한다.[37] 2000년 〈이코노미스트 *The Economist*〉는 이런 분위기를 잘 포착했다. "존경할 만하지만 그렇다고 해서 완전 무결하지만은 않은 비정부기구의 영향력이 점점 증대되면서 중요한 문제가 부각되고 있다. 옥스팜은, 국제혁명적공산주의동맹은 누가 뽑았나? 서구에서 정부와 그 산하기관들은 결국 자신들을 선출해 준 투표자들에게 책임을 다해야 한다. 그렇다면 운동가들은 누구에게 책임감을 느껴야 할까?"[38]

거리의 시위자들을 책임지는 구조를 유지하기 위해 투쟁하는 '지도자 없는' 운동의 흥미로운 사례는 바로 점거운동이다. 월가 점거 시위대는 후원자들에게 소득공제 혜택을 주기 위해 애리조나 투손에 있는 지구정의연합과 동맹을 맺었다. 하지만 기업식 명령 계통으로 재정을 관리하는 데는 저항했다. 은행 계좌는 '회계 실무 집단'이 관리했는데, 모든 실무 집단처럼 이 회계 실무 집단은 필요시 총회에서 설명해야 할 의무가 있었다. 현장운동가들로 구성되어 날로 진화를 거듭한 이 '총회'는 공공장소에서 정기적으로 모임을 가지며 재정 후원이나 현물 후원에 대해 토론하고 이를 살펴보기로 되어 있다.[39]

점거 시위 구성원들은 지도자 없는 분권화된 구조에 자부심을 느낀다. 하지만 2012년 이후로 최소한 일부 운동가들은 이런 구조가 우선순위가 높은 일들이 표류하고 참가자가 줄어들게 된 결정적인 이유라고 여기기 시작했다. 이들은 점거운동이 통제 방식을 중앙화하고 경영을 전문화하여 영구적인 조직 체계를 갖춤으로써 지속적인 영향력을 발휘할 필요가 있다고 생각한다.

# 비정부기구의
# 경영 문화

마이클 메이어Michael Meyer, 레나테 부버Renate Buber, 아나히드 아가마누칸Anahid Aghamanoukjan은 관리주의 자체는 "우리 시대의 가장 강력한 제도적 관행 중 하나"라고 주장한다. 특히 1990년대 초 이후로 후원자와 공동체 이해 당사자는 비정부기구가 "관리주의적 규범에 따라 행동하리라"는, 다시 말해서 "기업과 더욱 유사"해져서 효율성과 투자 수익률, 브랜드 가치를 극대화하리라는 기대를 더욱 강하게 갖게 되었다.[40]

### 효율성과 실효성을 갖춘 비정부기구

오늘날 비정부기구를 깊이 파고드는 관리 원칙은 효율성과 실효성이다. 조직의 강령에도, 이사진과 경영팀의 재촉에도, 관리자와 직원들이 측정하고 평가해야 하는 것들 중에도 효율성과 실효성은 빠지지 않는다. 대표자와 직원, 고객의 서열을 제도화하고 시장의 질서를 따르는 것은 일반적으로 효율성과 실효성을 높이는 방편으로 이해된다. 그리고 '벤치마킹' 같은 관행은 '실적'을 개선하고 진척 사항을 추적·평가하는 방편으로 받아들여진다.[42]

효율성과 실효성 원칙을 최우선으로 고려할 경우 일정 엄수, 목표 달성, 예산 내 집행 같은 작은 성취에도 큰 의미를 부여하게 되는 경향이 있다. 관리자들은 당연하게도 운동을 동원하여 정치를 바꾸는 (때로) 불가능해 보이는 일보다 주어진 과제를 완수해야 할 필요를 더 강조한다.

동시에 다국적 비정부기구의 지도자들은 지부별로 들쑥날쑥한 표준과 목표를 조화시킬 필요를 강조한다. 크고 복잡한 조직일 경우 이렇게 하면 좀 더 일관된 결과를 얻을 수 있다. 또한 이는 평판이 나빠지거나 이미지가 실추될 위험을 줄여 준다. 월드비전 인터내셔널, 카리타스 인터내셔널, 옥스팜 인터내셔널 모두 국가 조직과 지역 조직을 위해 '양질의 표준'을 설정해 놓았다.[43] 표준화는 브랜드 가치를 보호하기 위해서도, 전체 조직의 재정 효율성을 개선하기 위해서도 필요한 일로 여겨진다.

비정부기구 관리자들은 비효율성을 없애기 위해 중복 인력을 감축하고 비용을 낮추며 낭비를 최소화하고자 한다. 갈수록 많은 관리자들이 기업주의적 접근법에 따라 로고 사용료를 부과하고, 상품과 서비스를 판매하며, 이윤의 일정량을 대가로 기업과 협력 관계를 맺는 등 돈벌이에 나선다. 캐서린 마샬Katherine Marshall의 말처럼 "이윤 동기가 비정부기구의 명시적인 목표가 되는 경우는 거의 없다." 하지만 비정부기구 지도자들과 관리자들은 "기업 원칙과 민간 영역의 훈련 방식이 창의성과 효율성을 일구는 힘이라고 여긴다".[44] 효율성 기술을 가르치고 비정부기구 운영자들을 훈련시키는 일은 이제 그 자체로 하나의 산업이 되었다. 자습서, 웹사이트, "무수한 상담사, 싱크탱크, 민간 조직, 대학들이 전문적인 비정부기구 운영과 관련된 훈련 프로그램을 제공한다".[45]

이런 식의 관리주의는 북반구에 있는 비정부기구의 본부에만 국한되지 않는다. 전 세계적으로 비정부기구의 재정은 국가기관, 다자적 기구(세계은행 같은), 기업 파트너 등 자금원의 관리주의 원칙을 준수할 수 있는지 여부에 좌우되고 있다. 남반구의 작은 단체들은 민간 자금원, 원조 기구, 협력 관계에 있는 다른 단체들로부터 관리 시스템을 개발하여 운영의 효율성과 재정 후원자에 대한 책임성, 이해 당사자에 대한 투명성을 제고하라는 극심한 압력에 시달리고 있다. 이 중에는 기업의 부기簿記 관행을 따를 것, 영향 평가를 시행할 것, 감사를 통해 후원금에 대한 수익을 감시할 것 등도 있다.[46]

효율성과 실효성을 입증하기 위해서는 점점 많아지는 후원자들에게 측정 가능한 결과를 제공할 수 있어야 한다. 경영상담가 애드리언 보던Adrian Bordone은 결과 지향적인 후원 환경 때문에 "과거에는 사적인 일화와 공감에 의지하여 재정을 마련하던 비정부기구들이 이제는 데이터에 근거한 가치 제안을 훨씬 공격적으로 추진"할 수밖에 없게 되었다고 주장한다.[47] 모험적인 자선 사업가와 사회적 기업가들은 진척 상황을 추적하고 정량화할 필요를 솔직하게 드러낸다. 하지만 비정부기구들은 갈수록 많은 정부와 재단으로부터

'절차'를 뛰어넘어 통계 분석을 통해 확인된 결과를 제시할 것 역시 요구받고 있다.

하버드대학교 경영학 교수인 앨누어 에브라힘Alnoor Ebrahim은 정량화할 수 있는 프로젝트에만 주력할 위험이란 "측정이 필요한 일보다는 측정하기 쉬운 일로 자금이 흘러갈 수 있다는 의미"라고 주의를 준다. 이와 마찬가지로 제임스 페트라스는 운동가들이 이런 요구에 굴복할 경우 어떤 일이 일어날 수 있을지에 대해 이렇게 경고한다. "비정부기구들은 운동이 아니라 프로젝트를 강조하게 된다. 그들이 변두리의 생산직 노동자들을 '동원'하는 것은 기본적인 생산 수단과 부를 장악하는 투쟁을 위해서가 아니다. 그들은 사람들의 일상생활을 결정하는 구조적인 조건이 아니라 프로젝트의 기술적인 재정 지원에 주력한다."[48]

### 비정부기구의 브랜드 관리

오늘날 모든 다국적 비정부기구에 가장 중요한 일은 브랜드 가치와 브랜드 이미지의 관리다. 케어 인터내셔널이나 유니세프 같은 비정부기구들은 '이미지 쇄신'도 단행했다. 적십자, 세계자연기금, 해비타트 같은 단체들은 인터브랜드, 맥캔에릭슨, 영앤루비캠 같은 세계 유수의 브랜드 회사의 마케터들을 고용하기도 했다.[49]

얼마 전까지만 해도 '단체의 브랜드'를 관리한다는 생각은 운동가들에게 실망을 안겨 주었을 것이다. 국제앰네스티가 2006년 '글로벌 정체성 프로젝트'에 착수했을 때 담당자들은 '브랜드'라는 단어의 사용을 경계했다. 브랜드라는 단어는 단체의 좋은 이미지를 더럽힌다고 생각했기 때문이다. 앰네스티의 사라 월본Sara Wilbourne은 초기에 브랜드라는 단어를 사용하던 일에 대해 질문하자 싱긋 웃으며 이렇게 말했다. "아니요. 그땐 그런 나쁜 단어는 쓰지 않았어요. 사람들이 정말 싫어했거든요."[50]

이제는 아무도 이렇게 말하지 못할 것이다. 앰네스티의 마커스 비코Markus Beeko는 이렇게 평가한다. "요즘에는 쓰는 단어죠. 상당히 많이 쓰여요."[51] 앰네스티는 "다음 50년간 사용할 새로운 브랜드 정체성"을 출시하기 위해 마케팅 회사인 글로브스캔(이들의 고객으로는 유니레버, 펩시, 리오틴토 등이 있다)을 고용했다. 글로브스캔은 이렇게 설명한다. 앰네스티는 "내적으로 단합을 도모하고 외적으로 더욱 강해질 수 있도록 참신하고 활기 있는 브랜드 정체성을 구축할 필요가 있었다".[52]

어째서 앰네스티를 비롯한 많은 비정부기구들이 지난 10년간 브랜드에 목을 매달았던 걸까? 하버드대학교 경영학 교수인 존 퀠치John Quelch에 따르면 2005년경까지 대부분의 비정부기구 내에서 "일상적인 대화에서 '마케팅'이라는 단어를 들먹이는 일은 없었다." 하지만 자선단체와 대의명분이 홍수처럼 넘쳐 나는 오늘날에는 비정부기구들이 재원과 청중, 매체의 조명을 놓고 각축을 벌여야 하기 때문에 조직이 생존하려면 브랜드 관리가 반드시 필요한 일이 되었다. 다국적 기업들과 함께 브랜드 파트너십을 구축하는 비정부기구들이 늘어나고 비정부기구에 대한 기업의 후원이 꾸준히 증가하면서 이 경향은 강화되고 있다.[53]

높은 브랜드 가치와 신뢰는 다시 훨씬 더 많은 기업의 협력과 자금을 끌어낼 수 있다. 해비타트 인터내셔널의 사례를 살펴보자. 2001년 시장 분석을 통해 브랜드 가치가 스타벅스와 동일한 18억 달러로 매겨지자 2002년 해비타트의 고위 임원들은 기업 파트너십 가격을 두 배로 인상했다. 이듬해 해비타트는 월풀, 로우스와 새로운 후원 방식을 협상했고, 기업 부문에서 50퍼센트 가량 더 많은 액수를 뽑아낼 수 있었다(3,900만 달러).[54]

일부 사회운동가들은 비정부기구들이 브랜드 관리에 열중하고 시장 가치를 포용하는 데 쓴웃음을 짓는다. 이 덕에 비정부기구가 돈을 벌고 기업 중역실에 드나들 수 있다는 점에 대해서는 모두가 인정할 수 있지만 이것은 비정부기구의 '기업 흉내'를 보여 주는 또 다른 징후일 뿐이라는 것이 비판가들의 우려다. 이는 "체제 전반적인 사회·정치적 변화의 주체로서" 행동할 비정부기구의 역량을 좀먹고, 비정부기구가 대기업 및 시장 자본주의와 타협하는 것을 옹호하는 데 그치게 만들 수 있기 때문이다.[55]

## 타협의
## 철학

제도화는 캠페인 집단이 시스템에서 비롯한 착취와 부정의에 맞서 싸우기보다는 지배 구조와 이데올로기에 우호적인 전략을 채택할 유인을 만들어 낸다. 비정부기구 지도자들은 직원들의 월급과 캠페인 비용을 지출해야 할 압력에 지속적으로 시달린다. 후원자와 자금원에게 결과를 보고하고 '이해 당사자'와의 협력을 중시하는 동안, 과감한 요구와 모험적인 전술은 뒷전으로 밀리기 일쑤다.

9·11 이후 안보 구조는 이런 타협의 철학을 더욱 견고하게 다진다.[56] 3장에서 살펴보았듯 비판적인 집단들은 국가 안보기구로부터 '급진적'이라는 낙인이 찍혀, 조직 재정과 브랜드 가치, 개인 신변의 안전에 중대하고 즉각적인 결과가 초래될 현실적인 위험에 시달린다. 비영리조직으로서의 지위나 유엔 옵서버UN observer◆ 지위를 상실할 경우 많은 조직들이 휘청거릴 수 있다. 하지만 이보다 더 나쁜 상황은 국가로부터 테러리스트 위장 조직이라는 고발을 당하는 것이리라. '성공한' 단체 임원 중 그 누가 자신들의 예산과 직원, 프로그램을 가지고 도박을 하고 싶겠는가? 비정부기구 지도자들이 재산이나 경제 활동에 손해를 끼칠 수 있는 캠페인 같은 구성원들의 직접행동 전술을 통제하는 대신, '의식 고양'과 '서비스 제공' 같은 활동에 조직적인 역량을 집중시켜 재원을 모으고, 후원회원, 물주인 국가, 후원 기업을 동원하여 조직의 정당성을 강화하는 것도 어느 정도는 당연한 일이다.

### 재원 마련을 위한 타협

재정 마련은 제도화를 부채질한다. 동시에 제도화는 재단과

---

◆ 유엔 총회에 참여하여 발언할 수 있는 비정부기구나 정부 간 기구, 비회원국을 말한다.

정부, 기업으로부터 더 많은 돈을 끌어올 수 있게 해 준다. 이렇게 마련된 돈은 비영리조직 내부의 압박을 가중시켜 소외된 집단의 힘을 북돋는 등과 같은, 실적을 평가하기가 어렵고 모호한 노력을 억제하고, 풀뿌리단체의 독립과 영향력 행사를 어렵게 한다.[57] 여기에 후원자와 국가가 직접 가하는 압박은 비정부기구의 급진성과 정치성을 약화시킨다. 가령 요즘에는 많은 '개발' 원조자들이 수혜자들에게 정량화할 수 있는 방식으로 빈곤을 감소시킬 것을 요구한다. 이 때문에 많은 단체들이 이런 정량화된 방식의 빈곤 감소를 후원금을 조달하거나 연장할 수 있는 방법의 일환으로 여기고 있다. 개발도상국에서 활동하는 단체들은 이 때문에 사회운동과 사회 변화를 지원하는 데 관심을 두기보다는 특정한 경제 지표를 개선하는 데 치중하고 있다.[58]

경제적 이익을 추구할 경우 지배적인 사회 구조와 시장 구조 내에서의 작은 변화를 강조하면서 실용적인 전술을 내세우게 된다. 심지어 기업과의 공조를 경계하는 비정부기구 내에서도 이제 대다수는 사유재산 제도와 시장, 다국적 기업을 인정한다. 그렇다면 좀 더 급진적인 운동가들이 굴복하고 있는 것일까? 절대 그렇지는 않다. 하지만 이들 내에서도 전략이 전보다 순화되고 가벼워진 것은 사실이다.

일례로 2012년 그린피스와 예스맨Yes Men◆은 북극의 석유 시추를 '기념하는' 석유업계의 축하연을 모방한 퍼포먼스를 진행했다. 시애틀의 '스페이스니들Space Needle'◆◆에서 진행된 이 축하연에서 '셸' 로고가 찍힌 가짜 빙하 옆에 음료수가 나오는 석유 굴착기

모형이 놓여 있다가, 이 굴착기가 오작동하면서 암갈색 코카콜라가 사방으로 뿜어져 나왔다. 그러자 행사 진행자들은 솟구치는 콜라 줄기를 막기 위해 이리저리 뛰어다녔고, 몇몇은 박제된 북극곰을 들고 이를 막으려 하기도 했다. 하룻밤 새 이 북극의 석유 시추 풍자 퍼포먼스는 유투브를 통해 퍼져 나갔다. 미국 그린피스의 제임스 터너James Turner는 이 호화로운 장난극의 목적을 이렇게 설명한다. "사회적 미디어는 사람들이 진지한 주장을 펼치면서 동시에 유머와 창의성을 활용하여 희망적으로 즐기고 참여할 수 있는 방식을 마련할 기회를 제공한다."[59]

### 마케팅을 위한 타협

갈수록 많은 단체들이 기업과의 마케팅 협력 관계를 유지하기 위해 상당한 예산과 직원을 할당하는 상황에서, 대의명분 마케팅은 많은 비정부기구들이 돈을 모을 수 있는 소중한 밑천이 되었다. 소비자들이 상품을 구매하거나 신용카드를 활용하여 몇 푼씩 기부할 수 있도록 체결된 비정부기구와 기업의 협력 관계는 1980년대 초에 처음으로 등장한 뒤 이제는 일상화되었다. 기업이 비정부기구의 브랜드를 이용하여 상품을 판매할 수 있게 하는 라이선스 협약도 마찬가지다.

마케팅 분야에서 선두를 달리는 단체는 세계자연기금이다. 하

---

사회문제를 풍자하는 2인조 문화운동가 자크 세르뱅Jacques Servin과 이고르 보모스Igor Vomos의 팀명이다.

지만 2장에서 밝힌 바대로 그 외에 여러 비정부기구들이 유명 브랜드 회사와 거래를 협상하기 위해 줄 서 있다. 대의명분 마케팅은 유럽과 북미에서는 흔하게 볼 수 있고, 방글라데시 같은 개발도상국이나 중국 같은 신흥경제국에서도 확산되는 중이다. 직원 수를 기준으로 했을 때 세계 최대의 비정부기구인 방글라데시의 브락 BRAC은 빈곤 퇴치 활동 기금 마련을 위해 손수건, 음식, 소금을 판매하는 수익 사업을 별도로 운영하기도 한다.[60]

대의 마케팅은 비정부기구의 자금원을 확보하는 기능도 있지만 기업의 브랜드 가치와 이미지 제고에 활용되기도 한다. 가령 미국에서 이루어진 여론 조사에 따르면 소비자들은 명분이 있는 상품의 가치를 높게 평가하고 사실상 명분을 후원하는 의미에서 이런 상품들을 구매하는 것으로 나타났다. 최소한 소비자의 일부는 이 같은 구매를 사회적 대의에 기여하는 주요한(경우에 따라서는 유일한) 수단으로 여긴다고 볼 수 있다. 또한 소비자들은 사회적으로 의미 있는 상품이 훨씬 더 늘어나기를 바라는 것으로 보인다. 미국인의 80퍼센트 이상이 더 많은 상품을 바란다는 조사 결과도 있다. 하지만 앞으로 대의명분 마케팅이 늘어난다고 해도 모든 대의명분에 동등한 혜택이 돌아가지는 않을 것이다. 암 치료나 재난 구호 기금, 북극곰 지키기 같은 사적이고 감성적인 대의는 마케팅을 통해 큰 수확을 얻고 있지만 난민이나 전과자 지원 같은 논쟁적이거

---

뾰족한 바늘 모양을 하고 있는 전망대로 시애틀의 관광 명소이다.

나 정치적인 대의는 기업과 소비자들로부터 상대적으로 거의 관심을 모으지 못하고 있기 때문이다.[61]

# 제도적
## 생존

지리학자 루스 길모어Ruth Gilmore는 오늘날의 운동을 직설적으로 비판한다. "많은 비영리조직들이 자신들의 사명을 완수하는 것보다 생존하는 데 더 많이 목을 맨다."[62] 감독위원회는 이들이 조직으로서 생존하려면 '지속가능한 예산'이 필요하다고 요구한다. 비정부기구의 회계 담당자는 장부에 오류가 없는지 눈에 불을 켜고 들여다보고 비정부기구의 변호사들은 명예 훼손과 저작권 침해에 대해 고소를 한다. 하급 경영자들은 조직의 활력을 증진하기 위한 시간 계획을 세우고, 상급 관리들은 직원들과 프로그램을 유지하기 위해 장시간 노동을 한다. 그리고 비정부기구의 대표는 조직을 '건강하게' 유지하기 위해 직원의 충원과 감원 문제를 결정한다.

　하지만 운동의 제도화는 단순히 하향식 의사 결정 구조와 상향식 보고 체계로 구성된 관료제가 확장되는 선에서 그치지 않는다. 제도는 한때 지금과는 다른 질서를 위해 투쟁했던 운동의 에너지를 빨아들여, 이를 저항하는 힘에서 체제 강화 기제로 전환시킨다. 제도적 전략들은 일선 운동가들의 말과 행동을 완화시키고 제한한다. 피고용자들은 결국 '예산'과 '제품' 그리고 '계량 가능한 성공'에 대해 이야기하게 되고 조심성과 실용주의의 노예가 된다.

비정부기구의 구조는 갈수록 기업과 닮은꼴이 되어 간다. 비정부기구는 재정 확충 능력을 증대하기 위해 마케팅과 브랜드 관리에 나서고, 프로그램을 키워 새로운 '시장'에 진출하고자 한다. 이런 상황에서 브랜드의 힘을 합치면 (이윤과 대의를 위해) 상품 판매고를 늘릴 수 있다는 생각에 대기업과 협력 관계를 맺는 비정부기구가 늘어나고 있다. 세계적인 비정부기구 중에는 이제 막 이 길에 접어든 곳들도 있다. 그리고 개발도상국에 있는 수많은 군소단체들은 세계자연기금이나 세이브더칠드런, 국제앰네스티와는 구조가 상당히 다르다. 하지만 권력의 중심에서 멀리 떨어진 작은 단체들조차도 최소한 어느 정도는 비영리조직들을 옭아매고 있는 제도적 그물에 포획되어 있다. 후원자들이 자금 지원의 의무 조건으로 기업이나 다국적 비정부기구와의 '동반자 관계' 같은 것을 요구하고 있기 때문이다.

이런 부단한 제도화의 과정은 운동가의 전략을 지속성과 안정성을 증진하는 방향으로 전환시킨다. 제도 안에 있는 운동가들은 변화를 달성할 수 있는 가장 합리적인 전략은 절제와 실용주의라고 여기게 된다. 운동이 지향하는 변화의 목표는 시스템상의 원인을 향하지 않고 미시적인 해법에 치우치게 된다. 그리고 시장 자본주의의 가치가 갈수록 비정부기구 속으로 침투하고, 비정부기구들은 갈수록 비영리산업복합체의 금전적 이익과 특권의 맛을 알게되면서, 변화를 달성하기 위해 시장과 장사·기업에 더욱더 의존하게 된다.

운동에 대한 탄압과 사회적 삶의 사유화가 이 같은 운동의 제도화 과정과 맞물리면서 운동의 기업화는 더욱 심화되고 있다. 비정부기구가 이런 기업의 틀 안에서 사회적 서비스를 제공하고, 연구 기금을 마련하며, 착취적인 행태를 적발하고, 인권 유린을 예방하며, 생물 다양성을 보존하는 등 상당히 좋은 일을 하고 있는 것도 사실이다. 어쩌면 작은 규모의 변화를 달성하는 비정부기구의 역량이 훨씬 증대하고 있는지도 모르겠다. 하지만 다음 마지막 장에서 살펴볼 것처럼 그렇다고 해서 운동의 기업화가 오늘날의 불평등과 부정의를 합리화하고 기업과 국가의 권력을 강화한다는 결론을 피해갈 수는 없다. 물론 운동가들의 세계가 한없이 평온하고 고요하기만 한 것은 아니다. 풀뿌리 조직에 있는 많은 이들이 기존 질서에 투항한 비정부기구를 성토하고 있기 때문이다.

# 6장

# 기업화된
# 세계
# 질서

1971년 9월 우리가 살고 있는 캐나다 밴쿠버에서 출발한 최초의 그린피스 선원들은 알래스카 연안에서 시행하는 핵무기 실험에 저항하기 위해 거친 바다를 헤치고 나아갔다. 비가 잦고 산맥으로 둘러싸인 자신들의 고즈넉한 도시가 그린피스의 발원지임을 아는 밴쿠버 시민은 거의 없다. 하지만 오늘날의 밴쿠버가 전 세계 운동에서 별 역할을 하지 못한다는 점을 고려하면 이는 그렇게 놀라운 사실도 아니다. 실제로 밴쿠버의 많은 환경주의자들은 전 세계 환경 위기가 날로 고조되어 감에도 불구하고 이에 아랑곳 않는 듯한 밴쿠버의 분위기에 대해 한탄하곤 한다. 1970년대의 열정과 용기는 모두 어디로 갔는가? 밴쿠버 시민들은 어째서 불평등과 부정의, 생태적 파국에 맞서지 않는가? 이에 대한 대답은 전 세계 운동의 성격 변화와도 긴밀하게 연결되어 있다는 것이 우리의 생각이다. '밴쿠버 시민들은 밴쿠버에서 나름의 저항을 하고 있다.' 전 세계에서 많은 사람들이 이미 하고 있는 방식 대로 말이다.

2013년 첫 두 주에 일어난 일을 살펴보자. 밴쿠버에는 앨버타의 유전에서 브리티시컬럼비아 북부 해안으로 이어지는 '노던게

저항 주식회사

이트웨이Northern Gateway' 송유관 건설 계획에 반대하기 위해 최소한 1,000명이 모였다. 그리고 밴쿠버와 인근 지역에서는 캐나다에서 원주민의 권리를 보호하고 처우를 개선시키기 위해 2012년부터 시작된 '더 이상 방관하지 말자Idle No More'라는 풀뿌리운동이 많은 시위를 조직했다.

시위는 밴쿠버에서만 일어난 게 아니었다. 같은 기간 동안 '더 이상 방관하지 말자' 시위대는 쇼핑몰과 고속도로에서 행진을 하고, 도로와 철로 및 미국 국경을 막아서는 등 캐나다 전역에서 집회를 열었다. 전국의 다른 운동가들도 2013년 1월 이에 동참하여 석유와 가스 생산을 확대하고, 빈민을 위한 서비스를 감축하며, 기업의 성장을 위해 보조금을 지급하려는 정부 계획에 반대하고 나섰다. 그리고 다른 나라 곳곳에서도 이와 유사한 시위가 일어났다.

2013년 1월의 시위 규모에는 특별히 남다른 점은 없었다. 가령 1월에는 워싱턴디시에서 수만 명이 모여 앨버타 유전을 미국의 정유소와 소비자들에게 연결시켜 주는 키스톤 XL 송유관Keystone XL pipeline 건설 계획에 반대하는 시위를 벌였다. 최소한 2007년 세계 경제가 침체된 이후부터 세계 대부분의 지역에서 반자본주의 시위와 반세계화 시위가 일상화되었다. 국가는 들불처럼 일어나는 시위를 억제할 수는 있지만 결코 완전히 끄지 못한다.[1]

2011년 9월 뉴욕에서 시작된 월가 점거 시위는 불과 몇 달 만에 전 세계 1,000여 개의 도시와 마을로 번져 나갔다. 그 이후에도 시위는 꾸준히 격화되어 국가가 나서서 진압하기까지 했다. 2012년과 2013년에 수백만 명의 분노한 사람들을 거리로 끌어낸 사안

만도 책 한 권을 채우고 남을 정도다. 스페인에서는 자본주의와 무력 정치, 일본과 인도에서는 핵 발전, 그리스에서는 긴축 조치, 영국에서는 석탄 화력 발전, 러시아와 멕시코에서는 부정 선거, 캐나다와 영국에서는 대학 등록금 인상, 페루에서는 기업의 채굴 활동, 나이지리아에서는 휘발유 가격 폭등, 남아프리카공화국에서는 질 낮은 정부 서비스, 중국에서는 환경오염이 주요 사안이었다.

비버리 벨Beverly Bell과 그녀의 '다른 세상' 동료들은 국가와 기업 권력에 대한 저항이 지금처럼 고조되면 "역사적으로 유례가 없는 운동의 통합"된 흐름이 만들어질 것이라고 관측한다. 전 세계 풀뿌리운동가들은 사회적 미디어를 통해 협력과 조정의 수위를 높이는 한편, 자신들의 해당 사안뿐만 아니라 레오 패니치와 그레그 앨보Greg Albo, 비벡 치버Vivek Chibber가 말한 부정의와 불평등에 대항하는 "동일한 전 세계적 고양"에 동참하고 있다. 이런 운동가들 중에는 1970년대처럼 새로운 세계 경제 질서를 다시 한번 요구하는 이들도 있다. 벨을 비롯한 많은 이들은 '10억의 봉기One Billion Rising'가 사회운동의 통합이 날로 증대되고 있음을 보여 주는 사례라고 생각한다. '10억의 봉기'는 '여성 폭력을 종식'시키기 위한 1년에 하루 벌어지는 '혁명'으로, 이 운동을 조직한 사람들은 이것이 '새로운 조직'이 아니라 세상을 변혁하기 위한 '바람'이자 '촉매'임을 강조한다. 이 혁명은 2013년 2월 14일에 처음으로 시작되었는데, 거의 모든 나라에서 여성의 권리를 요구하는 춤과 행진이 있었고, 약 5,000개의 조직이 동참했다.[2]

얼핏 보면 이렇게 많은 사회적 저항은 운동이 기업화되고 있다는 우리의 주장과 상충하는 것 같다. 하지만 우리는 운동이 곧 약화되거나 사라질 것이라고 주장하는 것이 아니다. 한편으로는 비정부기구와 소비자운동이 급진적인 운동가와 주장들을 도외시하고, 다른 한편으로는 기업화한 운동에 대한 대항운동이 등장함에 따라 오히려 사회적 불안은 커질 수 있다.

하지만 결정적으로 이 마지막 장에서 우리는 운동의 기업화를 통해 사회적 불안과 대항운동을 억누르고 포섭하는 〔주류〕 세계 질서의 역량이 강화되고 있다고 주장할 것이다. 기업화한 비정부기구와 소비자운동은 지금의 세계 질서 구조를 안정화·합리화하면서 반자본주의·반세계화운동가들 중 일부는 길들이고 일부는 환멸에 빠뜨리는 방식으로 주류에 편입시키고 있다. 그래도 호락호락 넘어오지 않는 이들은 군사화된 경찰과 정보기관이 맡는다. 이로 인해 풀뿌리운동은 약화되고 기업의 권력은 더욱 강화된다. 오늘날 그렇게 많은 사람들이 '세계적인 봉기'의 징후를 목격하고 있는데도 세계 질서가 시스템 개혁에 대한 아래로부터의 요구에 아랑곳하지 않는 것은 바로 이 때문이다.

## 세계 혁명?

2011년 〈타임〉이 선정한 '올해의 인물'은 '시위대'였다. 언론인이자 《혁명을 리트윗하라Why its Kicking off Everywhere》의 저자인 폴 메이슨Paul

Mason은 2011년을 분수령으로 본다. "2011년에 뭔가 실질적이고 중요한 일이 일어나서 아직 그 여운이 남아 있다. 나는 이제는 그것을 혁명이라고 부를 자신이 있다." '급진적인 선언문'인 〈우리는 무엇을 위해 싸우는가What We Are Fighting For〉도 "긴축의 시대는" 대담하게 "다른 사회를 꿈꾸는 수백만 명과, 거리에서 시위하는 새로운 세대를 만들어 냈다"라고 주장하면서 메이슨과 같은 입장에 선다. 캐나다 운동가인 주디 르빅Judy Rebick은 2012년 시위가 훨씬 강해졌다는 생각을 밝혔다. "나는 나중에 우리가 2012년을 모든 것이 바뀐 해로 회상하게 되리라고 본다."[3]

하지만 2011년과 2012년의 시위는 실제로 얼마나 세상을 뒤흔들었을까? 시위를 '변화'라며 기뻐하는 것은 어쩌면 이제까지 아무것도 변하지 않았다는 반증인지도 모른다. 앞서 말했듯 분명 사회적 불안은 일상적이고, 보기에 따라서는 달아오르고 있는지도 모른다. 또한 급진적인 지역주의에서 소박한 삶, 신세계 사회주의에 이르기까지 대안에 대한 무수한 제안들이 쏟아져 나오고, 자본주의에 대한 아래로부터의 비판이 일지 않는 곳이 없을 정도다. 다른 사람들처럼 우리도 2011년과 2012년의 사회적 소요가 큰 의미를 가진다고 생각한다. 논쟁을 불러일으키고 지식 네트워크를 형성하며, 심지어 여기저기서 어느 정도 정치적 기반까지 마련하고 있기 때문이다(가령 2012년 그리스의 정치적 좌파). 하지만 실제 결과를 냉정하게 들여다보면 대중들의 저항과 풀뿌리운동이 이 세상의 질서를 바꾸는 힘보다는, 기업화한 운동이 기존 질서를 지원하는 힘이 더 크다는 점을 인정하지 않을 수 없다.

## 급진주의에 대한 억압

운동은 기업화로 인해 급진성을 잃었다. 3장에서 5장까지 상세하게 설명한 것처럼 지난 50년간 서로 교차하는 다양한 힘들이 상승효과를 일으켜 운동의 기업화를 이끌었다. 2001년 이후 국가의 탄압이 강화되고 폭력적인 탄압이 이어지면서 운동가들은 사적인 관심사에 눈을 돌렸다. 제2차 세계대전이 끝난 뒤 사회적 삶의 사유화가 심화되면서 변화의 급진적 힘을 오랜 세월 떠받치고 있던 토대들이 약화되었다. 그리고 1980년대 이후에는 비정부기구의 모금 활동과 제도화에 대한 필요성이 증가하면서, 운동가들의 에너지가 대의명분 마케팅이나 영리 목적의 인증서 등과 같은 시장 해법을 지원하는 방향으로 꾸준히 기울었다. 국제엠네스티나 세계자연기금 같은 단체가 다국적 소매업체나 제조업체와 손을 잡고 소비재의 공동 브랜드를 만드는 데서 나타나는 것처럼, 지난 10년간 기업화의 속도가 점점 빨라지고 있다. 이런 식의 운동은 자본주의를 정당화하고 대안을 무색케 한다. 또한 운동에 대한 탄압 및 사회적 삶의 사유화와 결합하여, 월가 점거운동 같은 저항의 불길에 재빨리 찬물을 끼얹는다.

3장에서 살펴본 바와 같이 국가는 체제 저항적인 운동을 잠재적인 테러의 위협으로 여기고 있다. 하지만 중도적인 운동가들도 감시와 추적을 당하기는 마찬가지다. 경찰과 국가 정보기관은 이들의 이메일 트래픽 정보와 인터넷 사이트를 해킹하고, 시위대를 고착시켜 채증하며, 안면 인식 소프트웨어를 사용하여 시위대를 공공기물 파손죄나 폭동, 무단 침입, 때로는 '음모' 등의 혐의로 고발하고 있다. 심지어 위장 요원을 잠입시키기도 한다(혹은 최소한 이를 허용하고 있다).

가령 런던 경찰청의 마크 케네디Mark Kennedy는 (마크 스톤Mark Stone이라는 가명으로) 유명한 운동가로 활약하며 7년간 신분을 위장한 채 지냈다. 항상 현금이 두둑해서 별명이 '플래시[눈이 부신]'였던 그는 십 수 개의 아나키스트단체, 반인종주의단체, 환경단체에 잠입하여 시위를 조직하고 자금을 조달하며 20여 개국에서 첩보 활동을 하여 이를 상부에 보고하다가 2010년 사표를 내고 해외로 도피했다. (케네디의 제보로) 영국의 노팅엄 석탄 화력 발전소 파괴 음모 혐의로 기소된 운동가 대니 치버스Danny Chivers는 이렇게 말했다. "모임 장소 뒤편에 앉아서 뭔가를 적고 있는 사람 이야기를 하는 것이 아니다. 그는 운동의 중심에 있었다." 너무나 당연하게도 시위는 체포와 두려움, 의심에 발목을 잡혀 확산되지 못하고 있다. 공공 집회를 제한하기 위해 신설하거나 '부활시킨' 시市 규약이나 국가 법령을 위반하는 데 따르는 법률 비용과 벌금 역시 시위를 크게 위축시키고 있다.

여기에 사회적 삶이 꾸준히 사유화되고, 반체제 활동의 하부 구조가 침식되면서 급진적인 운동의 확산을 가로막고 있다. 지난 100년간 전쟁과 이주, 경제적 격변은 공동체와 일상생활의 짜임을 갈가리 찢어 놓았다. 교외화와 텔레비전, 컴퓨터의 힘을 빌어 개인과 가족은 가정과 자동차 안에 틀어박히게 되었다. 여기에 1980년 이후 경제적 세계화가 가속화되면서 공동체적 삶은 더욱 심하게 해체되었고, 시장과 화폐의 압력은 아프리카, 아시아, 라틴아메

저항 주식회사

리카 같은 오지 마을까지 미치고 있다. 정치경제학자 데이비드 맥 널리는 노조 분쇄, 공장 폐쇄, 경제적 규제 완화, 공동체 구조 조정 같은 정책들이 노동운동에 미친 영향을 잘 설명하고 있다. 그는 이 렇게 적고 있다. "노동자들은 말 그대로 문화적 자원을 강탈당했다. (…) 기억을 지탱하던 현장들이 지워지고 반체제 활동의 하부구조가 무너졌다."[5]

경제적 세계화는 모든 문화와 공동체의 상징과 유적을 불태워 버렸다. 1980년대 전부터 이미 자기 정체성과 개인적 관계들은 지난 몇 세대에 걸쳐 진행된 산업화와 식민주의, 종교극단주의와 세계 전쟁이 만들어 낸 심각한 격랑에 휘말린 상태였다.[6] 먼저 소비주의는 이미 1700년대부터 비경제적인 가치 시스템을 몰아내기 시작했다. 이 과정은 갈수록 많은 국가들이 정치의 최우선 순위를 경제성장으로 삼게 되면서 꾸준히 힘을 얻었다. 하지만 이제 시장지상주의가 강고하게 자리를 잡으면서 소비주의는 대적할 수 없는 영향력을 갖게 되었다.

### 급진성의 탈각

이제 더 많은 브랜드와 사치품의 소비는 자기 정체성과 개인적인 관계를 규정하는 특징이 되었다. 분명 지금도 정치적, 종교적, 계급적 정체성은 전 세계적으로 강력한 힘을 갖는다. 또한 소외나 불행 같은 감정들은 인간 행동의 이유(혹은 행동하지 않는 이유)를 설명하는 데 도움이 된다. 하지만 소비주의는 특히 사적 의사 결정에서 다른 모든 것을 능가하고, 어떤 점에서는 국가적인 목표를 설정

하는 데 가장 강력한 영향력을 행사하는 것으로 보인다(가령 중국, 인도, 브라질 등의 국가에서).[7]

운동가들 역시 소비주의의 교리를 피하지 못한다. 소비자 정체성을 강하게 가진 사람들에게 시장에 기대어 정의와 도덕을 실현하는 것, 다시 말해서 생활양식을 그대로 유지하면서 개인으로서 변화를 추구하는 것은 너무나도 자연스러운 일이다. 경제적으로 넉넉한 운동가들은 '경제적 번영'을 공격하거나 '적은' 소비, 특히 '다른 사람들'을 위해 적게 소비하자는 주장을 불편하게 여긴다. 그보다는 다른 사람들에게 '대의명분'을 판매하는 것이 더 합리적이라고 생각한다. 특히 너무 바쁘거나 일이 많거나 스트레스를 받아서 정체성 중심의 사회운동에 참여하지 못하는 사람들에게는 더욱 그렇다.

이런 식으로 대의명분을 시장에 내놓고 상표를 붙여 판매할 경우 급진주의는 설 자리를 잃게 된다. 물론 아직도 일부 운동가들은 세계 질서를 바꿔야 한다고 주장한다. 하지만 이런 주장은 대부분 전 세계 운동의 주변부에서 조금씩 흘러나올 뿐이다. 크든 작든 기업화한 비정부기구 내에서는 기업 후원과 시장을 해법으로 여기고 의지하는 것이 대세로 자리 잡고 있다. 이와 함께 실용주의와 점진주의가 합리적인 방향이라는 믿음이 확산된다. 2장에서 살펴본 대로 이는 많은 상품을 만들어 내고 있다. 어떤 사람들의 권리를 지키기 위한 상품, 어떤 사람들에게 위협이 되는 질병을 연구하기 위한 기금, 굶주리는 어떤 이들에게 음식을 마련해 주기 위한 상품 같은 것들 말이다. 세계 시스템의 한도 내에서 작은 편익을 만들어 내는 기업화한 비정부기구의 힘은 심지어 날로 증대하는 것처럼 보이기까지 한다. 하지만 동시에 이런 운동단체들의 '성취'는 전 지구적인 문제의 원인이 아니라 징후만 건드리면서 소비주의와 자본주의를 합리화한다.

그렇다고 해서 운동의 주변부에 있는 급진주의가 끓어올라 주류까지 뜨겁게 달구지 못할 이유는 없다. 지난 10년간 대중 시위는 정부를 실각시켰고 무수한 국제회의를 교란시켰다. 그리고 이미 말했듯 이는 앞으로도 수십 년간 분명 지속될 것이다. 하지만 지난 몇 십 년간 우리는 오늘날의 세계 질서가 보유한 회복력 역시 확인했다. 또한 운동의 기업화로 인해 급진적 저항이 주변화, 탈정치화되고 기층에서 치밀어 오르는 불만의 빛이 바램으로써, 이의 제기를 차단하는 세계 질서의 능력이 커지기만 하는 것도 목격했다.

게다가 모든 급진적 운동은 얼마 안 가 잔인한 역설에 부딪히게 된다. 장기적으로 활동하려면 조직이 필요한데, 이렇게 막강한 세계 질서 속에서 조직을 꾸릴 경우 급진성을 급격하게 유실하기 때문이다. 이런 딜레마가 급진주의에서 어떤 형태로 나타날지를 보여 주는 좋은 예는 2011과 2012년 사이에 빠르게 몰락한 점거운동이다. 3장에서 살펴본 대로 전 세계 점거운동가들은 2011년 거듭된 공격과 체포, 투옥에 시달렸다. 테러리즘 예방 권한을 앞세운 안보기관들은 운동가들의 핸드폰과 인터넷 사이트를 해킹했고, 군사화한 경찰은 시위대의 캠프를 공격하여 찢어발겼다.

점거운동가들은 지도부를 중앙 집중적으로 구성하거나 구조를 좀 더 단단하게 짜지 않은 상태로 반격하려 했다. 하지만 이렇게 혹독한 안보 분위기 속에서 직접민주주의와 풀뿌리에 대한 완전한 책임성 원칙을 유지하다 보니 운동은 계속 취약한 상태일 수밖에 없었다. 시간은 국가의 편이었다. 몇 달이 지나자 시위와 캠프의 대오를 늘리기는커녕 현상 유지하기도 힘들어졌다. 2011년 10월 이미, 운동가이자 저술가인 슬라보예 지젝은 다음과 같이 경고하며 주코티 공원의 시위대에게 전략을 짜고 조직을 탄탄히 구성하라고 촉구했다. "기억하라, 축제는 쉽게 성사된다. 중요한 것은 축제가 끝난 다음 날, 우리가 일상생활로 돌아가야 하는 그때다."[8]

언론인인 토마스 프랭크Thomas Frank는 지난 일을 회고하며 운동을 공식적인 조직으로 개편하는 데 대한 저항이 실패의 원인이었다고 진단한다. 그는 매사추세츠공과대학교MIT에서 발간하는 잡지 〈더 배플러The Baffler〉에서 점거운동가들이 "참여 광신도"로 전락하여, 모험적인 시위를 장기적인 영향을 미칠 수 있는 그 어떤 전략보다도 우선시했다고 적고 있다. 그는 점거운동가들이 기업화[제도화]하라는 언론과 대중들의 요구를 반영하여, 분명하고 현실적인 요구를 밝히지 못한 것이 하나의 증거라고 주장한다. 다른 사람들도 점거운동이 몰락한 근원적인 이유는 절차 및 대중들과의 대화, 정상시위[정상회담을 비꼰 시위 형태], 그리고 패니치·앨보·치버가 말한 "모임의 미시 정치"에 집착하면서 장기적인 계획과 목표 설정, 제도 구축에 저항했기 때문이라고 지적한다.[9]

소비주의가 강화되고, 국가가 저항을 탄압하며, 운동이 기업화·탈급진화되는 오늘날 전 세계의 풀뿌리 봉기를 통해 세계 질서를 뒤엎을 수 있는 가능성은 거의 없는 것 같다. 하지만 그렇다

저항 주식회사

고 해서 지역공동체운동이 무력하다는 의미는 아니다. 오히려 그 반대다. 하지만 이제는 풀뿌리운동가들 사이에서마저 기업화가 큰 소란을 일으키고 있다.

# 풀뿌리
# 권력?

모든 사회운동과 환경운동에서 풀뿌리에 기초한 활동이 나타나기도 하고 사라지기도 한다. 하지만 1970년대 이후로 운동이 제도화되면서 활동의 기초와 자금원, 언론의 보도 전략, 지역공동체 활동에 대한 공적 지원의 수준이 모두 바뀌었다. 국가 차원에서 보았을 때 지역 운동 집단에 지원하던 국가의 재정을 (국가가 사회 서비스를 중단하면서) 서비스 제공자와 '협조적인 시민사회 이해 당사자'에게 지원하면서 작은 지역단체나 정치적인 목표를 지향하는 단체에 대한 지원이 줄어들었다. 국제적으로는 원조국과 개발 기구들이 안 그래도 얼마 안 되는 재정을 기업화한 비정부기구를 지원하는 쪽으로 재편해 왔다. 이는 5장에서 상세하게 밝힌 대로 '원조'를 빌미로 국제적인 책무와 개발 목표를 충족시키는 한편, 시장 개방, 무역 자유화, 해외투자 촉진, 그리고 궁극적으로는 세계 경제성장 고취 같은 폭넓은 전략을 추구하기 위해서다.[10]

이런 식으로 국가와 기업은 날로 비정부기구들을 전 세계 개발과 정치의 주류로 끌어들이고 있다. 동시에 그 외 나머지 운동 형태들은 경제적 세계화와 운동의 기업화 압력을 받아 국지화되거나 탈정치화되고 있다. 일선 운동가들은 국지적인 환경에서도 아직 많은 성과를 낼 수 있다. 하지만 동시에 기업 후원에 저항하고 기업의 이익에 문제 제기하는 대다수 풀뿌리운동의 역량은 이런 압력으로 인해 내리막길을 걷고 있다.

### 풀뿌리의 기업화

풀뿌리운동가들은 운동이 기업화되는 환경 속에서 활동할 수밖에 없다. 비정부기구 운동가들과 마찬가지로 지역공동체 자원활동가나 지역운동 역시 반체제 활동에 대한 탄압과 사회적 삶의 사유화, 그리고 운동의 제도화로 인해 선택의 폭을 제한당한다. 3장에서 보았듯 국가와 기업은 요구가 많고 비협조적인 단체를 주변화시키고, 상품 브랜드를 관리하거나 시장에 내다 놓을 역량이 충분하지 않은 단체는 무시(혹은 아무렇게나 상대)하는 경향이 있다. 또한 갈수록 많은 비정부기구들이 기업과 가까워지면서 풀뿌리단체들은 기업과의 동반자 관계와 시장 해법을 추구하라는 압력에 더욱더 시달리고 있다. 이런 경향은 특히 캐나다 같은 곳에서 강하게 나타나는데, 캐나다 연방 정부는 지역공동체단체들이 해외 개발 원조를 할 때 기업과의 동반자 관계 속에 이를 추진할 것을 점점 요구하고 있기 때문이다. 마찬가지로 영국의 국제개발부는 기업과의 '전략적 공조'를 지향하고 있는데, 나이키와 체결한 '걸 허브Girl Hub' 파트너십도 그 연장선상에 있다.

서로 얽혀 있는 기업과 비정부기구의 이해관계는 전 지구적인 운동의 담론을 바꾸고 있다. 세계자연기금 같은 조직들은 당당하게 코카콜라 같은 회사와의 동반자 관계를 정당화한다. 세계자연기금 캐나다 지부의 전임 대표는 이렇게 설명한다. "우리는 75개국 정부를 상대로 50년간 로비 활동을 할 수 있습니다. 그러면 코카콜라 사람들이 결정을 할 거고 (…) 전 세계 공급 사슬이 하룻밤 새에 바뀌겠지요. 간단히 말해서 이것이 바로 우리가 동반자 관계를 체결하는 이유입니다."[11] 이런 동반자 관계에 반대하는 운동가들은 비합리적이고 실행력도 없는 사람들로 치부된다. 오늘날의 정치 환경에서 일이 어떻게 돌아가는지를 모르는 시대에 뒤떨어진 이상주의자가 되는 것이다.

　　2장과 5장에서 살펴본 대로 이런 실용주의와 동반자 관계는 전 세계 비정부기구들이 시장 친화적인 전략과 전술, 목표를 지원하도록 등을 떠밀어 왔다. 동시에 국가가 시민 참여를 조종하고, 비정부기구의 권력과 크기가 증대되며, 비정부기구의 브랜드가 소비자들의 상상력을 장악하면서 체제 순응적인 운동에 자원과 후원, 신뢰가 쏠리고 있다. 이런 상황에서 정부와 기업의 지원을 받는 운동에 대한 대중들의 후원은 늘고 있는 반면, 항상 극단주의로 몰릴 위험을 안고 지내는 좀 더 급진적인 단체들에 대한 대중적인 지원은 줄어드는 경향을 보인다(작은 단체 내에서는 추종자들이 이들 단체가 '입장을 견지한다'고 보기 때문에 추종자들의 지원이 꾸준히 강력하거나 더욱 강화될 수도 있긴 하지만 말이다).

　　때로 이처럼 기업화가 심화되면 풀뿌리운동이 분열해 논란의 여지가 있는 일부 집단이 떨어져 나가게 될 수도 있다. 수많은 사례 중에서 한 가지만 고르자면 2010년 이후 토론토 퀴어운동의 상황이 이에 해당한다. 기업 후원 덕분에 '토론토 프라이드 축제Toronto Pride festival'는 토론토시 스물두 개 구역에서 열흘간 진행되는 세계 최대 규모의 축제의 반열에 올라, 이를 '축하하고 시위에 참여하려는' 100만 명의 인파를 끌어모았다. 하지만 이스라엘 인종차별에 반대하는 퀴어 모임이 '2010년 프라이드 퍼레이드'에 참가 신청을 하면서 '토론토 프라이드 축제'가 뜨거운 논란의 대상이 되었다. 토론토를 중심으로 서른다섯 명가량의 회원을 두고 있는 이 운동단체는 이스라엘의 팔레스타인 점령에 맞서는 운동을 지원하는 한편, 팔레스타인 내에서 성적 소수자들의 권리를 지키기 위해 결성되었다. 축제 주관 단체인 '프라이드 토론토'는 처음에는 2010년 행진에 참가하겠다는 이들 모임의 신청을 거부했다가 입장을 굽혀 포용과 자유로운 발언이 최우선이라는 입장에 따라 행진을 허가했다.[12]

그러자 이번에는 친이스라엘 단체들이 격분했다. 이스라엘 인종차별에 반대하는 퀴어 모임을 인종주의적이고 차별적인 단체라고 생각했던 토론토 시의회 역시 마찬가지였다. 2010년 퍼레이드 직후 시의회는 퍼레이드에 참가하는 모든 단체가 토론토시의 반反차별 정책을 따르지 않을 경우(이는 이스라엘 인종차별에 반대하는 퀴어 모임에게는 불가능한 일이었다) 시의 재정 후원을 중단한다는 안을 가결했다. 시의회 의장인 조르지오 맘몰리티Giorgio Mammoliti는 프라이드 토론토는 "토론토 시의 파트너"라고 말했다. "이들은 시의 파트너처럼 행동하기 시작했다. 의회는 증오를 조장하는 조직에게는 재정을 지원하지 않는다. 이들이 증오를 중단하지 않을 경우 앞으로 수표는 없을 것이다."[13]

기업 후원금 수십만 달러가 끊겼다. 기본적으로 파산 상태에 이른 프라이드 토론토는 직원을 내보내고 활동을 축소했다. 그러고 난 뒤 프라이드 토론토의 사무차장이었던 트레이시 샌디랜즈 Tracey Sandilands는 금전 비리설에 휩싸여 2011년 1월 총회 직전에 사임했고, 총회에서 회원들은 이사회의 무능함을 성토했다. 프라이드 토론토와 '프라이드 축제'를 둘러싼 논란은 여기서 끝나지 않았다. 이스라엘 인종차별에 반대하는 퀴어 모임은 '2011년 프라이드 퍼레이드'에 참여하지 않기로 결정했지만, 분쟁조정위원의 결정에 따라 프라이드 토론토는 다시 한번 이 단체의 2012년 퍼레이드 참여를 허용했다.[14]

프라이드 토론토의 후원 및 재정 위기는 2011년 퀴어 운동 진영에 파문을 일으켰다. 뉴욕 그리니치빌리지의 성소수자공동체센터에서도 2011년에 유사한 논란이 일었다. (이스라엘 인종차별에 반대하는 퀴어 모임을 비롯한) 친팔레스타인 성향의 퀴어 조직들이 출입을 차단당하자 오랫동안 활동해 왔던 운동가와 조직가들이 격분했고, 공동체센터의 '문을 열려는' 대항 행동이 촉발된 것이다.[15] 이 논란에는 사적인 관계의 문제와 전문적인 정치까지 덧씌워졌다. 하지만 축제와 퍼레이드, 센터의 기업화를 둘러싼 지역 퀴어 운동가들 내의 긴장과 분열 역시 분명 증가하고 있다.

모든 사회운동에서 비슷한 이야기를 찾을 수 있을 것이다. 축제와 퍼레이드, 야외의 무도회를 개최하려면 돈과 행사 허가, 대중들의 열정이 필요하다. 운동가들은 매년 이런 행사를 성사시키기 위해 많은 것을 조직해야 한다. 경제적 이익과 경비 절감에 목을 매는 정부는 지역공동체 단체와 기업 간의 파트너십을 독려하고 있다. 동시에 기업과 언론, 정부는 좌파 단체가 번영과 공공 안전을 위협한다는 담론을 유포하고, 정도는 덜하지만 때로 우익 단체들까지 싸잡아서 매도한다. 그 결과 전 세계 운동은 심대한 타격을 받고 있다. 비정부기구와 국가·기업 간의 동반자 관계는 '전문적인' 운동가와 체제 순응적인 운동에 자원을 몰아주고, 반항적인 운동에 낙인을 찍어 배제하며, 지역운동을 양극화하고 급진성을 탈각시킨다.

### 전 세계 풀뿌리를 조직하다

많은 공동체단체와 풀뿌리운동은 '돈 많은' 비정부기구의 하향식 운영을 거부하고 좀 더 비공식적이고 위계가 없는 '사회 포럼'이나 '네트워크' 조직을 지향한다. 또 아래로부터 동의를 구하고 '광장open space'의 원칙을 중심으로 나아가고자 한다. 테이보 테이바이넨Teivo Teivainen의 설명에 따르면, "수평적으로" 조직한다는 것은 "민주적 변화를 일구기 위해서는 민주적 형태의 실천이 필요하다는 생각을 진지하게 (…) 받아들이는 것"이고, 광장에서 조직한다는 것은 어떤 한 가지 대의명분이나 운동이 "전략적 우위를 점해서는" 안 되고 어떤 조직도 "다른 조직들을 지도"하려 해서는 안 된다는 생각을 담아내는 것이다.[16]

'광장 조직하기open space organizing'에는 2001년부터 꾸준히 추종

저항 주식회사

자가 생기고 있다. 이 시점부터 일이 만들어진 것은 우연이 아니다. 풀뿌리운동가들이 위계질서를 거부한 것은 2001년 이후 운동의 탄압에 대한 반작용이기도 하기 때문이다. 베스트셀러인《슈퍼브랜드의 불편한 진실No Logo》의 저자이자 운동가인 나오미 클라인은 2002년에 이미 이 과정이 진행되고 있음을 인식했다. 클라인은 이렇게 적고 있다. "시위 '지도부'에 대한 경찰의 조직적인 표적 수사는" 풀뿌리운동가들 내에서 자라나기 시작한 "기존의 전통적인 위계질서에 대한 깊은 회의를 설명하는 데 큰 도움이 된다".[17] '광장 조직하기'는 1970년대 이후로 강화된 비정부기구의 중앙 집중적인 의사 결정에 대한 반작용이기도 하다. 월가 점거운동 같은 풀뿌리운동은 심지어 지금 일부 운동가들이 한탄하듯 장기적인 영향력을 희생해 가면서까지 위계적인 의사 결정 구조를 제도화하지 않으려고 한다.

반세계화·반기업운동가들은 운동의 제도화를 가장 강력하게 비판하는 집단에 속한다. 점거운동에서 확인되었듯 이런 운동가 중 많은 이들이 전방 시위대의 권한을 강화하여 전략을 짜고 계획을 수립하며 의사 결정을 하도록 해야 한다고 강하게 주장한다. 그결과 1990년대 이후로 모임과 시위에는 선동가와 발기인들이 자유롭게 드나들었고, 이제는 반세계화운동(이와 중첩되는 전세계정의운동과 반자본주의운동 역시)을 '운동의 운동'이라고 봐도 무방한 상태가되었다. 이들은 아직 상당한 활기와 잠재력을 갖고 있지만 구조나통일성은 갖추지 않는다.[18]

마이애미대학교University of Miami의 루스 레이탄Ruth Reitan은 반세

계화운동의 다양성과 유연성을 높이 평가한다. 그녀에게는 세계 자본주의의 복잡성과 주도권에 맞서기 위해서 이런 것이 필요하다. 레이탄은 화려한 언어를 사용하지만 요지는 간명하다. 운동가는 "훨씬 크고 긴 꼬리를 가진 자본주의라는 괴물에 연결되어 여타의 억압 체계를 양산하는, 신자유주의 세계화의 야누스 같은 머리를 잘라 내고 이를 대신하기 위한 투쟁에 참여하기 위해서 다양하고 유연한 접근법"을 채택할 필요가 있다.[19] 많은 학자와 운동가들도 이에 동의한다. 가령 클라인은 운동의 탈중심화는 "지리멸렬함과 분열의 근원"이 아니라고 말한다. 오히려 "진보적인 네트워크 내에 존재하는 기존의 분열을 극복하는 동시에 폭넓은 문화의 변화를 일굴 수 있는 합리적이고 절묘한 적응법"이다.[20]

하지만 '운동의 운동'이 가진 힘과 영향력은 실제로 어떠한가? 이런 식으로 풀뿌리를 동원하면 세계화를 늦추거나 자본주의를 대체하거나 평화와 정의를 달성할 수 있을까? 분명 이렇게 생각하는 운동가들도 많다. 하지만 우리의 분석은 실제로 그럴 가능성이 낮고 해가 갈수록 그 가능성은 더욱 적어짐을 보여 준다. 즉 운동의 기업화가 강화되고 사회운동의 탈중심화와 국지화가 심화되면서, 세계 정치경제에 영향을 미칠 수 있는 풀뿌리운동의 전반적인 힘이 약화되고 있다.

### 세계 질서의 변혁?

매년 지역공동체운동가와 원주민들이 정상회담을 개최하는 세계사회포럼을 생각해보자. 첫 모임은 2001년 브라질 포르투알레그레에서 열렸고, 2013년 모임은 튀니지의 튀니스에서 열렸다. 웹사이트를 보면 세계사회포럼은 "하나의 단체나 조직이 아니라, 신자유주의와 자본이나 일체의 제국주의가 지배하는 세상에 반대하는 사회운동과 네트워크, 비정부기구, 기타 시민사회 조직이 모여 생각을 진전시키고 민주적으로 논쟁하며 제안을 만들고 경험을 자유롭게 공유하며 실효성 있는 실천을 위한 네트워크를 형성하는 열린 만남의 장소"다. 매년 수만 명의 운동가와 원주민들이 참여한다. 이렇게 다양한 집단에게 이는 인상적인 조직적 성과임이 분명하다. 세계사회포럼은 풍요로운 우정과 동맹, 학습의 산실인 것이다.[21]

세계사회포럼은 세계경제포럼에 맞서기 위해 시작됐다. 하지만 실제로 세계경제포럼에 대항하는 행사를 개최한다고 주장한다면 그건 허풍일 수밖에 없다. 매년 2,500여 명의 정상급 기업 임원과 정치 지도자, 언론인, 학자들을 스위스의 다보스로 불러 모으는 세계경제포럼은 오늘날 세계 경제 질서의 수뇌부라 할 수 있다. 반면 세계사회포럼은 실천 프로그램과 공동선언문, 혹은 지속적인 의제에 대한 조정은 고사하고 합의를 도출하기도 빠듯한 실정이다. 그 때문에 사회학자 재키 스미스Jackie Smith의 표현을 빌면 일부 운동가는 이를 "쓸데없는 기회"라고 여긴다.[22]

포르투알레그레에서 열린 제5회 세계사회포럼에서 이 포럼의 공동 설립자 다수를 포함한 일군의 저명한 운동가들은 경제의 세계화를 받치고 있는 기둥이라 할 수 있는 워싱턴컨센서스Washington Consensus◆에 '도전'하기 위한 '포르투알레그레 선언'을 제안했다. 많은 이들이 서명에 동참했지만, 포럼에 참석한 5만여 명의 동의를 얻기 위한 노력은 거의 없었다. 스미스의 지적처럼 세계사회포럼이 "분권화된 조정과 네트워크 형성"의 필요와 원칙 헌장을 넘어서기 위해서는 풀뿌리 자율성과 열린 공간에서의 조직을 통해 "공동 성명을 작성하고 집합행동을 취하는" 방침에 대한 집념을 조금 버리는 것이 좋을 것이다. 〔하지만〕 세계사회포럼에 참석하는 많은 이들이 이런 철학적 변화가 자신의 신념에 어긋난다고 생각한다.[23]

오랫동안 세계 곳곳의 풀뿌리운동가들은 캠페인을 번듯하게 진행하고 대의명분에 우선순위를 매기거나, 로비와 모금 활동을 할 수 있는 공식적인 (특히 위계적인) 조직으로 통합하는 일체의 움직임에 저항해 왔다. 운동의 기업화는 이 논쟁을 한층 정치화하고 있다. 때깔 좋은 전략과 전술을 지지하는 이들은 거대한 비정부기구와 전체 공동체 안에서 동맹군을 찾아내고 있다. 다른 한편 더 포용적, 개방적, 민주적인 조직 형태를 지향하는 이들은 자신들을 집어삼키려는 기업화된 운동에 맞서 싸우느라 목에 핏대를 더 올리게 되었다. 세계사회포럼에 참가하는 운동가들처럼 이들도 '조직'을 구성하지 않고 자율적이고 분권화된 수평적인 과정을 고집한다. 하지만 이 때문에 이들이 기존 정치에서 배제되면서 기업화된 비정부기구들이 정부 회의와 기업 중역실에서 풀뿌리를 대변하

---

1990년대 미국이 중남미 국가들에게 제시했던 미국식 경제 체제의 대외 확산 전략이자, 국제통화기금, 세계은행, 미국 재무부 등 워싱턴의 3대 기관이 받드는 신자유주의 이데올로기를 말한다.

는 사태가 빚어지고 있다.

오해를 피하기 위해 한번 더 밝히지만 대담하고 창의적인 공동체 집단들은 꾸준히 불평등과 학대, 착취에 맞서 결속을 다지고 있다. 새로운 이슈가 생길 때마다 새로운 단체들이 우후죽순처럼 생기기도 한다. 하지만 단체의 수가 많다고 해서 영향력이 그만큼 커지는 것은 아니다. 그저 함께 모여 같은 비전을 공유하는 데만도 큰 노력이 필요하다. 공동체 집단이 세계 무대에 섰을 때는 현상 유지와 비전 공유 이외에 다른 어떤 일도 하기 힘든 경우가 많다. 게다가 2001년 이후로 경찰과 정보기관들은 아무리 작은 단체라도 매의 눈으로 바라보면서 이들이 테러리스트 조직은 아닌지 감시하고, '말썽꾼'에게 벌금을 매기거나 그들을 체포하며 급진적인 운동가들을 지하로 밀어 넣어 정치적 영향력을 거의 행사할 수 없게 만들고 있다.

4장에서 다룬 바와 같이 소비자운동과 책임의 개인화는 집합행동에 대한 공감대를 유지하려는 풀뿌리의 노력을 훨씬 어렵게 만든다. 앨런 시어스의 말처럼 주변화된 집단의 동맹과 친목을 지탱해 주던 역사적인 지원 구조들 역시 이제는 갈수록 약화되어 이들 집단은 국가와 기업의 압력에 더욱 취약해지는 한편 집합행동을 유지하기가 갈수록 어려워지고 있다. 시어스는 그래도 주변화된 피착취 공동체들이 "반격"의 길을 찾을 수 있다고(그리고 실제로 찾고 있다고) 생각하지만 이를 위해서는 먼저 반체제 활동을 위한 더욱 강고한 토대가 필요하다는 점 역시 분명히 밝히고 있다.[24]

하지만 운동이 기업화되면서 2001년 이후로 세계사회포럼에서처럼 "또 다른 세계는 가능하다"라고 상상하기가 날로 어려워지고 있다. 기업화는 풀뿌리운동을 고립시키고 분열시킨다. 또한 경제의 세계화를 늦추고 싶어 하는 이들에게는 너무 참담하게도, 운동의 기업화는 다국적 기업의 권력을 증대하는 데 일조하고 있다.

# 기업 권력의
# 지원

기업들은 비정부기구들을 두 팔 벌려 환영하며 사업 실행을 위한 '사적 거버넌스' 영역으로 끌어들이고 있다. 이는 많은 기업의 이익에 도움이 된다. 정부와 시민, 소비자 사이에서 이는 기업의 사회적 책임에 '착한' 거버넌스라는 정당성을 부여한다. 또한 주로 자발성과 자율성에 기대는 기업의 사회적 책임 프로그램이 아무런 반성 없이 현상 유지를 하기 위한 '녹색 시늉greenwashing'일 뿐이라는 걱정을 누그러뜨리는 데도 한몫한다. 기업 거버넌스에 비정부기구를 포함시키면 해당 기업은 대중의 관심에 더 민감하다는 인상을 줄 수 있다(그리고 실제로 어느 정도는 그렇게 된다). 그리고 기업을 더욱 엄격하고 구속력 있게 규제해야 한다고 주장하는 비판가들과 국가의 입을 다물게 하는 데도 좋다.

지난 10년간 다국적 기업들은 공동 상품 브랜드를 만들고 마케팅을 함께 할 수 있는 비정부기구를 찾아 나서는 지경에까지 이

저항 주식회사

르렀다. 비정부기구와 동반자 관계를 형성하면 기업에 대단히 큰 이익이 돌아온다는 사실이 확인되고 있다. 사적 거버넌스에 비정부기구들을 참여시킬 때와 마찬가지로 이 경우도 어느 정도는 기업들을 비판(그리고 해당 비정부기구의 〔불매운동 같은〕 캠페인 때문에 명성에 금이 간 잠재적인 위험과 위해)으로부터 보호해 준다. 하지만 이보다 훨씬 중요한 사실은 동반자 관계를 통해 유명 상표 회사들은 중요한 사업상의 이익과 경쟁 우위를 점할 수 있다는 점이다. 덕분에 이들은 소비자들의 마음을 얻고 새로운 시장을 개척할 수 있으며, 상품 혁신과 창의적인 홍보도 할 수 있다. 또한 소비자의 신뢰를 얻고 상품 가치를 보호하는 일 등을 통해 브랜드 이미지를 제고할 수 있다.

### 세계의 실세들

세계 최고 기업들의 총매상 수입이 그 자체로 영향력의 척도는 아니지만 입이 떡 벌어질 정도로 충격적인 규모임은 부정할 수 없다. 2012년 〈포춘〉이 발표한 세계 500대 기업 중 1위는 로열더치셸로 수입이 5,850억 달러에 가까웠다. 2위는 4,850억 달러의 엑손모빌이었고, 3위는 4,470억 달러의 월마트였다. 이 중 엑손모빌이 긁어모은 이윤은 410억 달러였고, 로열더치셸은 310억 달러, 월마트는 160억 달러에 근접했다. 오늘날 월마트는 1만여 곳의 매장과 220만 명의 직원을 두고 있다. 단일 조직으로 이보다 더 많은 노동력을 보유한 곳은 미군과 중국군뿐이다. 2012년 〈포춘〉이 선정한 500대 기업 중에서 총 매상이 1,000억 달러가 넘는 기업은 예순다섯 곳에 달한다. 그리고 이들 대부분은 지난 30년간 경이적으로 성장했고, 지금도 꾸준히 빠르게 성장하고 있다(가령 월마트의 1979년 총매상은 약 10억 달러였다).[26]

이런 막대한 돈은 다국적 기업들이 휘두르는 거대한 권력의 원천이다. 시장경제가 꾸준히 성장하려면 매출이 많아야 하고, 정치인들이 유권자와 재정 후원자에게 기본적인 능력을 입증하려면 경제가 꾸준히 팽창해야 한다. 운동가와 학자들은 다국적 기업들이 세계를 '약탈'하는 현대판 해적이라며 오랫동안 공격해 왔다. 전직 하버드 경영학 교수인 데이비드 코튼David Korten은 1995년 베스트셀러였던《경제가 성장하면 우리는 정말로 행복해질까When Corporations Rule the World》등 여러 권의 책을 저술하며 가장 큰 소리로 다국적 기업을 비판해 온 인물 중 하나다. 그 외에도 법학교수인 조엘 바칸Joel Bakan, 운동가인 나오미 클라인, 운동가이자 학자인 수잔 조지Susan George(초국적연구소Transnational Institute의 대표) 등 수백 명이 기업의 환경 파괴와 인권 유린을 낱낱이 폭로하고 있다.[27]

2008년 세계 경제 위기가 진행되는 동안 정부가 나서서 은행과 기업을 긴급 구제해 줬을 때 비판적인 학자와 현장의 운동가들은 격분했다. 어째서 긴급 구제와 기업 부양 대책이 노후 자금과 집과 일자리를 잃은 사람들보다 더 중요하단 말인가? 하버드대학교 경제학과 교수들마저 날선 질문을 던지며 더욱 엄격한 통제를 요구할 지경이었다. 조셉 바우어Joseph Bower, 허먼 레오나드Herman Leonard, 린 샤프Lynn Sharp 교수는《위험한 자본주의Capitalism at Risk》에서 "기업의 역할이 바뀌어야 한다"고 선언했다. 기업은 "자신에 생명을 불어넣어 주는 시스템을 보호하고 개선하는 데 앞장서는 리더로서 스스로를 자리매김하기 시작"하고 "착한 정부와 더욱 효과적인 제도를 위해 힘쓰는 운동가처럼" 행동하기 시작해야 한다는 것이다.[28]

금융 위기 이후 대기업에 대한 불신이 팽배해졌다. 이런 상황에서 비정부기구와 손을 잡고 공동 브랜드를 만들 경우, 기업은 이런 위기를 무마하고 자신감을 회복하며 매출과 이윤을 꾸준히 늘릴 수 있다. 세계 상위 기업들의 성장세는 전혀 둔화되지 않고 있는 것으로 보인다. 가령 금융 위기 이전인 2007년 월마트의 매출은 3,510억 달러로 〈포춘〉 500대 기업 중 1위를 차지했고, 3,470억 달러의 엑손모빌은 2위, 3,190억 달러의 로열더치셸은 3위에 올랐다. 당시 이 정도의 매출액은 가히 경이로운 수준이었다. 하지만 금융 위기를 겪고 난 뒤인 2012년 이 세 기업의 합산 매출액은 〔2007년보다〕 3,680억 달러 더 많았다. 물론 비정부기구와의 협력만으로 이들 기업의 복원력과 빠른 성장을 모두 설명하지는 못한다. 심지어 2010년 멕시코만에서 석유 유출사고를 일으킨 뒤 환경운동가들의 비난을 온몸으로 받으며 소송까지 줄줄이 해결해야 하는 처지인 브리티시페트롤리움마저 총 매출 3,860억 달러(와 257억 달러의 이윤)로 2012년 〈포춘〉의 500대 기업 중 4위를 차지했다. 이는 2007년 매출보다 1,120억 달러 더 많은 액수다.[29]

2장에서 보았듯 대의명분의 상품화와 기업과 비정부기구의 협력은 다국적 석유 회사와 제약 회사, 유명 브랜드 제조사와 유통업체들이 지속가능성의 수호자라는 인상을 준다. 유엔의 글로벌콤팩트와 공정노동위원회 같은 프로그램들은 기업이 믿음직하고 살 가운 '글로벌 시민'이라는 이미지까지 강화한다. 2005년부터 2011년까지 유엔 사무총장의 기업과 인권을 위한 특별 대표를 역임한 하버드대 교수 존 러기John Ruggie는 전 지구적인 규모의 협정과 그 지침들을 기업의 책임성을 증진시키는 방편으로서 높이 평가한다. 이제 전 세계 기업과 정부, 국제 조직들은 2011년 유엔에서 만장일치로 승인된 '기업과 인권에 대한 유엔 지침UN Guiding Principles on Business and Human Rights'을 이행하고 있다. 앞으로 갈 길은 그리 순탄치 않을 수 있다. 하지만 러기는 인권 증진이라는 어려운 문제를 해결한다는 목표와 비교했을 때, 기업의 책임 원칙을 진척시키는 것은 이미 실현되어 진행 중이라고 말한다.[30]

대부분의 세계 지도자들은 러기의 입장에 분명하게 동의한다. 하지만 훨씬 많은 학자와 풀뿌리운동가들은 이런 규약과 원칙, 협정이 지향하는 세상에 대해 뿌리 깊은 의혹을 품고 있다. 가령 퀸즈대학교 교수인 수잔 소더버그는 유엔의 글로벌콤팩트를 "법적으로 구속력 있는 규약을 통해 기업의 행위를 길들이려는 움직임을 무력화함으로써" 다국적 기업의 "증대하는 사회적 권력을 정당화하고 재생산하려는 기업 주도의 대단히 배타적인 시도"라고 평가한다.[31]

러기는 전 지구적인 규약과 원칙들이 개인과 지역공동체에 어느 정도 분명 유익할 것이라고 믿는다. 하지만 이런 규약과 원칙들은 기업의 자발적인 자기 규제가 다국적 기업이 환경과 인권에 미치는 영향을 개선할 수 있는 '창의적'이고 '실용적인' 해법이라는

저항 주식회사

믿음을 강화하는 역할도 한다. 공정무역이나 공정노동, 친환경마크 제도 같은 민간 거버넌스 방식들 역시 마찬가지다. 정치학자 클레어 커틀러Claire Cutler는 바로 이 "민간 거버넌스라는 개념"에 큰 위험이 도사리고 있다고 주장한다. 민간 거버넌스 개념은 '거번먼트'〔정부, 통치를 의미함〕의 본질을 왜곡까지는 아니라도 변형함으로써, 입헌주의와 거버넌스에 대한 전통적인 이해를 뒤집어 놓는다."라는 것이 그녀의 주장이다.[32]

## 계급 전쟁

2013년 초 535억 달러의 순 자산을 보유한 미국의 최고경영자 워렌 버핏은 세계 갑부 서열 4위였다. 2008년만 해도 그는 〈포브스Forbes〉가 선정한 세계 최고의 갑부였지만 2013년 3월에는 카를로스 슬림 엘루, 빌 게이츠, 아만시오 오르테가가 각각 730억 달러, 670억 달러, 570억 달러로 버핏을 상당히 앞질렀다. 하지만 2012년 〈타임〉은 버핏을 세상에서 열다섯 번째로 가장 힘 있는 사람으로 꼽았고, 다소 냉담한 말투로 71억 인구 중에서 "가장 중요한" 일흔한 명 중 하나라고 밝혔다. 게이츠는 네 번째로 가장 힘 있는 인물에 선정되었고(교황 베네딕트 16세 바로 앞이었다) 엘루는 열한 번째였다. 그 외에도 〈타임〉이 선정한 30인의 가장 힘 있는 인물 중에는 월마트의 최고경영자인 마이클 듀크Michael Duke, 구글의 세르게이 브린Sergey Brin과 래리 페이지Larry Page, 엑손모빌의 최고경영자인 렉스 틸러슨Rex Tillerson, 제너럴일렉트릭의 최고경영자인 제프리 이멜트Jeffrey Immelt, 페이스북의 최고경영자인 마크 주커버그, 뉴스

코프의 루퍼트 머독Rupert Murdoch, 아마존닷컴의 최고경영자인 제프 베조스Jeff Bezos 같은 기업인들이 있었다. 반기문 유엔 사무총장은 이 기업인들에게 뒤져, 세계에서 서른 번째로 힘 있는 인물에 선정되었다.[33]

한 줌의 기업인들에게 기형적으로 많은 부와 권력이 집중된 것은 오늘날 세계 정치의 특징이다. 부와 자유의 불평등은 현대 세계의 두꺼운 지층을 형성한다. 비판가들은 수십억 인구의 끔찍한 생존 환경과 노동 조건을 지적한다. 세계 빈민들은 대부분 정부에 복지를 기대하기는커녕 정부를 무서워한다. 심지어 세계은행마저도 하루 1.25달러 이하로 살아가는 사람이 12억 명이 넘고, 2달러 이하로 살아가는 사람은 24억 명에 이른다고 밝히고 있다. 한때 버핏은 이렇게 말했다. "계급 전쟁이죠. 맞아요. 하지만 전쟁을 일으키는 건 우리 계급, 부유한 계급이에요. 승리하는 것도 우리죠."[34]

운동가들도 부자들이 승리하고 있음을 알고 있다. 하지만 수백만의 운동가들은 2001년 이후 거세진 탄압의 광풍 속에서도 대기업에 맞서 지속적으로 전쟁을 치르고 있다. 2011년 점거운동에서도 확인했듯 유럽과 북미에서도 수십만 명이 길거리로 쏟아져 나와 세계화와 자본주의의 부정의에 저항하고 있다. 서구의 이 같은 저항의 불길은 기업에 대한 전 세계적 저항이라는 빙산의 일각일 뿐이다.

하지만 이 같은 투쟁을 아무리 치켜세워도 오늘날 많은 운동가들이 승자의 편으로 전향하고 있다는 사실까지 감출 수는 없다. 이런 추세는 유명 상표가 되어 버린 비정부기구의 운동가들이 주도하고 있지만, 많은 지역공동체운동가들 역시 기업 후원에 의지해서 퍼레이드와 축제의 재정을 마련한다. 동시에 갈수록 많은 일반 시민들도 공정하고 살 만한 세상을 위해 소비자운동가로서 혼자 쇼핑하는 것을 더 선호하고 있다.

대기업들은 온건한 비정부기구와 소비자운동가들을 두 팔 벌려 환영한다. 그리고 비정부기구와의 협력 관계와 공동 브랜드 개발, 대의명분 마케팅이 사업에 유리하다는 것을 기업 임원들이 실감하면서, 비정부기구 파트너를 찾아다니고 소비자운동가를 대상으로 상품을 개발하는 기업이 늘고 있다. 기업과의 협력 관계는 비정부기구에도 어느 정도는 이익이 되고 있다. 기업 중역실 내에서 비정부기구의 영향력이 커지고, 직원들에게 월급을 주고 프로그램을 운영할 수 있는 자금이 안정화되고 있기 때문이다. 공정무역과 친환경마크 제도 같은 제도들도 역시 제한적이기는 하지만 농부와 노동자, 생태계에 유리하게 작용하고 있다. 물론 개선은 체제를 거스르지 않는 수준에서 겸손하게 이루어지지만 어쨌든 그 효과는 가시적이다. 우리는 이런 성과의 가치에 토를 달 생각은 없다.

하지만 바라건대 이 책이 운동의 기업화 경향에 경종을 울려, 운동가들 내에서 논의를 촉발시키고, 풀뿌리운동을 옭아매는 공공 정책들을 재평가할 기회를 마련하는 데 일조했으면 한다. 지금의 성과는 운동 조직들이 전 지구적 자본주의를 변혁하는 것이 아니라 거기에 순응함으로써 이루어진 것이다. 그리고 그 결과로 등장한 타협과 실용주의는 기업과 경제의 안녕을 가장 중시하는 세계 질서를 정당화하고 있다.

처음 책을 받아 들었을 땐 한동안 '옛 생각'에 사로잡혔다. 그 옛날의 누군가들과 한자리에 앉아 이 책을 함께 읽고 이야기를 나눠 보고 싶다는 생각도 들었던 것 같다. 그만큼 이 책의 문제의식이 너무나도 익숙했다. 한동안 대학원에서 환경운동과 관련된 사회과학 문헌을 접한다고 접했지만, 이렇게 넓은 시각과 통찰력이 빛나는 문헌은 드물었기에 더욱 반갑기도 했다.

하지만 막상 작업을 끝내고 후기를 쓰려고 자리에 앉으니 생각보다 그렇게 보탤 말이 많지 않다는 것을 알게 되었다. 표정을, 목소리의 떨림과 억양을 알 수 없는 무미건조한 문자메시지가 때로 불필요한 오해를 사듯, 십 몇 년간 누적된 애증을, 답답함과 미안함을, 고마움과 쓸쓸함을 모두 담지 못한 어눌한 문장들이 누군가에겐 비수가, 답 없는 넋두리가 될지도 모른다는 두려움 때문이다.

그래도 굳이 궁색하게 한 가지를 보탠다면, 갈수록 완화되기는커녕 팍팍해지는 국가의 검열과 통제가 밥 한 그릇과 민주적 권리를 저울질해야 했던 불우한 이 나라만 겪는 일은 아니라는 데서 기묘한 위안과 용기를 얻었다는 점 정도랄까.

어쩌면 이 책은 소회를 혼자 넋두리처럼 주절대는 '후기後記'와는 어울리지 않을지도 모르겠다. 누군가 이 책을 읽고 영감을 얻어 다른 누군가와 함께 읽을 새로운 선언문을, 운동의 평가와 전망을 놓고 격론을 벌일 토론문을 준비하기 시작한다면, 그 이상 더 바랄 게 없을 것 같다. 그리고 그때는 나 역시 이 세상의 변화를 염원하는 큰 물결의 일부로 그 영광스러운 움직임에 함께하고 싶다.

변변찮은 실력에도 꾸준히 믿고 맡겨 준 도서출판 동녘 편집자 분들께 감사의 마음을 전한다.


2015년 2월
옮긴이 황성원

# 1장

1 Simon Houpt, "Beyond the Bottle: Coke Trumpets its Green Initiatives", *Globe and Mail*, January 13, 2011, p. B6에서 인용. 밥 헌터가 그린피스를 공동으로 설립할 당시 그의 사상에 대해서는 Robert Hunter, *The Storming of the Mind* (Toronto: McClelland & Stewart, 1971)를 참고할 것.

2 언론인 크리스틴 맥도널드의 입장은 다르다. 최소한 환경운동의 사례에서 맥도널드는 "선의가 맛이 갔다"라고 주장한다. Christine Catherine MacDonald, *Green, Inc.: An Environmental Insider Reveals How a Good Cause Has Gone Bad* (Guilford, CT: Lyons Press, 2008).

3 사회운동의 근원과 특징, 힘을 탐구한 책은 수백 권에 이른다. 비정부기구와 운동이 기업의 행위와 국가정책에 미치는 영향을 분석하는 책도 많다. 이 주제에 대한 연구는 민권운동과 반전운동, 환경운동의 영향력이 증대하기 시작한 1960년대와 1970년대에 시작되었다. 국제관계학 연구자들은 대체로 냉전(1947~1991년)의 종식과 1992년 리오데자네이루 지구 정상회담 이후 비정부기구와 운동의 힘을 연구하기 시작했다. 하지만 기업과의 동반자 관계나 기업의 가치, 기업의 돈이 운동과 세계 정치의 본성에 미치는 영향을 연구한 학자는 상대적으로 거의 없다. 환경단체와 환경운동의 함의와 정치적 중요성에 대한 연구의 예로는 다음과 같은 것들이 있다. Paul Wapner, *Environmental Activism and World Civic Politics* (Albany: SUNY Press, 2006); Margaret Keck and Kathryn Sikkink, *Activists beyond Borders: Advocacy Networks in International Politics* (Ithaca, NY: Cornell University Press, 1998); Sylvia Noble Tesh, *Uncertain Hazards: Environmental Activists and Scientific Proof* (Ithaca, NY: Cornell University Press, 2000); Peter Newell, *Climate for Change: Non-State Actors and the Global Politics of the Greenhouse* (Cambridge: Cambridge University Press, 2000); Steven Bernstein, *The Compromise of Liberal Environmentalism* (New York: Columbia University Press,

2001); Gary C. Bryner, *Gaia's Wager: Environmental Movements and the Challenge of Sustainability* (Lanham, MD: Rowman & Littlefield, 2001); Michelle M. Betsill and Elisabeth Corell, eds, *NGO Diplomacy: The Influence of Nongovernmental Organizations in International Environmental Negotiations* (Cambridge, MA: MIT Press, 2008); Paul Wapner, *Living through the End of Nature: The Future of American Environmentalism* (Cambridge, MA: MIT Press, 2010).

4 E. P. Thompson, "The Moral Economy of the English Crowd in the Eighteenth Century", *Past and Present* 50/1 (1971), pp. 76 –136.

5 Charles C. Tilly and Sidney G. Tarrow, *Contentious Politics* (Boulder, CO: Paradigm, 2007), p. 17. 사회운동, 특히 논쟁의 정치에 대한 연구 사례로는 다음을 참고할 것. Sidney G. Tarrow, *Struggle, Politics and Reform: Collective Action, Social Movements, and Cycles of Protest* (Ithaca, NY: Cornell University Press, 1989); Charles C. Tilly, *Coercion, Capital, and European States: AD 990–1992* (Oxford: Blackwell, 1990); Charles C. Tilly, *Popular Contention in Great Britain, 1758–1834* (Cambridge, MA: Harvard University Press, 1995); Sidney G. Tarrow, *Power in Movement: Social Movements and Contentious Politics, 2nd edn* (Cambridge: Cambridge University Press, 1998); Charles C. Tilly, *Stories, Identities, and Political Change* (Lanham, MD: Rowman & Littlefi eld, 2002); Jeff Goodwin and James M. Jasper, eds, *Rethinking Social Movements: Structure, Meaning, and Emotion* (Lanham, MD: Rowman & Littlefi eld, 2004); Charles C. Tilly, *Contention and Democracy in Europe, 1650–2000* (Cambridge: Cambridge University Press, 2004); Sidney G. Tarrow, *The New Transnational Activism* (Cambridge: Cambridge University Press, 2005); Charles Tilly and Lesley J. Wood, *Social Movements, 1768–2008* (Boulder, CO: Paradigm, 2009).

6 우리는 '비영리조직'과 '비정부기구'를 동의어로 사용한다. 미국 같은 일부 지역에서는 비영리조직이냐 비정부기구냐에 따라 다른 세법이나 법적 의무가 적용되긴 하지만 말이다. 하지만 대부분의 지역에서는 의미 있는 차이가 전혀 없고, 미국에서도 대부분의 분석가들은 두 용어를 혼용하는 경향을 보인다. 대체로 더 나은 서비스에 중점을 두는 조직은 스스로를 '비영리조직'이라고 부르는 경향이 있고, 어떤 '대의명분'을 정치적으로 옹호하는 데 중점을 두는 조직은 스스로를 비정부기구라고 부르는 경향을 보인다. 하지만 이런 구분도 항상 어디서나 들어맞는 것은 아니다. 따라서 혼란을 최소화하기 위해(이것이 완벽한 해법은 아니라고 인정하지만) 우리는 두 용어를 동의어처럼 사용하고 기업 같은 영리조직을 비정부기구의 정의에서 제외할 것이다.

7 "자본주의의 종말보다는 이 세상의 종말을 상상하기가 더 쉽다"는 Mark Fisher, *Capitalist Realism: Is There No Alternative?* (Washington, DC: Zero Books, 2009)의 1장 제목이기도 하다.

8   Antonio Gramsci, *The Prison Notebooks*, vols 1 -3, trans. Joseph A. Buttigieg (New York: Columbia University Press, 2010).

9   가령 다음과 같은 책을 볼 것. Sarah Ann Soule, *Contention and Corporate Social Responsibility* (Cambridge: Cambridge University Press, 2009).

10  다음을 참고 할 것. Michael Edwards, *Small Change: Why Business Won't Save the World* (San Francisco: Berrett-Koehler, 2008); Matthew Bishop and Michael Green, *Philanthrocapitalism: How Giving Can Save the World* (New York: Bloomsbury Press, 2008); Ilan Kapoor, *Celebrity Humanitarianism: The Ideology of Global Charity* (London and New York: Routledge, 2013).

11  Samantha King, *Pink Ribbons, Inc.: Breast Cancer and the Politics of Philanthropy* (Minneapolis: University of Minnesota Press, 2006)을 바탕으로 한 캐나다영상위원회의 다큐멘터리 〈핑크 리본 주식회사Pink Ribbons, Inc.〉에서 인용. 다음도 참고할 것. Barbara Ehrenreich, "Welcome to Cancerland: A Mammogram Leads to a Cult of Pink Kitsch", Harper's Magazine, November 2001, pp. 43 -53.

12  Lisa Ann Richey and Stefano Ponte, *Brand Aid: Shopping Well to Save the World* (Minneapolis: University of Minnesota Press, 2011).

13  Al Baker, "When the Police Go Military", *New York Times*, December 3, 2011, p. SR6에서 인용.

14  Jacquelin Magnay, "London 2012 Olympics: Government Confirms Use of Surface-to-Air Missiles", *Daily Telegraph*, July 3, 2012 (www.telegraph.co.uk).

15  가령 다음과 같은 자료들을 볼 것. "Documents Show NYPD Infiltrated Liberal Groups", *USA Today*, March 23, 2012; Kevin Walby and Jeffrey Monaghan, "Private Eyes and Public Order: Policing and Surveillance in the Suppression of Animal Rights Activists in Canada", *Social Movement Studies: Journal of Social, Cultural and Political Protest* 10/1 (2011), pp. 21 -37; American Civil Liberties Union (ACLU), "Maryland State Police's Heavily Redacted Spy Files on Peaceful Activists Show No Illegal Activity, Broader Time Period", November 19, 2008 (www.aclu.org).

16  Ralph Atkins, "City Demonstrates its Leftwing Credentials", *Financial Times*, June 11, 2012, p. 2.

17  Les Perreaux and Rhéal Séguin, "Quebec's Emergency Law Blasted by Critics", *Globe and Mail*, May 18, 2012에서 인용.

18  로널드 디버트Ronald J. Deibert, 존 팔프레이John G. Palfrey, 라팔 로진스키Rafal Rohozinski, 그리고 조너선 지트레인Jonathan Zittrain이 쓴 3부작은 사이버 공간에 대한 국가 감시의 성장과 영향, 그리고 사이버 공간에서 벌어지는 권력투쟁을 분석한 선구적인 책이다. *Access Denied: The Practice and Policy of Global Internet Filtering* (Cambridge, MA: MIT Press, 2008); *Access Controlled: The Shaping of Power, Rights, and Rule in Cyberspace*

저항 주식회사

(Cambridge, MA: MIT Press, 2010); and *Access Contested: Security, Identity, and Resistance in Asian Cyberspace* (Cambridge, MA: MIT Press, 2011)를 볼 것.

19 Isabella Bakker, "Neo-Liberal Governance and the Reprivatization of Social Reproduction: Social Provisioning and Shifting Gender Orders", in Isabella Bakker and Stephen Gill, eds, *Power, Production and Social Reproduction* (London and New York: Palgrave Macmillan, 2003), pp. 66-82를 볼 것.

20 Michael F. Maniates, "Individualization: Plant a Tree, Buy a Bike, Save the World?" *Global Environmental Politics* 1/3 (2001), pp. 31-52.

21 C. Wright Mills, *The Sociological Imagination* (Oxford: Oxford University Press, 1959)을 볼 것. 〔강희경 외 옮김, 《사회학적 상상력》, 돌베개, 2004.〕

22 Stephen Marche, "Is Facebook Making Us Lonely?" *Atlantic Magazine*, May 2012.

23 가령 다음과 같은 글을 볼 것. Alan Sears, "The End of 20th Century Socialism?" *New Socialist* 61 (2007), pp. 5-9.

24 E. P. Thompson, *The Making of the English Working Class* (London: Victor Gollancz, 1963). 〔나종일 외 옮김, 《영국노동계급의 형성》, 창비, 2000.〕

25 이는 Raymond Williams, Marxism and Literature (Oxford: Oxford University Press, 1977)의 9장 제목이다.

26 Mills, *The Sociological Imagination*.

27 "Greenpeace: From Hippies to Lobbyists", *Al Jazeera World*, June 19, 2012, www.aljazeera.com. 그린피스 인터내셔널 상임이사의 연봉은 Greenpeace, *Annual Report* (Amsterdam: Greenpeace International, 2012), p. 42에 실려 있다(소득표는 p. 16에 있다).

28 WWF International, WWF Annual Review, 2012 (www.wwf.org.uk/what_we_do/about_us/annual_review/), pp. 38-39.

29 Amnesty International, *Amnesty International Report 2012: The State of the World's Human Rights* (http://fi les.amnesty.org/air12/air_2012_full_en.pdf).

30 인용 문구는 Greenpeace USA, "Market Solutions and Corporate Campaigning", at www.greenpeace.org에 실려 있다. 언론인 렉스 웨일러Rex Weyler는 *Greenpeace: How a Group of Journalists, Ecologists, and Visionaries Changed the World* (Vancouver: Raincoast Books, 2004)에서 초기 '그린피스' 내부의 변화를 내부자의 입장에서 통찰력 있게 보여 준다.

31 어스워치와 리오틴토의 동반자 관계에 대한 심도 있는 분석은 다음을 볼 것. Maria May Seitanidi and Andrew Crane, "Implementing CSR (corporate social responsibility) through Partnerships: Understanding the Selection, Design and Institutionalisation of Nonprofit-Business Partnerships", *Journal of Business Ethics* 85 (2009), pp. 413-429. 특히 유명 브랜드 회사들이 오늘날 비정부기구와 '지속가능성' 동반자 관계를

확립하기 위해 극심한 경쟁을 벌이고 있는 이유에 대한 분석으로는 다음을 참고할 것. Peter Dauvergne and Jane Lister, *Eco-Business: A Big-Brand Takeover of Sustainability* (Cambridge, MA: MIT Press, 2013).

**32** MacDonald, *Green, Inc.*, p. 69; Johann Hari, "The Wrong Kind of Green", *The Nation*, March 22, 2010, www.thenation.com.

**33** Karyn Strickler, "Lost in the Fumes", *Counterpunch*, April 9, 2008, www.counterpunch.org.

**34** Rickke Mananzala and Dean Spade, "The Nonprofit Industrial Complex and Trans Resistance", *Sexuality Research & Social Policy* 5/1 (2008), p. 55. 노조 조직률 데이터의 출처는 다음과 같다. Organisation for Economic Co-Operation and Development, "Trade Union Density" (data extracted on May 21, 2013, from http://stats.oecd.org).

**35** 이에 대한 분석은 다음을 참고할 것. Barry Carin, "CIDA, NGOs and Mining Companies: The Good, the Bad and the Ugly", *iPolitics*, May 8, 2012, www.ipolitics.ca. 다음도 참고할 만하다. Stephen Brown, ed., *Struggling for Effectiveness: CIDA and Canadian Foreign Aid* (Montreal: McGill-Queen's University Press, 2012).

**36** 수잔 소더버그(퀸즈대학교)와 에이드리엔 로버츠(맨체스터대학교)와의 개인적인 의견 교환.

**37** Bjørn Lomborg, *The Skeptical Environmentalist: Measuring the Real State of the World* (Cambridge: Cambridge University Press, 2001). [김승욱 외 옮김,《회의적 환경주의자》, 에코리브르, 2003.]

**38** Roger Scruton, *How to Think Seriously about the Planet: The Case for an Environmental Conservatism* (Oxford: Oxford University Press, 2012).

**39** Patrick Moore, *Confessions of a Greenpeace Dropout: The Making of a Sensible Environmentalist* (Vancouver: Beatty Street, 2010), p. 1.

**40** Rob Nixon, *Slow Violence and the Environmentalism of the Poor* (Cambridge, MA: Harvard University Press, 2011).

**41** Peter Dauvergne and Genevieve LeBaron, "The Social Cost of Environmental Solutions", *New Political Economy* 18/3 (2013), pp. 410-430; Peter Dauvergne, *The Shadows of Consumption: Consequences for the Global Environment* (Cambridge, MA: MIT Press, 2008).

**42** Edward Said, "The Public Role of Writers and Intellectuals", *The Nation*, September 17, 2001, p. 10.

저항 주식회사

## 2장

1   Karl Marx, *Capital: A Critique of Political Economy*, vol. Ⅰ (Harmondsworth: Penguin, 1990), p. 742 (독일어 초판은 1867년에 발행됨). 〔김수행 옮김, 《자본론 1》, 비봉출판사, 2005.〕

2   2010년 앰네스티의 모금 활동 비용에 대한 추정치의 출처는 다음과 같다. Global Reporting Initiative (George Macfarlane이 작성함), *Amnesty International 2011 Report to INGO Accountability Charter using GRI NGO Level C Reporting Template* (Amsterdam: Global Reporting Initiative, 2011), p. 15. 2011년 수잔 코멘 유방암 재단의 모금 활동과 대중 교육 지출액은 다음에 나와 있다. Susan G. Komen for the Cure, *2010–2011 Annual Report*, p. 7.

3   Susan G. Komen for the Cure, ww5.komen.org를 볼 것.

4   Ross Perlin, *Intern Nation: How to Earn Nothing and Learn Little in the Brave New Economy* (New York: Verso, 2012).

5   David Hulme and Michael Edwards, "NGOs, States and Donors: An Overview", in David Hulme and Michael Edwards, eds, *NGOs, States and Donors: Too Close for Comfort?* (Basingstoke: Macmillan, 1997), p. 3.

6   Sarah Murray, "NGOs Tread Gingerly When Matchmaking", *Financial Times*, June 23, 2011, p. 4에서 인용.

7   Naomi Klein, *No Logo: Taking Aim at the Brand Bullies* (Toronto: Viking Canada, 2000), p. 338. 〔이은진 옮김, 《슈퍼 브랜드의 불편한 진실》, 살림Biz, 2010.〕

8   E. F. Schumacher, *Small is Beautiful: Economics as if People Mattered* (New York: Harper & Row, 1973). 〔이상호 옮김, 《작은 것이 아름답다》, 문예출판사, 2002.〕

9   Bryan Walsh, "Exclusive: How the Sierra Club Took Millions from the Natural Gas Industry—and Why They Stopped", *Time*, February 2, 2012, www.science.time.com.

10  '친가스 입장'에 대한 논평의 출처는 다음과 같다. Ben Casselman, "Sierra Club's Pro-Gas Dilemma", *Wall Street Journal*, December 22, 2009, available at http://online.wsj.com/article/SB126135534799299475.html. 스타인그래버의 인용구는 다음에 실려 있다. Sandra Steingraber, "Breaking Up with the Sierra Club", *Orion Magazine Blog*, March 26, 2012, available at https://www.commondreams.org/view/2012/03/26-27.

11  이 단락의 근거 자료는 다음과 같다. Royal Dutch Shell, *Sustainability Report 2011* (http://reports.shell.com/sustainabilityreport/), p. 8; WWF International Board (wwf.panda.org), as of June 2013; United States Climate Action Partnership (www.us-cap.org), as of June 2013.

12  Amazon Defense Coalition, www.texacotoxico.org/eng.

13 셰브론의 동반자들에 대한 논의는 www.chevron.com을 참고할 것. 2013년 6월 기준 엑손모빌의 동반자 목록은 Exxon Mobil, "Community & Development", at www.exxon.mobil.com을 참고할 것.

14 Tim Smedley, "More NGOs Finding Fruitful Collaborations with the Private Sector", *Guardian Professional*, August 7, 2012에서 인용.

15 셰브론의 기부에 대해서는 다음을 볼 것. Chevron, *2010 Corporate Sustainability Report* (www.chevron.com/documents/pdf/corporateresponsibility/ Chevron_CR_Report_2010.pdf), p. 12. '청정조리기구를 위한 국제동맹'에 대한 '셸'의 후원에 대해서는 다음을 볼 것. Royal Dutch Shell, *Sustainability Report 2011*, p. 11.

16 Shell International, *Scenarios: An Explorer's Guide* (www.shell.com/global/future-energy/scenarios/explorers-guide.html), p. 19. 다음도 참고할 것. Anna Zalik, "Oil 'Futures': Shell's Scenarios and the Social Constitution of the Global Oil Market", *Geoforum* 41 (2010), pp. 553–564.

17 이 단락 자료의 출처는 다음과 같다. Suzanne Perry, "How Much Must Charities Disclose about Donors?" *Chronicle of Philanthropy*, September 6, 2010 (www.philanthropy.com). 다음도 참고할 것. Alzheimer's Disease International, www.alz.co.uk; National Alliance on Mental Illness, www.nami.org; American Heart Association, www.heart.org; American Cancer Society, www.cancer.org; Mental Health America, www.mentalhealthamerica.net.

18 Samantha King, *Pink Ribbons, Inc.: Breast Cancer and the Politics of Philanthropy* (Minneapolis: University of Minnesota Press, 2006), p. 38; American National Health Council website (www.nationalhealthcouncil.org).

19 Suzanne Perry, "Senator Examines Disclosure of Board Member Ties to Medical Companies", *Chronicle of Philanthropy*, September 6, 2010 (www.philanthropy.com). 다음도 참고할 것. American Diabetes Association, www.diabetes.org; North American Spine Society, www.spine.org.

20 AIDS Institute, www.theaidsinstitute.org (2013년 6월 기준)를 볼 것.

21 Essential Action, *Pharmaceutical Links of NGOs Contributing to the World Health Organization's Second Public Hearing on Health, Innovation and Intellectual Property*, November 7, 2007 (www.essentialaction.org/access/uploads/ igwg.contributorlinks.pdf), p. 2.

22 Smedley, "More NGOs Finding Fruitful Collaborations with the Private Sector"에서 인용.

23 '마케팅 파트너'의 출처는 다음과 같다. Christine Catherine MacDonald, *Green, Inc.: An Environmental Insider Reveals How a Good Cause Has Gone Bad* (Guilford, CT: Lyons Press, 2008), p. 65. 세계삼림무역네트워크의 인용구 출처는 다음과 같다.

Global Forest and Trade Network, "Why We Need the GFTN and How it Works", www.gftn.panda.org. 세계삼림무역네트워크에 대한 비판은 다음을 참고할 것. Global Witness, *Pandering to the Loggers: Why WWF's Global Forest and Trade Network Isn't Working* (London: Global Witness, 2011). '국제보전협회'의 기업 파트너십에 대한 개괄은 다음을 볼 것. Conservation International, Corporate Partnership, www.conservation.org.

**24** 다음을 참고할 것. Natural Resources Defense Council, "Board of Trustees", www.nrdc.org; World Wildlife Fund, worldwildlife.org; Conservation International, board of directors, www.conservation.org.

**25** 다음을 참고할 것. Fair Labor Organization, www.fairlabor.org; Human Rights Campaign, www.hrc.org; Oxfam, www.oxfam.org.uk; Care International, board of directors, www.care.org. 미 법무부가 카스트로-라이트의 재임 기간 중 멕시코 월마트에서 뇌물 수수 혐의를 조사하자 카스트로-라이트는 2012년 7월 월마트에서 사임했다. 2013년 6월 기준, 케어 인터내셔널의 이사진 명단에는 아직 그의 이름이 남아 있었다.

**26** 다음을 참고할 것. Adrienne Roberts, "What Happened to Power? The Rise of Transnational Business Feminism and the Necessity of Feminist IR", *International Feminist Journal of Politics* (2013), forthcoming; Adrienne Roberts and Susanne Soederberg, "Gender Equality as Smart Economics? A Critique of the 2012 World Development Report", *Third World Quarterly* 33/5 (2012), pp. 949–968.

**27** 이 단락의 내용은 다음을 참고하였다. Girl Effect, www.girleffect.org; Every Woman Every Child, www.everywomaneverychild.org(인용구는 웹사이트의 메인 페이지에 있다); International Business Leaders Forum, www.iblf.org; World Bank Group, Gender Action Plan, www.worldbank.org; UN Global Compact, www.unglobalcompact.org.

**28** Nestlé, *Annual Report 2011* (www.nestle.com), p. 16에서 인용.

**29** Matthew Bishop and Michael Green, *Philanthrocapitalism: How the Rich Can Save the World* (New York: Bloomsbury Press, 2008), pp. 1–12를 볼 것.

**30** Ira De A. Reid, "Philanthropy and Minorities", *Phylon* 5/3 (1944), p. 266. 다음도 참고할 만하다. Ruth Wilson Gilmore, "In the Shadow of the Shadow State", in INCITE! Women of Color against Violence, ed., *The Revolution Will Not Be Funded* (Cambridge, MA: South End Press, 2007) (with the Reid quote at p. 41).

**31** 1955년과 1982년 수치는 다음 자료를 근거로 하였다. Charles T. Clotfelter, *Federal Tax Policy and Charitable Giving* (Chicago: University of Chicago Press), table 1.2; 2012년 수치는 다음 자료를 근거로 하였다. Charity Navigator, "Giving Statistics", 2013년 8월 1일 접속 (www.charitynavigator.org) (원 자료는 다음과 같다. Giving USA 2013, *The*

*Annual Report on Philanthropy for the Year 2012*).

32 Bill & Melinda Gates Foundation, www.gatesfoundation.org.

33 Bishop and Green, *Philanthrocapitalism*을 볼 것. '자본주의적 자선 활동'에 대한 비판은
다음을 참고할 것. Michael Edwards, *Small Change: Why Business Won't Save the World*
(San Francisco: Berrett-Koehler, 2008).

34 재클린 노보그라츠의 말은 다음에서 인용하였다. Jacqueline Novogratz, "Meeting
Urgent Needs with Patient Capital", *innovations* 2/1-2 (2007), pp. 29-30. "밑바닥에
있는 보물 창고"라는 표현은 Klaus M. Leisinger, "Corporate Philanthropy: The 'Top of
the Pyramid'", *Business and Society Review* 112/3 (2007), p. 321의 절 제목 중 일부다.
휴먼라이츠워치 통계 자료의 출처는 다음과 같다. Human Rights Watch, Inc., *Financial
Statements: Year Ended June 30, 2011* (www.hrw.org), p. 16. '게이츠 재단'의 인용구
출처는 다음과 같다. Bill & Melinda Gates Foundation, "Who We Are, Foundation
Fact Sheet" (www.gatesfoundation.org/Who-We-Are/General-Information/
Foundation-Factsheet). '걸 이펙트'의 인용구 출처는 다음과 같다. Nike website,
http://nikeinc.com/pages/the-girl-effect.

35 Kurt Hoffman, letter in *The Guardian*, April 18, 2008, Edwards, *Small Change*, p. 3에서
인용.

36 Bishop and Green, *Philanthrocapitalism*, p. 6.

37 다음을 볼 것. "The Giving Pledge", www.givingpledge.org.

38 "수십 억의 밑바닥"이라는 표현의 출처는 다음과 같다. Paul Collier, *The Bottom
Billion: Why the Poorest Countries Are Failing and What Can Be Done about It* (Oxford:
Oxford University Press, 2007). 유명 인사를 앞세운 운동에 대한 비판은 다음을
참고할 것. Lisa Ann Richey and Stefano Ponte, *Brand Aid: Shopping Well to Save the
World* (Minneapolis: University of Minnesota Press, 2011); Ilan Kapoor, *Celebrity
Humanitarianism: The Ideology of Global Charity* (London and New York: Routledge,
2013).

39 Robert B. Reich, "A Few Hundred Supernovas", *American Prospect*, October 2, 2006
(www.prospect.org). 부분적으로 Edwards, *Small Change*, p. xiii에서 인용.

40 Oxfam, "The Cost of Inequality: How Wealth and Income Extremes Hurt Us All",
January 18, 2013 (www.oxfam.org); World Economic Forum, *Global Risks 2013*
(www.weforum.org/reports/global-risks-2013-eighth-edition), p. 10. 세계 최고
부자들의 실질 소득 증가분에 대한 옥스팜의 추정치는 다음을 근거로 하였다. Branko
Milanovi'c, *Global Income Inequality by the Numbers: In History and Now*, Policy Research
Working Paper 6259 (Washington, DC: World Bank, 2012), p. 12.

41 에런라이크의 말은 다음에서 인용하였다. Barbara Ehrenreich, "Welcome to
Cancerland: A Mammogram Leads to a Cult of Pink Kitsch", *Harper's Magazine*,

November 2001, pp. 43 - 53 (quote on p. 45). 킹의 말은 다음에서 인용하였다. King, *Pink Ribbons, Inc.*, p. vii. 킹의 책은 '수잔 코멘 유방암 재단(원래 명칭은 Susan G. Komen Breast Cancer Foundation였다가 2007년 이후 Susan G. Komen for the Cure로 바뀌었다. [책에서는 편의상 '수잔 코멘 유방암 재단'으로 번역한다.])의 역사를 소개하는 한편 철저하게 분석하고 있다. 2011년 달리기 대회 참가 인원 추정치는 다음을 근거로 하였다. Susan G. Komen for the Cure, ww5.komen.org.

**42** 다음을 참고할 것. Susan G. Komen for the Cure, corporate partners, ww5.komen.org.

**43** King, *Pink Ribbons, Inc.*, p. 2.

**44** "또 다른 세계는 가능하다"는 브라질 포르투알레그레에서 처음으로 개최된 세계사회포럼의 슬로건이자 다음 두 책 제목이기도 하다. David McNally, Another World is Possible: Globalization & Anti-Capitalism, rev. edn (Winnipeg: Arbeiter Ring, 2006), William F. Fisher and Thomas Ponniah, Another World is Possible: Popular Alternatives to Globalization at the World Social Forum (London and New York: Zed Books, 2003).

**45** Fairtrade International, www.fairtrade.net (인용구는 "공정무역이란 무엇인가What is Fairtrade?"라는 탭에 들어 있다).

**46** Gavin Fridell, *Fair Trade Coffee: The Prospects and Pitfalls of Market-Driven Social Justice* (Toronto: University of Toronto Press, 2007), p. 6. 다음도 참고할 것. Gavin Fridell, "The Co-operative and the Corporation: Competing Visions of the Future of Fair Trade", *Journal of Business Ethics* 86 (April 2009), pp. 81 - 95.

**47** 다음을 참고할 것. Gavin Fridell, "Corporations Occupy Fair Trade", *The Bullet* (Socialist Project, E-Bulletin no. 565), November 7, 2011, www.socialistproject.ca/ bullet/565.php. 2013년 6월 기준, 페어트레이드 USA의 대표이자 최고경영자는 1998년 최초의 미국 사무소를 출범시킨 폴 라이스Paul Rice다. 업무 집행 담당 책임자는 토드 스타크Todd Stark로, 2008년 페어트레이드 USA에 합류하기 전까지 피앤지와 치키타브랜즈 인터내셔널에서 고위 간부직을 맡았던 인물이다.

**48** 다음을 볼 것. Starbucks, Starbucks Company Profile and Ethical Sourcing Factsheet, at www.starbucks.com.

**49** Peter Dauvergne and Jane Lister, "The Prospects and Limits of Eco-Consumerism: Shopping Our Way to Less Deforestation?" *Organization & Environment* 23/2 (2010), pp. 132 -154. 자세한 내용은 다음을 참고할 것. Marine Stewardship Council, www.msc.org; Forest Stewardship Council, www.fsc.org; Programme for the Endorsement of Forest Certifi cation International, www.pefc.org; Round Table on Responsible Soy Association, www.responsiblesoy.org; and Roundtable on Sustainable Palm Oil, www.rspo.org. 학술적인 분석은 다음을 참고할 것. Lars H. Gulbrandsen, *Transnational Environmental Governance: The Emergence and Effects of the*

*Certification of Forests and Fisheries* (Cheltenham, and Northampton, MA: Edward Elgar, 2010); Jane Lister, *Corporate Social Responsibility and the State: International Approaches to Forest Co-Regulation* (Vancouver: UBC Press, 2011).

**50** 이 단락의 인용구 출처는 다음과 같다. "WWF Accused of Selling Out to Industry with New ASC Aquaculture Standards", *Vietnam Seafood News*, May 5, 2011 (vietnamseafoodnews.com).

**51** Aziz Choudry and Dip Kapoor, eds, *Learning from the Ground Up: Global Perspectives on Social Movements and Knowledge Production* (Basingstoke and New York: Palgrave Macmillan, 2010), p. 24.

**52** 다음도 참고할 것. Keith Aoki, "Neocolonialism, Anticommons Property, and Biopiracy in the (Not-So-Brave) New World Order of International Intellectual Property Protection", *Indiana Journal of Global Legal Studies* 11 (1998 –9), pp. 163 – 186; Martin Khor, *Rethinking IPRs and the TRIPs Agreement* (Penang: Third World Network, 2001); James Boyle, *The Public Domain: Enclosing the Commons of the Mind* (New Haven, CT: Yale University Press, 2008).

**53** 레드의 모토는 다음에서 확인할 수 있다. RED, "Fighting for an Aids Free Generation", www.joinred.com. 레드의 세부 사항과 분석, 대의의 마케팅을 통해 창출되는 브랜드 가치에 대해서는 다음을 볼 것. Richey and Ponte, *Brand Aid*.

**54** Michael Edwards, "'Philanthrocapitalism' and its Limits", *International Journal of Not-for-Profit Law* 10/2 (April 2008), p. 23에서 인용.

**55** 보노의 2006년 "Emporio Armani RED One Night Only Event" 연설문은 다음에서 볼 수 있다(연설은 2분 5초부터 시작된다). www.myspace.com/video/joinred/emporio-armani-red-one-nightonly-event/3698048 (2012년 12월 3일 접속). 보노의 말은 Richey and Ponte, *Brand Aid*의 앞머리에도 인용되어 있다.

**56** Richey and Ponte, *Brand Aid*, p. 17.

**57** WWF, "Marketing Partnerships", on the WWF website (www.worldwildlife.org) (2012년 12월 3일). 다음도 참고할 것. King, *Pink Ribbons, Inc.*; Richey and Ponte, *Brand Aid*; and Kapoor, *Celebrity Humanitarianism*.

**58** Greg Sharzer, *No Local: Why Small-Scale Alternatives Won't Change the World* (Winchester: Zero Books, 2012), p. 37.

**59** 같은 책; Adam Smith, *An Inquiry into the Nature and Causes of the Wealth of Nations*, in book I, chapter II, "Of the Principle which Gives Occasion to the Division of Labour", 1776.

저항 주식회사

## 3장

**1** Protest and Assembly Rights Project, *Suppressing Protest: Human Rights Violations in the U.S. Response to Occupy Wall Street* (Global Justice Clinic, NYU School of Law, and the Walter Leitner International Human Rights Clinic at the Leitner Center for International Law and Justice, Fordham Law School, 2012), available at http://chrgj.org/wp-content/uploads/2012/10/suppressingprotest.pdf, pp. 27–29, p. 36. 다음도 참고할 것. Chuck Wexler, *Managing Major Events: Best Practices from the Field* (Washington, DC: Police Executive Research Forum, 2011).

**2** 다음을 참고할 것. Alex S. Vitale, "From Negotiated Management to Command and Control: How the New York Police Department Polices Protests", *Policing & Society: An International Journal of Research and Policy* 15 (2005), pp. 283–304; Alex S. Vitale, "The Command and Control and Miami Models at the 2004 Republican National Convention: New Forms of Policing Protests", *Mobilization: An International Quarterly* 12 (2007), pp. 403–415.

**3** Maina Kiai, *Report of the Special Rapporteur on the Rights to Freedom of Peaceful Assembly and of Association, Addendum, Observations on Communications Transmitted to Governments and Replies Received*, United Nations General Assembly, Human Rights Council, twentieth session, June 19, 2012, available at www.ohchr.org/Documents/HRBodies/HRCouncil/RegularSession/Session20/A-HRC-20-27-Add3_EFS.pdf.

**4** Alicia A. D'Addario, "Policing Protest: Protecting Dissent and Preventing Violence through First and Fourth Amendment Law", *New York University Review of Law & Social Change* 31 (2006), p. 97.

**5** Luis A. Fernandez, *Policing Dissent: Social Control and the Anti-Globalization Movement* (New Brunswick, NJ: Rutgers University Press, 2008), pp. 69–70.

**6** National Lawyers Guild, "Police Response to G-20 protests Included Excessive Force as Means of Crowd Control", on the National Lawyers Guild website (www.nlg.org)에서 인용.

**7** Protest and Assembly Rights Project, *Suppressing Protest*, p. 1.

**8** Chitrangada Choudhury, "NYPD 'Consistently Violated Basic Rights' during Occupy Protests –Study", *The Guardian*, July 25, 2012, www.guardian.co.uk에서 인용.

**9** Naomi Klein, "Foreword: G20 Trials and the War on Activism", in Tom Malleson and David Wachsmuth, eds, *Whose Streets? The Toronto G20 and the Challenges of Summit Protest* (Toronto: Between the Lines Press, 2011), p. xii. 다음도 참고할 것. André Marin, *Caught in the Act: Investigation into the Ministry of Community Safety and Correctional Services' Conduct in Relation to Ontario Regulation 233/10 under the Public*

*Works Protection Act*, Ombudsman Report (Toronto, 2010).

10 Neil Smith and Deborah Cowen, "Martial Law in the Streets of Toronto: G20 Security and State Violence", *Human Geography* 3/3 (2010), pp. 29–46. 토론토 경찰청장 윌리엄 블레어William Blair는 캐나다 하원에 1억 2,500만 캐나다달러의 예산 계획서를 보고했다. 다음을 참고할 것. Canadian Broadcasting Corporation, "Toronto G20 Security Cost $125M: Police Chief", *CBCNews*, November 4, 2010 (www.cbc.ca).

11 Nina Power, "A Threat to Our Right to Protest: The Metropolitan Police's Crackdown on Student Protesters Seems Part of a Wider Attempt to Suppress Legitimate Dissent", *The Guardian*, April 27, 2011. 9 ·11 이후 런던의 저항의 정치에 대한 분석은 다음을 참고할 것. Clive Bloom, *Riot City: Protest and Rebellion in the Capital* (Basingstoke and New York: Palgrave Macmillan, 2012).

12 이 단락의 운동가 피살 사건에 대한 자료의 출처는 다음과 같다. Global Witness, *A Hidden Crisis? Increase in Killings as Tensions Rise Over Land and Forests* (London: Global Witness Briefing, June 19, 2012), p. 2에 요약본이 있다.

13 Todd Gordon, *Imperialist Canada* (Winnipeg: Arbeiter Ring, 2010), p. 207. 다음도 참고할 것. US Department of State, *Country Reports on Human Rights Practices for 2008*, vol. 1. Report submitted to the Committee on Foreign Relations, US Senate, and the Committee on Foreign Affairs, US House of Representatives. 111th Congress, 2nd Session (December 2010).

14 Thomas L. Friedman, "A Manifesto for the Fast World", *New York Times Magazine*, March 28, 1999, 다음을 각색함. Thomas L. Friedman, *The Lexus and the Olive Tree: Understanding Globalization* (New York: Farrar, Straus, Giroux, 1999).

15 다음을 참고할 것. Peter Kraska, "Militarizing American Police: The Rise of Paramilitary Units", *Social Problems* 44/1 (1997), pp. 1–18; Peter Kraska, ed., *Militarizing the American Criminal Justice System: The Changing Roles of the Armed Forces and the Police* (Boston: Northeastern University Press, 2001); Peter Kraska, "Militarization and Policing – its Relevance to 21st Century Police", *Policing* 1/4 (2007), pp. 501–513.

16 Erik Kain, "Police Militarization in the Decade Following 9 ·11", *Forbes*, September 12, 2011; Brad Lockwood, "The Militarizing of Local Police", *Forbes*, November 30, 2011. 2013년 3월, 미국시민자유연맹은 특히 작은 마을을 군사화하는 데 들어가는 연방 재정의 규모를 확인하는 데 중점을 두고, 경찰 활동의 군사화를 기록하는 캠페인을 스물세 개 주에서 펼치기 시작했다. 다음을 참고할 것. ACLU, "The Militarization of Policing in America", www.aclu.org/militarization.

17 Derrick Mahone, "Cobb Police Add Tank to Arsenal", *Atlanta Journal-Constitution*, October 10, 2008에서 인용. 재스퍼에 대한 내용과 부제의 출처는 다음과 같다. Chuck

Murphy and Sydney P. Freedberg, "Fort Florida", *St Petersburg Times*, March 2, 2003. 다음도 참고할 것. Radley Balko, *Overkill: The Rise of Paramilitary Police Raids in America* (Washington, DC: Cato Institute, 2006).

**18** Arthur Rizer and Joseph Hartman, "How the War on Terror Has Militarized the Police", *The Atlantic*, November 7, 2011, www.theatlantic.com.

**19** Amory Starr, Luis Fernandez, and Christian Scholl, *Shutting Down the Streets: Political Violence and Social Control in the Global Era* (New York: New York University Press, 2011), p. 43.

**20** Fernandez, *Policing Dissent*, pp. 72-73에서 인용(pp. 68-73에는 개정된 마이애미 거리 도로 조례의 발췌문이 실려 있다).

**21** Starr, Fernandez, and Scholl, *Shutting Down the Streets*, p. 69.

**22** Marin, *Caught in the Act*, pp. 5 and 12.

**23** Klein, "Foreword: G20 Trials and the War on Activism", p. xiv.

**24** Tom Malleson and David Wachsmuth, "Introduction", in Tom Malleson and David Wachsmuth, eds, *Whose Streets? The Toronto G20 and the Challenges of Summit Protest* (Toronto: Between the Lines Press), p. 9. 다음도 참고할 것. Adrian Morrow and Kim Mackrael, "How Police Infiltrated Groups Planning G20 Protests", *Globe and Mail*, November 22, 2011 (last updated September 6, 2012).

**25** 포틀랜드 시장 샘 애덤스가 2011년 11월 10일 발표한 론스데일 광장과 챔프맨 광장의 폐쇄 이유는 다음에서 인용했다. Jamie Pfeiffer, "The Blurry Line between Protesting and Occupying: What the Difference Means to Your Civil Rights", *Oregon Civil Rights Newsletter*, December, 2011, p. 7.

**26** Nathalie Des Rosiers, "Letter to Mayor Fontana, City of London", Canadian Civil Liberties Association, November 11, 2011. 유타에 대해서는 다음을 참고할 것. ACLU, "ACLU of Utah Sues Utah Department of Transportation Over Unconstitutional Restrictions on Free Speech Events", Media Release, May 2, 2011.

**27** UK National Council for Civil Liberties, "Police Reform and Social Responsibility Bill 2011", at www.liberty-human-rights.org.uk. 다음도 참고할 것. UK legislation The Police and Reform and Social Responsibility Act 2011 (Commencement No. 4) Order 2012, No. 896 (C. 27), Licences and Licensing, March 20, 2012.

**28** Canadian Civil Liberties Association, "CCLA Denounces Drastic, Broad Infringements of Fundamental Constitutional Rights in Quebec Bill 78", Press Release, May 22, 2012. 다음도 참고할 것. Government of Quebec, Bill 78: An Act to Enable Students to Receive Instructions from the Postsecondary Institutions They Attend, National Assembly Second Session, Thirty-Ninth Legislature, assented to May 18, 2012.

**29** CBC News, "Ottawa Defends Bill 78 against UN Critique", June 18, 2012, www.cbc.ca에서 인용. 공적 집회에 대한 제한은 캐나다에서 꾸준히 확대되고 있다. 가령 2012년에는 연방 정부가 '불법 집회'가 진행되는 동안 '마스크'를 쓰지 못하게 하는 일반 의원의 발의 법안을 통과시켰다.

30 "Russia Protest Law Follows 'Best World Practices' —Sergey Ivanov", June 22, 2012, available at http://rt.com/politics/ivanov-russia-protests-law-interview-476/에서 인용.

31 Tony Clarke, "The Recriminalization of Dissent", *Policy Options* (September 2002), p. 50.

32 Ann Davis, "Use of Data Collection Systems is Up Sharply Following 9·11", *Wall Street Journal*, May 22, 2003 (www.wsj.com).

33 Michel Chossudovsky, "The 'Use of the Armed Forces' in America under a National Emergency: Unrestricted & Arbitrary Powers conferred to the President & Vice President", *Global Research*, June 27, 2007, www.globalresearch.ca.

34 Chris Hedges, "Criminalizing Dissent", August 13, 2012, posted at www.truthdig.com.

35 Andrew Napolitano, "Freedom under Fire: HR 347 Makes Protest a Felony", Fox News, posted on YouTube, March 12, 2012. 법안에 대해서는 다음을 볼 것. United States Government, "H.R. 347: Federal Restricted Buildings and Grounds Improvement Act", 112th Congress, 1st Session, Washington, DC, 2011.

36 Allison Kilkenny, "Did Mayors, DHS Coordinate Occupy Attacks?" *In These Times*, November 16, 2011; Linda Lye, "Spying on Occupy?" July 19, 2012, www.aclu.org/blog/free-speech-national-security/spying-occupy; Naomi Wolf, "Revealed: How the FBI Coordinated the Crackdown on Occupy", *The Guardian*, December 29, 2012.

37 가령 다음을 참고할 것. Christian Parenti, *The Soft Cage: Surveillance in America from Slavery to the War on Terror* (New York: Basic Books, 2003); US Department of Justice, *A Review of the FBI's Investigation of Certain Domestic Advocacy Groups* (Washington, DC: Office of the Inspector General, Oversight and Review Division, September 2010).

38 ACLU, "No Real Threat: The Pentagon's Secret Database on Peaceful Protest", January 17, 2007. 다음도 참고할 것. Inspector General, United States Department of Defense, *Threat and Local Observation Notice (TALON) Report Program*, Report No.07-INTEL-09, June 27, 2007, www.gwu.edu/~nsarchiv/NSAEBB/NSAEBB230/16.pdf.

39 US Department of Justice, *A Review of the FBI's Investigation of Certain Domestic Advocacy Groups*.

40 New York Police Department (NYPD) Intelligence Unit, "Deputy Commissioner's Briefing", April 25, 2008; Adam Goldman and Matt Apuzzo, "NYPD Intelligence Officers Monitored Liberal Groups, Files Reveal", *The Guardian*, March 23, 2012; ACLU, "Police Documents Released by NYCLU Show Broad Surveillance of Peaceful

Political Activity Before RNC", May 16, 2007.

**41** ACLU, "Spying on First Amendment Activity: State by State", November 4, 2011.

**42** Kevin Johnson, "Eyes in the Sky Watching Everyone in London, at Olympics", USA Today, July 31, 2012; Nina Power, "Let's Stop Assuming the Police Are on Our Side", *The Guardian*, July 26, 2011; CBC News, "Quebec Police Admit They Went Undercover at Montebello Protest", August 23, 2007; Kim Mackrael and Adrian Morrow, "Undercover Officers Knew of Plans for Downtown Mayhem during G20", *Globe and Mail*, November 23, 2011 (last updated September 6, 2012).

**43** 가령 다음을 참고할 것. Jules Boykoff, *Beyond Bullets: The Suppression of Dissent in the United States* (Oakland, CA: AK Press, 2007).

**44** 조 올리버의 인용구는 다음을 볼 것. "An Open Letter from the Honourable Joe Oliver", minister of natural resources, the Media Room), Natural Resources Canada (www.nrcan.gr.can), January 9, 2012.

**45** 피터 켄트는 다음 프로그램에서 이 말을 했다. April 28, 2012, episode of CBC Radio's *The House* (the Canadian Broadcasting Corporation); 언론의 입장은 다음을 참고할 것. Shawn McCarthy, "CRA Audits Charitable Status of Tides Canada amid Tory Attack", *Globe & Mail*, May 7, 2012 (front page story). 스즈키의 말은 다음을 볼 것. David Suzuki, "An Open Letter from Dr. David Suzuki", David Suzuki Foundation (www.davidsuzuki.org), April 13, 2012.

**46** 테이스의 말은 다음에서 인용했다. Shawn McCarthy, "Ottawa's New Antiterrorism Strategy Lists Eco-Extremists". *Globe and Mail*, February 10, 2012 (last updated September 6, 2012); 다음도 참고할 것. *Building Resilience against Terrorism: Canada's Counter-Terrorism Strategy*, 2nd edn (Ottawa: Government of Canada), p. 9. 모나한과 월비의 연구는 다음에 요약되어 있다. Stephen Leahy, "Canada's Environmental Activists Seen as 'Threat to National Security'", *The Guardian*, February 14, 2013; Mike Chisholm and Jenny Uechi, "CSIS Spying on Citizens at Alarming Rate, FOIs Reveal", *Vancouver Observer*, February 25, 2013 (www.vancouverobserver.com).

**47** David Akin, "One in Two Worried about Eco-terrorist Threats", *Toronto Sun*, August 20, 2012.

**48** 루이스의 말은 다음에서 인용했다. Henry Schuster, "Domestic Terror: Who's Most Dangerous?" CNN, August 24, 2005 (posted on cnn.com); 곤잘레스와 뮬러의 말은 다음에서 인용했다. US Department of Justice, "Eleven Defendants Indicted on Domestic Terrorism Charges", Press Release, 20 January 2006.

**49** Starr, Fernandez, and Scholl, *Shutting Down the Streets*, p. 109.

**50** Paul Wallsten, "Activists Cry Foul Over FBI Probe", *Washington Post*, June 13, 2011.

**51** Amory Starr, Luis Fernandez, Randall Amster, Lesley J. Wood, and Manuel J. Caro,

"The Impacts of State Surveillance on Political Assembly and Association: A Socio-Legal Analysis", *Qualitative Sociology* 31 (2008), p. 264에서 인용. '녹색 공포'에 대한 개인적인 이야기는 다음을 볼 것. Will Potter, *Green is the New Red: An Insider's Account of a Social Movement Under Siege* (San Francisco: City Lights Books, 2011).

52 Jeff Monaghan and Kevin Walby, "The Green Scare is Everywhere: The Importance of Cross-Movement Solidarity", *Upping the Anti* 6 (2008), p. 131.

53 David McNally, *Another World is Possible: Globalization & Anti-Capitalism*, 2nd rev. edn (Winnipeg: Arbeiter Ring, 2006), p. 279.

# 4장

1 Eric Hobsbawm, *The Age of Extremes, 1914–1991* (London: Abacus, 1994), p. 334.

2 Fernand Braudel, *Afterthoughts on Material Civilization and Capitalism*, trans. Patricia M. Ranum (Baltimore: John Hopkins University Press, 1977), p. 7. 다음도 참고할 것. Fernand Braudel, *The Structures of Everyday Life: The Limits of the Possible* (London: Collins; New York: Harper & Row, 1981). 스티븐 길은 자본주의가 일상생활로 가차없이 침투하면서 우리는 "시장 문명"으로 진입하게 되었다고 말한다. Stephen Gill, "Globalization, Market Civilization, and Disciplinary Neoliberalism", *Millennium: Journal of International Studies* 24/3 (1995), pp. 399 –423.

3 Hobsbawm, *The Age of Extremes*, p. 334.

4 Alan Sears, "The End of Twentieth Century Socialism?" *New Socialist* 61 (2007), p. 9.

5 A. Sivanandan, "Capitalism, Globalization, and Epochal Shifts: An Exchange", *Monthly Review* 48 (February 1997), p. 20.

6 Stephen Gill and Adrienne Roberts, "Macroeconomic Governance, Gendered Inequality, and Global Crises", in Brigitte Young, Isabella Bakker, and Diane Elson, eds, *Questioning Financial Governance from a Feminist Perspective* (London and New York: Routledge, 2011), p. 168.

7 Sears, "The End of Twentieth Century Socialism?" (인용구는 6쪽에 있다).

8 Hobsbawm, *The Age of Extremes*, p. 306. 다음도 참고할 것. E. P. Thompson, *The Making of the English Working Class* (London: Victor Gollancz, 1963); Alan Sears, "The 'Lean' State and Capitalist Restructuring: Towards a Theoretical Account", *Studies in Political Economy* 59 (1999), pp. 91 –114; Raphael Samuel, "The Lost World of British Communism", *New Left Review* I/154 (1985); and Mark Naison, *Communists in Harlem during the Depression* (Urbana: University of Illinois Press, 1983).

저항 주식회사

**9** Dan La Botz, "What Happened to the American Working Class?" *New Politics* 12/4 (2010), p. 80. 가령 다음도 참고할 것. Kathleen A. Brown and Elizabeth Faue, "Social Bonds, Sexual Politics, and Political Community on the U.S. Left, 1920s –1940s", *Left History* 7/1 (2000), pp. 9 –45.

**10** Aldon Morris, *The Origins of the Civil Rights Movement: Black Communities Organizing for Change* (New York: Free Press, 1984), p. xii. 다음도 참고할 것. Harwood K. McClerking and Eric L. McDaniel, "Belonging and Doing: Political Churches and Black Participation", *Political Psychology* 26 (2005), pp. 721 –733; Adolph L. Reed, ed., *Race, Politics, and Culture: Critical Essays on the Radicalism of the 1960s* (Westport, CT: Greenwood Press, 1986); Christopher Parker, "When Politics Become Protest: Black Veterans and Political Activism in the Postwar South", *Journal of Politics* 71/1 (2009), pp. 113 –131; Numan V. Bartley, *The Rise of Massive Resistance: Race and Politics in the South during the 1950's* (Baton Rouge: Louisiana State University Press, 1969).

**11** 다음을 볼 것. Chris Shilling and Philip A. Mellor, "Durkheim, Morality and Modernity: Collective Effervescence, Homo Duplex, and the Sources of Moral Action", *British Journal of Sociology* 49/2 (1998), pp. 193 –209; Edward Tiryakian, "Collective Effervescence, Social Change, and Charisma: Durkheim, Weber, and 1989", *International Sociology* 10 (1995), pp. 269 –281.

**12** 이 지점에 대한 의견을 준 앨런 시어스에게 감사를 표한다.

**13** "사회적 자유화"는 홉스봄의 표현이다. 다른 사람들은 사회적 "해체", "파편화", "뿌리 뽑힘"(헝가리 출신의 역사학자 칼 폴라니Karl Polanyi에 근거하여) 같은 표현들을 사용한다.

**14** Leo Panitch, "Globalization and the State", in Leo Panitch, Colin Leys, Alan Zuege, and Martijn Konings, eds, *The Globalization Decade: A Critical Reader* (London: Merlin Press, 2004), p. 19.

**15** Alan Sears, "Driving the Dream Belt: Suburban Circuits", in Marnie Fleming, ed., *Is There a There There?* (Ottawa: National Gallery of Art, 2008), p. 29.

**16** Dolores Hayden, *Building Suburbia: Green Fields and Urban Growth*, 1820 –2000 (New York: Pantheon Books, 2003), p. 3.

**17** Organisation for Economic Co-Operation and Development, *OECD Employment Outlook 1998* (Paris: OECD, 1998), p. 153.

**18** Hobsbawm, *The Age of Extremes*, pp. 306 –307.

**19** 같은 책(인용구는 338쪽에 있다).

**20** 지난 30년간 많은 중산층의 일인당 소득은 꾸준히 상승했다. 하지만 경제학자 존 헬리웰John Helliwell의 유명한 연구가 보여주듯 개인 소득이 높아진다고 해서 반드시 행복해지는 것은 아니다. 오히려 더 불행해지거나 사회적 소외감, 권태감을 느낄 수도

있다. 가령 다음을 볼 것. John Helliwell, Richard Layard, and Jeffrey Sachs, eds, *World Happiness Report* (New York: Columbia University, Earth Institute, 2012).

21 퍼트넘은 방대한 통계 자료(가령 노조, 학부모-교사회, 여성 클럽의 회원 수와, 저녁 식사를 함께 먹는 가족 구성원의 숫자, 집으로 찾아가서 만나는 친구의 수 등)를 가지고 미국 내에서 이 흐름을 기록한다. Robert D. Putnam, "Bowling Alone: America's Declining Social Capital", *Journal of Democracy* 6/1 (1995), pp. 65 -78; Robert D. Putnam, *Bowling Alone: The Collapse and Revival of American Community* (New York: Simon & Schuster, 2000). 〔정승현 옮김, 《나홀로 볼링: 사회적 커뮤니티의 붕괴와 소생》, 페이퍼로드, 2009.〕

22 이 부분에 대한 우리의 이해는 브로델과 아날학파의 역사기록학historiography의 전통을 따른다. 가령 다음을 볼 것. Fernand Braudel, *Capitalism and Material Life*, 1400 -1800 (London: Fontana, 1974).

23 Christian Parenti, *Lockdown America: Police and Prisons in the Age of Crisis*, 2nd edn (London and New York: Verso, 2008), p. 4에서 인용.

24 Leo Panitch and Sam Gindin, *The Making of Global Capitalism: The Political Economy of American Empire* (London and New York: Verso: 2012), p. 172.

25 Janine Brodie and Isabella Bakker, *Where Are the Women? Gender Equity, Budgets and Canadian Public Policy* (Ottawa: Canadian Centre for Policy Alternatives, 2008). 경제적 세계화가 여성운동 내 집합적 정체성에 미친 영향에 대한 분석은 다음을 참고할 것. Marian Sawer, "Premature Obituaries: How Can We Tell if the Women's Movement is Over?" *Politics & Gender* 6 (2010), pp. 602 -609.

26 John B. Thompson, *Merchants of Culture: The Publishing Business in the Twenty-First Century* (Cambridge: Polity, 2010).

27 Organisation for Economic Co-operation and Development, *How's Life?: Measuring Well-Being* (Paris: OECD, 2011), p. 131.

28 Isabella Bakker, "Neo-Liberal Governance and the Reprivatization of Social Reproduction: Social Provisioning and Shifting Gender Orders", in Isabella Bakker and Stephen Gill, eds, *Power, Production and Social Reproduction* (Basingstoke and New York: Palgrave Macmillan, 2003), pp. 66 -82.

29 Rebecca MacKinnon, *Consent of the Networked: The Worldwide Struggle for Internet Freedom* (New York: Basic Books, 2012).

30 Colin Mooers, "Can We Still Resist? Globalization, Citizenship, Rights and Class Formation", in Dave Broad and Wayne Andrew Anthony, eds, *Citizens or Consumers? Social Policy in a Market Society* (Halifax, NS: Fernwood, 1999), p. 288.

31 Alan Sears, "Education for a Lean World", in Mike Burke, Colin Mooers, and John Shields, eds, *Restructuring and Resistance: Canadian Public Policy in the Age of Global*

*Capitalism* (Halifax, NS: Fernwood, 2000), p. 147.

**32** Douglas Keay, Woman's Own, October 31, 1987, pp. 8 -10에 실린 마거릿 대처와의 인터뷰(인용구는 저자가 편집하지 않은 인터뷰 전문에서 가져온 것이다).

**33** Sears, "The End of Twentieth Century Socialism?", p. 6.

**34** David McNally, *Global Slump: The Economics and Politics of Crisis and Resistance* (Oakland, CA: PM Press, 2010), p. 151.

**35** Peter Dauvergne, "The Problem of Consumption", *Global Environmental Politics* 10/2 (2010), pp. 1 -10; Peter Dauvergne, *The Shadows of Consumption: Consequences for the Global Environment* (Cambridge, MA: MIT Press, 2008).

**36** 이런 소비의 영향에 대한 매우 통찰력 있는 분석은 다음을 참고할 것. Thomas Princen, Michael Maniates, and Ken Conca, eds, *Confronting Consumption* (Cambridge, MA: MIT Press, 2002).

**37** Michael F. Maniates, "Individualization: Plant a Tree, Buy a Bike, Save the World?" *Global Environmental Politics* 1/3 (2001), p. 44.

**38** Jim Yong Kim, "5 Tips on Starting a Social Movement", October 8, 2012, http:// blogs.worldbank.org/voices/5-tips-onstarting-a-social-movement.

**39** 항목별로 키워드를 인터넷에서 검색하면 쉽게 찾을 수 있는 표현들이기 때문에 출처는 굳이 밝힐 필요도 없다.

**40** USAID, "Challenge Slavery", www.challengeslavery.org.

**41** 가령 다음을 볼 것. Heather Rogers, *Gone Tomorrow: The Hidden Life of Garbage* (New York and London: New Press, 2005).

**42** Sustainable Action Coalition, "Overview", www.apparelcoalition.org.

**43** 가령 다음을 참고할 것. Janine Brodie, "We Are All Equal Now: Contemporary Gender Politics in Canada", *Feminist Theory* 9/2 (2008), pp. 145 -164; and Gill, "Globalization, Market Civilization, and Disciplinary Neoliberalism".

**44** James Cairns and Alan Sears, *The Democratic Imagination: Envisioning Popular Power in the Twenty-First Century* (Toronto: University of Toronto Press, 2012), p. 3.

**45** Neil Smith, "The Revolutionary Imperative", *Antipode* 41/1 (2009), p. 51.

**46** Peter Dauvergne, "Dying of Consumption: Accidents or Sacrifices of Global Morality?" *Global Environmental Politics* 5/3 (2005), p. 38.

**47** Wolfgang Streeck, "Citizens as Consumers: Considerations on the New Politics of Consumption", *New Left Review* 76 (July -August 2012); Don Slater, *Consumer Culture & Modernity* (Cambridge: Polity 1997), p. 10.

**48** Streeck, "Citizens as Consumers", p. 33.

**49** William Leach, *Land of Desire: Merchants, Power, and the Rise of a New American Culture* (New York: Random House, 1993). 다음도 참고할 것. Niall Ferguson, *Civilization: The*

*West and the Rest* (New York: Penguin, 2011).

**50** Slater, *Consumer Culture & Modernity*, p. 11.

**51** Maniates, "Individualization", p. 38.

**52** Bryan Walsh, "Why Coke is Going White for Polar Bears", *Time*, October 27, 2011.

**53** Simon Houpt, "Beyond the Bottle: Coke Trumpets its Green Initiatives", *Globe and Mail*, January 13, 2011, p. B6. 코카콜라는 다이어트 콜라와 일반 콜라를 구분하기가 어렵다는 소비자들의 불만이 이어지자, 한 달 만에 '북극곰 캔' 생산을 중단했다. 다음을 볼 것. "Coke Pulls Polar Bear Cans after Customer Confusion", *Environmental Leader: Environmental and Energy Management News*, December 5, 2011 (www.environmentalleader.com).

**54** Streeck, "Citizens as Consumers", p. 36.

**55** "We Are All Equal Now"는 재닌 브로디Janine Brodie의 논문 제목이다.

**56** James Livingston, *Against Thrift: Why Consumer Culture is Good for the Economy, the Environment, and Your Soul* (New York: Basic Books, 2011), p. xi.

# 5장

**1** '에델만' 홍보 회사의 매년 조사 결과는 www.edelman.com(Trust Barometer 2012를 볼 것)에서 볼 수 있다. 비영리조직과 비정부기구의 브랜드 관리에 대한 분석은 다음을 참고할 것. Nathalie Laidler-Kylander, John A. Quelch, and Bernard L. Simonin, "Building and Valuing Global Brands in the Nonprofit Sector", *Nonprofit Management and Leadership* 17/3 (2007), pp. 253-277 (국제앰네스티와 세계자연기금에 대한 높은 신뢰를 보여주는 에델만의 2004년 조사 결과는 254쪽에 요약되어 있다); Nathalie Kylander and Christopher Stone, "The Role of Brand in the Nonprofit Sector", *Stanford Social Innovation Review* (Spring 2012), pp. 37-41. The phrase "super brands" is from Jonathan Wootliff and Christopher Deri, "NGOs: The New Super Brands", *Corporate Reputation Review* 4/2 (2001), pp. 157-164.

**2** 대부분의 경우 우리가 말하는 '제도'의 사례는 세계자연기금이나 국제앰네스티 같은 공식적인 '조직들'이다. 하지만 운동의 제도화는 단순히 캠페인 조직이 많아지는 문제를 넘어선다. 그러므로 우리는 피오나 매케이Fiona Mackay, 수르야 먼로Surya Monro, 그리고 조지나 웨이른Georgina Waylen의 입장에 따라 제도를 "구성원들의 '적절한' 실천과 역할, 용인 가능한 행위를 규정하는 상호 연관된 의미의 틀과 이해 방식, 반복적인 행위, 규칙, 규범들의 공식적, 비공식적 집합"으로 파악한다. Fiona Mackay, Surya Monro, and Georgina Waylen, "The Feminist Potential of Sociological Institutionalism",

저항 주식회사

*Politics & Gender* 5/2 (2009), p. 255.

3  이와 뜻을 같이 하는 사회운동 이론가로는 Merrindahl Andrew, "Women's Movement
   Institutionalization: The Need for New Approaches", *Politics & Gender* 6/4 (2010),
   p. 609; Marian Sawer, "Premature Obituaries: How Can We Tell if the Women's
   Movement is Over?" *Politics & Gender* 6/4 (2010), p. 602 등이 있다.

4  Oxfam International, www.oxfam.org을 볼 것.

5  International Fund for Animal Welfare, *IFAW Annual Report*, 1 July 2010 – 30 June
   2011, at www.ifaw.org. 다음도 참고할 것. Brian Davies, *Red Ice: My Fight to Save the
   Seals* (London: Methuen, 1989); Peter Dauvergne and Kate J. Neville, "Mindbombs
   of Right and Wrong: Cycles of Contention in the Activist Campaign to Stop Canada's
   Seal Hunt", *Environmental Politics* 20/2 (2011), pp. 192 – 209.

6  United Way Worldwide, *2011 Annual Report*, p. 24; Habitat for Humanity
   International, *Annual Report FY2012, July 1, 2011–June 30, 2012*, p. 29; the Nature
   Conservancy, *Annual Report 2012*, p. 51; KPMG, *World Vision, Inc. and Affiliates,
   Consolidated Financial Statements, September 30, 2011 and 2012, Independent Auditors'
   Report*, p. 4; Save the Children, *Results for Children: An Update from Save the Children*, p.
   17; Ernst & Young, *Consolidated Financial Statements and Supplementary Information for
   the Susan G. Komen Breast Cancer Foundation*, p. 3.(단체별로 '회계연도'의 정의가 다르기
   때문에 여기서 말하는 '2011년'은 조금씩 다르다.)

7  Greenpeace USA, 2010/11 *Annual Report*, p. 26.

8  Amy Blackwood, Katie L. Roeger, and Sarah L. Pettijohn, *The Nonprofit Sector in Brief:
   Public Charities, Giving, and Volunteering, 2012* (Washington, DC: Urban Institute, 2012)
   (인용구는 4쪽에 있다).

9  우리가 '비영리조직'과 '비정부기구'를 같은 뜻으로 사용하는 이유는 1장의 6번 각주를
   참고할 것.

10 James McGann and Mary Johnstone, "The Power Shift and the NGO Credibility
   Crisis", *Brown Journal of World Affairs* XI/2 (2005), p. 161 ('이코노미스트'의 수치를
   부분적으로 요약하고 있다); Blackwood, Roeger, and Pettijohn, *The Nonprofit Sector
   in Brief*, p. 1; Archna Shukla, "First Official Estimate: An NGO for Every 400 People
   in India", *Indian Express*, July 7, 2010; Katherine Marshall, "International NGOs",
   in Mark Juergensmeyer and Wade Clark Roof, eds, *Encyclopedia of Global Religion*
   (Thousand Oaks, CA: Sage, 2012), pp. 566 – 568; and the National Center for
   Charitable Statistics, at www.nccs.urban.org.

11 Susan M. Roberts, John Paul Jones III, and Oliver Fröhling, "NGOs and the
   Globalization of Managerialism: A Research Framework", *World Development* 33
   (2005), p. 1848 (pp. 1845 – 1864도 참고할 것); WWF International, *WWF Annual*

*Review*, 2010, p. 43.

12 Molly F. Sherlock and Jane G. Gravelle, *An Overview of the Nonprofit and Charitable Sector* (Washington, DC: Congressional Research Service, 2009), p. 21; Coca-Cola Company, "The Coca-Cola Foundation", at www.coca-colacompany.com. 기업 재단의 자산은 다음 자료를 참고하였다. Foundation Center, "Top Funders: 50 Largest Corporate Foundations by Asset Size" (as of January 28, 2013), www.foundationcenter.org.

13 Blackwood, Roeger, and Pettijohn, *The Nonprofit Sector in Brief*, p. 5; Foundation Center, "Top Funders"; Bill & Melinda Gates Foundation, *Building Better Lives Together: 2011 Annual Report*, p. 8. 다음도 참고할 것. Joan E. Spero, *The Global Role of U.S. Foundations* (New York: Foundation Center, 2010).

14 Catherine Walker and Cathy Pharoah (with Marina Marmolejo and Denise Lillya), *UK Corporate Citizenship in the 21st Century* (London: Centre for Charitable Giving and Philanthropy, 2012), pp. 1, 3-4, 6-8.

15 Nathalie Kylander, *The Girl Effect Brand: Using Brand Democracy to Strengthen Brand Affinity* (Cambridge, MA: Hauser Center for Nonprofit Organizations, Harvard University, 2011), p. 2에서 인용(강조는 저자가 추가함).

16 Laidler-Kylander, Quelch, and Simonin, "Building and Valuing Global Brands in the Nonprofit Sector", p. 272.

17 "공생 관계"라는 표현의 출처는 다음과 같다. Dylan Rodriguez, "The Political Logic of the Non-Profit Industrial Complex", in INCITE! Women of Color against Violence, ed., *The Revolution Will Not Be Funded* (Cambridge, MA: South End Press, 2007), p. 21.

18 Robert Mark Silverman and Kelly Patterson, "The Effects of Perceived Funding Trends on Non-Profit Advocacy: A National Survey of Non-Profit Advocacy Organizations in the United States", *International Journal of Public Sector Management* 24 (2010), p. 438. 다음도 참고할 것. Andrea Smith, "Social-Justice Activism in the Academic Industrial Complex", *Journal of Feminist Studies in Religion* 23/2 (2007), pp. 140-145.

19 Andrea del Moral, "The Revolution Will Not Be Funded", *LiP Magazine*, April 4, 2005, p. 3, at www.incite-national.org/media/docs/6634_lip-npic.pdf.

20 Madonna Thunder Hawk, "Native Organizing Before the Non-Profit Industrial Complex", in *The Revolution Will Not Be Funded*, quote at p. 105; Adjoa Florência Jones de Almeida, "Radical Social Change: Searching for a New Foundation", ibid., quote at p. 186; Amara H. Pérez, "Between Radical Theory and Community Praxis: Reflections on Organizing and the Non-Profit Industrial Complex", ibid., quote at pp. 92-93.

21 Robert Hunter, Warriors of the Rainbow: A Chronicle of the Greenpeace Movement (New York: Holt, Rinehart & Winston, 1979), p. 365. '수석경영자'라는 표현의 출처는

Greenpeace International, at www.greenpeace.org이다.

22 그린피스의 초기 역사에 대한 분석은 다음을 참고할 것. John-Henry Harter, *New Social Movements, Class, and the Environment: A Case Study of Greenpeace Canada* (Newcastle upon Tyne: Cambridge Scholars, 2011). 이 시기 사회운동에 대한 논의는 다음을 참고할 것. Lawrence Wilde, "Class Analysis and the Politics of the New Social Movements", *Capital & Class* 14/3 (1990), pp. 55 -78.

23 이 배경에 대해서는 다음을 참고할 것. George Barnett, "Nongovernmental Organizations (NGOs)", *Encyclopedia of Social Networks* (Thousand Oaks, CA: Sage, 2011), pp. 660 -664.

24 세계자연기금, 미국 유니세프기금, 휴먼라이츠워치, 월드비전의 월급 추정치의 출처는 Charity Navigator (www.charitynavigator.org)이다. 다음도 참고할 것. Anya Kamenetz, *Generation Debt: Why Now is a Terrible Time to Be Young* (New York: Riverhead Books, 2006).

25 James Petras, "NGOs: In the Service of Imperialism", *Journal of Contemporary Asia* 29/4 (1999), p. 430. 다음도 참고할 것. James Petras, "Imperialism and NGOs in Latin America", *Monthly Review: An Independent Socialist Magazine* 47/9 (1997), pp. 10 -27.

26 많은 예가 있지만 단적으로 그린피스 홈페이지('Get Involved' 항목)의 호소를 볼 것.

27 이 추정치는 인플레이션을 감안하여 조정한 것이다. 다음을 참고할 것. Blackwood, Roeger, and Pettijohn, *The Nonprofit Sector in Brief*, p. 2.

28 David Campbell, *Giving Up the Single Life: Leadership Motivations for Interorganizational Restructuring of Nonprofit Organizations*, Working Paper, Center for Nonprofit Strategy and Management, Baruch College, City University of New York, 2008; Paul Light, *Making Nonprofits Work: A Report on the Tides of Nonprofit Management Reform* (Washington, DC: Brookings Institution, 2000).

29 Paul B. Firstenberg, *Transforming the Dynamics of Nonprofit Boards: From Passive to Active Agencies*, Working Paper, Center for Nonprofit Strategy and Management, Baruch College, City University of New York, 2008.

30 Julie Mertus, "From Legal Transplants to Transformative Justice: Human Rights and the Promise of Transnational Civil Society", *American University International Law Review* 14 (1999), pp. 1372 -1373.

31 Rodriguez, "The Political Logic of the Non-Profit Industrial Complex" (인용구는 29쪽에 있다).

32 Del Moral, "The Revolution Will Not Be Funded", p. 3.

33 Silverman and Patterson, "The Effects of Perceived Funding Trends on Non-Profit Advocacy", p. 436.

34 Rodriguez, "The Political Logic of the Non-Profit Industrial Complex", p. 29.

35 GlobeScan(www.globescan.com)에서 설문 결과를 참고할 것.

36 Marshall, "International NGOs", p. 566. 다음도 참고할 것. McGann and Johnstone, "The Power Shift and the NGO Credibility Crisis".

37 Barnett, "Nongovernmental Organizations (NGOs)", p. 8.

38 "Angry and Effective", *The Economist*, September 23, 2000, p. 129.

39 Michelle Nichols, "Occupy Wall Street in New York Running Low on Cash", *Reuters*, March 9, 2012; Jessica Firger, "Occupy Groups Get Funding", *Wall Street Journal*, February 28, 2012. 웹사이트 OccupyWallStreet, NYC General Assembly(www.nycga.net)도 참고할 것. 다른 도시의 점거운동도 이런 관행을 따랐던 것으로 보인다. 가령 다음을 참고할 것. Occupy movement in Vancouver, Canada ("Committees and Workgroups", at www.occupyvancouver.com/group-detail.php?8).

40 Michael Meyer, Renate Buber, and Anahid Aghamanoukjan, "In Search of Legitimacy: Managerialism and Legitimation in Civil Society Organizations", *VOLUNTAS: International Journal of Voluntary and Nonprofit Organizations* 24/1 (2013), pp. 167–193 (인용구는 167쪽과 173쪽에 있다).

41 '효율성'과 '실효성'의 정의는 위의 자료 174쪽을 참고할 것.

42 Melissa Tyler, "Benchmarking in the Non-Profit Sector in Australia", *Benchmarking: An International Journal* 12/3 (2005), pp. 219–235. 다시 한번 강조하지만 운동 조직 내에서 관리주의를 지향하는 정도는 사회적 대의와 정치적 행정 구역에 따라 상당히 다르다. 가령 비영리조직의 벤치마킹 행위는 호주보다는 미국에서 더 흔하게 볼 수 있다.

43 Hugo Slim, "By What Authority? The Legitimacy and Accountability of Non-governmental Organisations", International Council on Human Rights Policy International Meeting on Global Trends and Human Rights –Before and after September 11, Geneva, January 10–12, 2002, available at www.gdrc.org/ngo/accountability/by-what-authority.html.

44 Marshall, "International NGOs", p. 567; Angela M. Eikenberry and Jodie Drapal Kluver, "The Marketization of the Nonprofi t Sector: Civil Society at Risk?" *Public Administration Review* 66/2 (2004), pp. 132–40; Anthony J. Bebbington, Samuel Hickey, and Diana C. Mitlin, "Introduction: Can NGOs Make a Difference? The Challenge of Development Alternatives", in Anthony J. Bebbington, Samuel Hickey, and Diana C. Mitlin, eds, *Can NGOs Make A Difference? The Challenge of Development Alternatives* (London and New York: Zed Books, 2008); Silverman and Patterson, "The Effects of Perceived Funding Trends on Non-Profit Advocacy", pp. 435–451.

45 Roberts, Jones, and Frohling, "NGOs and the Globalization of Managerialism", p. 1850.

**46** 같은 자료, pp. 1848 -1849.

**47** Katie Johnston, "Nonprofits Quantify their Success", *Boston Globe*, August 15, 2012에서 인용.

**48** 앨누어 에브라힘의 말은 위의 자료를 볼 것. 페트라스의 인용구 출처는 다음과 같다. Petras, "NGOs: In the Service of Imperialism", p. 434. 다음도 참고할 것. Meyer, Buber, and Aghamanoukjan, "In Search of Legitimacy", pp. 167 -193; Eikenberry and Kluver, "The Marketization of the Nonprofit Sector", pp. 132 -140; and Bebbington, Hickey, and Mitlin, eds, *Can NGOs Make A Difference?*

**49** Laidler-Kylander, Quelch, and Simonin, "Building and Valuing Global Brands in the Nonprofit Sector", pp. 258, 273.

**50** Christopher Stone, *Amnesty International: Branding an Organization that's also a Movement* (Cambridge, MA: Hauser Center for Nonprofit Organizations, Harvard University, 2011), p. 2에서 인용. 이 자료는 2006~2011년의 앰네스티의 브랜드 관리 활동을 자세히 담고 있다.

**51** 같은 자료에서 인용. 비코는 초기 몇 년 동안 '앰네스티'에서 이미지 쇄신 프로젝트 담당자였다.

**52** 글로브스캔의 인용구 출처는 다음과 같다. "A New Brand Identity for Next 50 Years: Amnesty International", www.globescan.com.

**53** John A. Quelch, "Charities Begin at Home -Then They Develop a Brand Name that Corporations Can Only Dream Of", *The Independent*, August 14, 2005. 다음도 참고할 것. John A. Quelch and Nathalie Laidler-Kylander, *The New Global Brands: Managing Non-Government Organizations in the 21st Century* (Mason, OH: South-Western, 2005).

**54** '스타벅스' 내용의 출처는 Laidler-Kylander, Quelch, and Simonin, "Building and Valuing Global Brands in the Nonprofit Sector", p. 265이다. '로우스'와 '월풀'의 참고 자료는 John A. Quelch, James E. Austin, and Nathalie Laidler-Kylander, "Mining Gold in Not-for-Profi t Brands", *Harvard Business Review* 82/4 (2004), p. 24이다.

**55** "기업 흉내"라는 표현은 반인종주의운동가인 쉬잔 파르Suzanne Pharr가 사용했다. del Moral, "The Revolution Will Not Be Funded", p. 2; "체제 전반적인 사회·정치적 변화의 주체로서"라는 표현의 출처는 다음과 같다. Bebbington, Hickey, and Mitlin, "Can NGOs Make a Difference?", p. 17.

**56** McGann and Johnstone, "The Power Shift and the NGO Credibility Crisis".

**57** Alan Thomas, "Whatever Happened to Reciprocity? Implications of Donor Emphasis on 'Voice' and 'Impact' as Rationales for Working with NGOs in Development", in Bebbington, Hickey, and Mitlin, eds, *Can NGOs Make A Difference?*, pp. 90 -110; Silverman and Patterson, "The Effects of Perceived Funding Trends on Non-Profit Advocacy", pp. 435 -451. 다음도 참고할 것. Lester M. Salamon, ed., *The State of*

*Nonprofit America* (Washington, DC: Brookings Institution/Aspen Institute, 2002). Lester M. Salamon and Stephanie L. Geller (with Susan C. Lorentz), *Nonprofit America: A Force for Democracy?* (Baltimore: John Hopkins University, Center for Civil Society Studies, 2008).

**58** Bebbington, Hickey, and Mitlin, "Can NGOs Make A Difference?", p. 16.

**59** Kim Murphy, "Greenpeace Forced to Get More Creative", *Los Angeles Times*, June 10, 2012에서 인용. 다음도 참고할 것. Brooke Jarvis, "Behind the Shell Hoax", *Salon*, June 8, 2012 (www.salon.com) ('Shell Hoax'라는 제목의 유튜브 동영상 링크가 들어있다).

**60** Alan R. Andreasen, "Profits for Nonprofits: Find a Corporate Partner", *Harvard Business Review* 74 (November 1996), pp. 47 –50, 55 –59; Lanying Du, Jundong Hou, and Yupeng Huang, "Mechanisms of Power and Action for Cause Related Marketing", *Baltic Journal of Management* 3/1 (2007), pp. 92 –104; Laidler–Kylander, Quelch, and Simonin, "Building and Valuing Global Brands in the Nonprofit Sector", p. 262; and 'BRAC' (www.brac.net).

**61** 다음을 볼 것. Roberta Hawkins, "A New Frontier in Development? The Use of Cause–Related Marketing by International Development Organizations", *Third World Quarterly* 33 (2012), pp. 1783 –1801(조사 결과는 1785쪽에 요약되어 있다). 더 심도 있는 분석은 다음을 참고할 것. Cone LLC, *2010 Cone Cause Evolution Study* (www.conecomm.com). 대의의 마케팅이 국제개발 노력에 미치는 영향에 대한 비판적인 분석은 다음을 참고할 것. Lisa Ann Richey and Stefano Ponte, *Brand Aid: Shopping Well to Save the World* (Minneapolis: University of Minnesota Press, 2011).

**62** del Moral, "The Revolution Will Not Be Funded", p. 2에서 인용.

# 6장

**1** 데이비드 맥낼리 같은 정치경제학자들은 2008년 이후 전 세계 경제 위기가 새로운 사회적 소요에 불을 붙인다고 평가하는 경향이 있다. David McNally, *Global Slump: The Economics and Politics of Crisis and Resistance* (Oakland, CA: PM Press, 2010), p.181. 사회운동이론가 루스 레이탄은 최근의 소요를 1990년대 중반의 저항으로 회귀하는 순환의 일환으로 보고 좀 더 주목한다. 지난 20년간 있었던 수많은 반세계무역기구 시위, 반反G8·G20 시위, 반세계화 시위와 반자본주의 시위 등과 같은 맥락이라는 것이다. Ruth Reitan, "Theorizing and Engaging the Global Movement: From Anti-Globalization to Global Democratization", *Globalizations* 9/3 (2012), p. 324.

**2** Beverly Bell (and the Other Worlds Collaborative), *Who Says You Can't Change the*

World? Just Economies and Societies on an Unjust Planet, vol. 1, rev. (New Orleans: Other Worlds, June 2009), p. 6; Leo Panitch, Greg Albo, and Vivek Chibber, "Preface", in Leo Panitch, Greg Albo, and Vivek Chibber, eds, The Question of Strategy: Socialist Register 2013 (Pontypool: Merlin, 2012), p. ix; www.onebillionrising.org.

3   "Person of the Year: The Protestor", Time 178, December 26, 2011; Paul Mason, "From Arab Spring to Global Revolution", The Guardian, February 5, 2013, and Paul Mason, Why it's Kicking off Everywhere: The New Global Revolutions (London and New York: Verso: 2012); Federico Campagna and Emanuele Campiglio, eds, What We Are Fighting For: A Radical Collective Manifesto (London: Pluto Press, 2012), front cover and preface; Judy Rebick, "2012: A Year of Activism from Maple Spring to Idle No More", posted December 31, 2012, to Judy Rebick's blogs at www.rabble.ca and www.transformingpower.ca.

4   Rob Evans and Paul Lewis, "Undercover Officer Spied on Green Activists", The Guardian, January 9, 2011; Meirion Jones, "Trial Collapses after Undercover Officer Changes Sides", BBC Newsnight, January 10, 2011 (www.bbc.co.uk).

5   McNally, Global Slump, p. 150; 맥널리는 우리가 4장에서 그랬던 것처럼 앨런 시어스의 "반체제 활동의 하부구조" 개념을 이용하고 있다. 시어스의 최신 사상은 다음을 참고할 것. James Cairns and Alan Sears, The Democratic Imagination: Envisioning Popular Power in the Twenty-First Century (Toronto: University of Toronto Press, 2012).

6   Anthony Giddens, The Consequences of Modernity (Cambridge: Polity, 1991); Anthony Giddens, Modernity and Self-Identity: Self and Society in the Late Modern Age (Cambridge: Polity, 1991).

7   운동에서 자아와 정체성의 중요성에 대한 분석은 다음을 볼 것. Sheldon Stryker, Timothy J. Owens, and Robert W. White, eds, Self, Identity, and Social Movements (Minneapolis: University of Minnesota Press, 2000).

8   지젝의 연설 〈자아도취에 빠져서는 안 된다〉는 다음에 다시 실렸다. Keith Gessen and Astra Taylor, eds, Occupy! Scenes from Occupied America (London: Verso, 2011), p. 66–69 (인용구는 68쪽에 있다).

9   Thomas Frank, "To the Precinct Station: How Theory Met Practice ... and Drove it Absolutely Crazy", The Baffler no. 21 (November 2012), pp. 10–21 (프랭크는 "참여 광신도"라는 말이 역사학자 크리스토퍼 래시Christopher Lasch, 1932~1994년의 표현이라고 밝히고 있다). "미시 정치"라는 인용구의 출처는 Panitch, Albo, and Chibber, "Preface", p. x이다.

10  Daniel LeBlanc, "CIDA Funds Seen to be Subsidizing Mining Firms", Globe and Mail, September 6, 2012 (www.theglobeandmail.com); for more on the Girl Hub, see the

Girl Effect, Turning Talk into Action, at www.girleffect.org/about/girl-hub.

**11** Simon Houpt, "Beyond the Bottle: Coke Trumpets its Green Initiatives", *Globe and Mail*, January 13, 2011, p. B6에서 인용. 세계자연기금에 우호적인 관점에서 '세계자연기금'의 역사를 해설한 자료로는 다음을 볼 것. Alexis Schwarzenbach, *Saving the World's Wildlife: WWF – The First 50 Years* (London: Profile Books, 2011).

**12** "축하하고 시위한다"는 2012년 토론토 프라이드 주간의 테마였다. '프라이드 토론토'(www.pridetoronto.com)에 따르면 2012년 프라이드 주간은 "레즈비언, 게이, 양성애자, 트랜스젠더, 트랜스섹슈얼, 간성間性, 퀴어, 성적 정체성에 의문을 가진 사람Questioning, 양성을 동시에 느끼는 사람2-spirited, 이들을 지지하는 사람(LGBTTIQQ2SA)으로 구성된 공동체"를 위한 축제다. '팔레스타인 점령'과 관련된 내용은 다음을 참고할 것. Queers against Israeli Apartheid, www.queersagainstapartheid.org.

**13** Peter Kuitenbrouwer, "Council to Control Funds for Pride Parade", *National Post*, July 7, 2010 (www.nationalpost.com).

**14** Natalie Alcoba, "Councillors Oppose Funding Pride Toronto if Anti-Israel Group Decides to March", *National Post*, May 22, 2012; Natalie Alcoba, "Pride Toronto Gets Grant Despite Apartheid Controversy", *National Post*, June 8, 2012; Jonathan Kay, "Pride Toronto Cuts Three Positions, Loses $250,000 – All Thanks to Anti-Israeli Bigots", *National Post*, July 16, 2010; Andrea Houston, "Pride Toronto Board Faces Tough Questions on Deficit", *Extra! Canada's Gay & Lesbian News*, January 28, 2011 (www.xtra.ca); Pride Toronto, *Financial Statements: Year Ended July 31, 2010* (Toronto: Adams & Miles LLP, Chartered Accountants); Vidya Kauri, "Queers against Israeli Apartheid Allowed to March in Pride Parade", *National Post*, June 30, 2012; CBC News, "Pride Parade Draws Big Crowds under Sunny Skies", CBC News, July 1, 2012 (www.cbc.ca).

**15** LBGT는 레즈비언, 게이, 양성애자, 트랜스젠더의 약칭이다. 다음을 참고할 것. Queers for an Open LGBT Center (QFOLC) www.openthecenter.blogspot.ca.

**16** Teivo Teivainen, "Global Democratization without Hierarchy or Leadership? The World Social Forum in the Capitalist World", in Stephen Gill, ed., *Global Crises and the Crisis of Global Leadership* (Cambridge and New York: Cambridge University Press, 2012), p. 182.

**17** Naomi Klein, "Farewell to 'the End of History': Organization and Vision in Anti-Corporate Movements", *Socialist Register* 38 (2002), p. 3. 1999년에 출판된 클라인의 책 《슈퍼 브랜드의 불편한 진실》은 현재 100만 부 이상 팔렸다. 다음을 볼 것. Naomi Klein, *No Logo: 10th Anniversary Edition* (London: Picador, 2009).

**18** Teivainen, "Global Democratization without Hierarchy or Leadership?", Reitan,

"Theorizing and Engaging the Global Movement", and Klein, "Farewell to 'the End of History'", 모두가 "운동의 운동"이라는 표현을 사용한다.

**19** Reitan, "Theorizing and Engaging the Global Movement", p. 325.

**20** Klein, "Farewell to 'the End of History'", p. 7.

**21** 인용구(원문은 포르투갈어임) 출처는 다음과 같다. World Social Forum, "Frequently Asked Questions", "What is the Social Forum?" (www.forumsocialmundial.org. br). 다음도 참고할 것. Orin Langelle, "The World Social Forum 2009", *Z Magazine: The Spirit of Resistance Lives* (April 2009) (www.zcommunications.org). 당시 이 글의 저자는 세계삼림동맹과 지구정의생태프로젝트의 언론 조정 담당자였다. 세계사회포럼에 대한 더 자세한 내용은 다음을 참고할 것. William F. Fisher and Thomas Ponniah, eds, *Another World is Possible: Popular Alternatives to Globalization at the World Social Forum* (London and New York: Zed Books, 2003).

**22** Jackie Smith, "The World Social Forum and the Challenges of Global Democracy", *Global Networks* 4/4 (2004), p. 418.

**23** Debra Anthony and José Silva, "The Consensus of Porto Alegre?", *Global Policy Forum*, January 30, 2005 (www.globalpolicy.org); Chloe Tribich and John McGough, Fifth World Social Forum", Against the Current (May –June 2005) (www.solidarity-us.org). "분권화된 조정과 네트워크 형성"의 출처는 다음과 같다. World Social Forum, "Frequently Asked Questions", "What is the Social Forum?" 스미스의 주장에 대한 출처는 다음과 같다. Smith, "The World Social Forum and the Challenges of Global Democracy", p. 418. 스미스와 다르게 스콧 버드Scott Byrd는 세계사회포럼의 '참여적인' 방법에 장점과 회복력이 있다고 평가한다. Scott C. Byrd, "The Porto Alegre Consensus: Theorizing the Forum Movement", *Globalizations* 2/1 (2005), pp. 151 –163. 세계사회포럼에 대한 최근 분석은 다음을 참고할 것. Teivainen, "Global Democratization without Hierarchy or Leadership?", pp. 181 –198.

**24** Alan Sears, "Need Collective Inquiry Rooted in Activism", *New Socialist*, no. 62 (2007), p. 41.

**25** Peter Dauvergne and Jane Lister, *Eco-Business: A Big-Brand Takeover of Sustainability* (Cambridge, MA: MIT Press, 2013).

**26** Fortune 500, "Annual Ranking of the World's Largest Companies, 2012" *CNNMoney: A Service of CNN, Fortune & Money* (money.cnn.com). 월마트의 노동력과 미군·중국군의 비교 자료는 다음을 참고할 것. Christopher Albin-Lackey, "Without Rules: A Failed Approach to Corporate Accountability", Human Rights Watch, *World Report 2013* (www.hrw.org).

**27** David C. Korten, *When Corporations Rule the World*, 2nd edn (San Francisco: Berrett-Koehler, 2001); David C. Korten, *The Post-Corporate World: Life after Capitalism* (San

Francisco: Berrett-Koehler, 2000); Joel Bakan, *The Corporation: The Pathological Pursuit of Profit and Power* (New York: Free Press, 2004); Naomi Klein, *The Shock Doctrine: The Rise of Disaster Capitalism* (London: Picador, 2007); Susan George, *Whose Crisis, Whose Future? Towards a Greener, Fairer, Richer World* (Cambridge: Polity, 2010); and Joel Bakan, *Childhood under Siege: How Big Business Targets Your Children* (New York: Simon & Schuster, 2011).

**28** Joseph L. Bower, Herman B. Leonard, and Lynn S. Paine, *Capitalism at Risk: Rethinking the Role of Business* (Boston: Harvard Business Review Press, 2011), pp. 3 –4, 13.

**29** Fortune 500, "Annual Ranking of the World's Largest Companies, 2012 and 2007".

**30** UN Human Rights Office of the High Commissioner, *Guiding Principles on Business and Human Rights: Implementing the United Nations "Protect, Respect and Remedy" Framework* (New York: United Nations, 2001); John Gerard Ruggie, *Just Business: Multinational Corporations and Human Rights* (New York: W. W. Norton, 2013).

**31** Susanne Soederberg, "Taming Corporations or Buttressing Market-Led Development? A Critical Assessment of the Global Compact", *Globalizations* 4/4 (2007), p. 500.

**32** A. Claire Cutler, "Private Transnational Governance and the Crisis of Global Leadership", in Gill, ed., *Global Crises and the Crisis of Global Leadership*, p. 63.

**33** 엘루, 게이츠, 오르테가, 버핏의 재산 추정치는 다음을 참고하였다. *Forbes*, "The World's Billionaires", 2013년 3월 기준 순가치임 (www.forbes.com). 〈타임〉의 인용구와 순위는 David M. Ewalt, "The World's Most Powerful People", *Forbes*, December 5, 2012 (www.forbes.com)에 실려 있다.

**34** 세계은행의 추정치(2013년 6월 기준)는 World Bank, "Poverty & Equity Data", www.povertydata.worldbank.org를 볼 것. 버핏의 인용구 출처는 다음과 같다. Ben Stein, "In Class Warfare, Guess Which Class is Winning", *New York Times*, November 26, 2009 (www.nytimes.com).

## 단체 및 기업명